어른이 정치사

2030을 위한 한국 정치사

어른이 정치사

초판 1쇄 인쇄 ｜ 2019년 12월 20일
초판 1쇄 발행 ｜ 2020년 1월 1일

지은이 ｜ 이동수
펴낸곳 ｜ 메이드인
등 록 ｜ 2018년 3월 5일 제25100-2018-000014호
주 소 ｜ 서울특별시 은평구 연서로10길 15-6 302
전 화 ｜ 070-7633-3727
팩 스 ｜ 0504-242-3727
이메일 ｜ madein97911@naver.com
ISBN ｜ 979-11-963407-0-4 03340

2030을 위한 한국 정치사

어른이 정치사

이동수 지음

MADE IN

우리는 어떤 메시지를 안고 사는가

"정치에 관심이 생겼는데 읽을 만한 책 한 권 추천해 줘."

또래 친구들이 책을 추천해 달라고 하면 나는 고민에 빠진다. 한 권으로는 정치에 대해 제대로 알 수도 없거니와 그런 노력을 하는 책도 거의 없기 때문이다. 대형 서점 정치·사회 분야 매대는 대개 정치인들이 자기 자랑하는 책, 특정 사안에 대해 심도 있게 다룬 책으로 채워진다. 한두 권 읽어서는 '정치란 무엇인가'라는 자기만의 질문에 답변하기가 어렵다. 많은 시간을 할애해서 공부해야만 조금씩 알아갈 수 있다. 그러나 학업과 업무로 바쁜 2030세대에게 이것은 매우 힘든 일이다.

정치는 서비스업이다. 정치하는 사람들은 이슈와 정책 그리고 그것이 가져올 미래를 국민들에게 쉽게 전달할 의무가 있다. 하지만 우리 정치권은 이러한 의무를 줄곧 외면해 왔다. 오히려 "청년들이 정치에 관심을 가지지 않아서", "교육을 잘못 받아서" 그런 것이라며 국민들을 질책했다. 매출 부진의 원인을 소비자 탓으로 돌리는 서비스업 종사자, 이것이 우리 정치의 현주소다. 기업이었다면 진즉 망했을 것이다.

정치권은 '이슈가 이슈를 덮는' 바닥이다. 정치인들은 '티 안 나는' 정책을 내기보다 '티 나는' 이슈를 만들고 싶어 한다. 그래서 어려운 말들을 쏟아 내고 싸구려 이슈들을 양산한다. 사람들이 정치에 피로감을 느끼는 건 이런 점들 때문이다. 먹고살기에 바쁜 대부분의 사람들은 그런 이슈들을 따라갈 여유가 없고, 필요도 느끼지 못한다. 남는 건 정치에 대한 막연한 혐오뿐이다. 어쩌면 정치권은 의도하지 않았더라도 이를 즐기고 있는지도 모른다. 정치에 관심을 갖는 사람이 적을수록 손해 보는 건 정치인이 아니라 국민이다.

물론 모든 사안을 파악할 필요는 없다. 중요한 사건도 세세한 것까지는 알지 않아도 된다. 몰라도 사는 데 지장 없다. 하지만 거기서 파생되는 메시지는 잊지 말아야 한다. 그 메시지들만 안고 산다면, 적어도 같은 실수를 반복하는 과오를 범하지는 않을 것이다. 우리가 연평해전이나 세월호 사건, 국정 농단 사태같이 큼직한 사건들이 주는 교훈을 잊지 말아야 하는 것은 그런 이유에서다.

나는 그런 책을 쓰고 싶었다. 또래 '어른이'들에게 의미 있는 메시지를 전달하는 책. 대한민국의 숱한 정치적 사건 중 우리가 앞으로 살아가는 데도 필요한 교훈을 주는 사건들을 정리한 책. 거기에 시간이 흐른 뒤에도 그 내용들이 변함없이 빛을 발하는 책이라면 더 좋을 것 같다. 뭐 물론 개인적인 희망 사항이다.

나를 비롯한 2030세대에게 생소하거나 잘못 알려진 사건들을 전달하려고 노력했다. 많은 고민 끝에 네 가지 사건과 한 명의 인물을 선정했다. 그리고 해당 주제들과 연관된 지역에 직접 답사를 다녀왔다. 사건으로는 강원도 정선에서 있었던 사북 사건(1980), 부산에서 벌어진 부산 정치 파동(1952), 제주도에서 숱한 희생자를 낳은 4·3사건(1948), 베트남에서 발생했지만 한국에도 큰 영향을 끼쳤던 베트남전쟁(1964)을 다뤘고, 거제도에서 태어나 대한민국 제14대 대통령을 지낸 김영삼 전 대통령(1927)에 대해서도 재조명하고자 했다.

강원도 정선군 사북읍은 대표적인 탄광촌이었다. 석탄은 우리나라의 산업화를 이끄는 소중한 자원이었다. 하지만 광부들에 대한 처우는 형편없었다. 1980년 광부들이 대대적인 파업을 일으킨 것은 그런 배경에서 나왔다. 세월이 흐르고 시대가 변했지만 우리가 그들을 대하는 방식은 달라지지 않았다. 광부라는 직업이 다른 직업으로 대체되었을 뿐이다. 나는 사북 사건을 통해 우리가 노동을 대하는 자세에 대해 이야기하고 싶었다.

부산에서 일어난 부산 정치 파동은 학창 시절 역사 교과서에서 한두 줄 접했을 뿐이다. 한국 정치사에서 중요한 순간이었지만 부산 정치 파동의 내막을 잘 아는 사람은 많지 않다. 그 시절, 전쟁 때라고는 했지만 당시 우리나라의 헌법과 민주주의는 우스꽝스럽게 짓밟혔다. 권력자들은 선거제도를 제 구미에 맞게 바꾸면서 민의라는 이름으로 포장했다. 하지만 아무리 유리한 선거제도를 구축했어도 민심의 파도를 막을 수는 없었다. 선거제 개편 논의가 한창 달아오른 요즘 다시 생각해 볼 대목이라고 판단했다.

제주 4·3사건을 모르는 사람은 없을 것이다. 이미 많은 이야기가 나온 사건이기 때문에 고민한 부분이기도 하다. 하지만 우리 또래에서도 누군가는 4·3사건에 대해 말해야 한다고 생각했다. 요즘 같은 이념 과잉의 시대에서는 더욱 그렇다. 4·3은 이념의 틈바구니에 무고한 민간인들이 희생된 사건이었다. 절대적이고 극단적인 이데올로기들이 사람에 앞섰다. 그러다 보니 정작 그것들의 목적을 잊고 살았다. 4·3은 그 목적을 일깨워 준다는 점에서 여전히 의미 있는 사건이다.

거제시 장목면 외포리 대계마을에는 김영삼 전 대통령의 생가가 있다. 나는 그의 3주기 추모식에 참석하기 위해 대계마을을 방문했다. 문민의 시대를 연 김영삼은 공직자 재산 공개, 하나회 척결, 금융실명제, 역사 바로 세우기 등의 굵직한 정책들을 통해 한국 사회의 물줄기를 바꾼 인물이다. 그럼에도 전직 대통령 중 그에 대한 선호도는 2%를 넘지 못한다. 하지만 가치가 실종되고 계파가 정치인의 가장 중요한 자질이 된 요즘, 일평생을 민주화에 바친 그의 삶은 많은 교훈을 준다. 우리 또래는 IMF로 기억하는 그를 재조명해야 한다고 생각했다.

베트남은 성장하고 있는 나라다. 박항서 감독이나 삼성전자 등 그곳에 진출한 기업들을 통해 한국과 밀접해지고 있는 나라이기도 하다. 베트남과의 교류가 확대되면서 우리는 베트남 참전과 한국군에 의한 양민 학살 문제에 대해 다루지 않을 수 없다. 분명 거듭 사과해야 할 일이다. 하지만 일부에서 제기되는 것처럼 한국군을 학살자로 매도하는 입장에는 반대한다. 큰 틀에서 보면 그들 역시 정치권력의 잘못된 판단으로 전쟁터에 내몰린 피해자들이다. 한국과 베트남뿐 아니라 세계사에도 큰 영향을 끼친 베트남전쟁에 대해 짚어 보고, 양민 학살 문제를 해결할 책임은 누구에게 있는지를 묻고 싶었다.

방탄소년단 〈봄날〉 뮤직비디오의 모티브가 되기도 했던 소설 『오멜라스를 떠나는 사람들』은 행복한 마을을 유지하기 위해 장애 아동을 지하실에 격리하는 오멜라스의 사람들과 여기에 실망해 마을을 떠나는 청년들을 그림으로써 '다수를 위한 소수의 희생은 정당한가'라는 메시지를 던지고 있다. 짧지만 정말 좋은 작품이라고 생각한다.

좋은 정치도 같은 게 아닐까? 이슈를 쏟아 내고 팩트를 열거하기보다는 가치 있는 메시지로 사람들의 마음을 움직이는 것 말이다. 정치적 사건들이 주는 교훈을 되새기고 나만의 해답을 내려놓는다면 우리의 미래는 결코 고되지 않을 것이다. 내가 선정한 다섯 가지 주제가 적어도 이 책을 읽고 계신 분들에게 그런 역할을 했으면 좋겠다. 감사합니다.

2019. 11

청년정치크루 대표

이 동 수 드림

차례

프롤로그_ 우리는 어떤 메시지를 안고 사는가

1부. 사북 우리는 그들에게 얼마나 따뜻했나

철암행 무궁화호 … 15

석탄, 대한민국의 산업화를 견인하다 … 22

석탄 러시, 가자 사북으로! … 34

'서울의 봄'은 탄광촌에도 … 52

사북 사건 이후의 사북 … 65

"나는 산업전사 광부였다" … 75

2부. 부산 권력은 배, 민심은 바다

태풍 매미 … 87

한국전쟁이 만든 동네 … 93

도망간 대통령, 남겨진 국민들 … 98

국회와의 전쟁, 부산 정치 파동 … 112

발췌개헌과 사사오입개헌 … 123

유엔(UN)탕 … 127

헌법의 수호신들 … 138

3부. 제주 *살암시민 살아진다*

출륙 금지의 섬 ··· 145

너븐숭이로 가는 길 ··· 158

미·소공동위원회와 좌우합작 운동 ··· 172

소련을 봉쇄하라 ··· 185

제주도에서의 5·10 선거 ··· 190

용눈이오름과 다랑쉬굴 ··· 193

중산간마을 '초토화 작전' ··· 204

잃어버린 마을, 무명천 할머니 ··· 213

4부. 거제 *닭의 모가지를 비틀어도 새벽은 온다*

사고 공화국의 불행한 대통령 ··· 229

외포리 반골 소년 ··· 237

자유당에서 민주당으로 ··· 246

40대 기수론 ··· 256

YH무역 사건에서 10·26까지 ··· 265

신군부의 등장, 단식투쟁 ··· 275

"'탁' 하고 치니 '억' 하고 쓰러졌다" ··· 282

문민의 시대를 열다 ··· 285

정치인의 조건 ··· 290

5부. 베트남 당신이 나를 몽상가라 할지라도

호치민의 홍금보 ··· 297

베트남과 '위대한 프랑스' ··· 307

태평양의 안위를 위한 전쟁 ··· 318

"우리가 가지 않으면 미국이 간다" ··· 326

100명의 베트콩을 놓치는 한이 있어도 ··· 334

당신이 나를 몽상가라 할지라도 ··· 345

주석

참고문헌

1부 사북

우리는 그들에게
얼마나 따뜻했나

철암행 무궁화호

덜컹거리는 소리에 선잠에서 깼더니 숲의 파도가 밀려왔다. 기차는 수십 미터 높이의 해일을 가로지르는 작은 보트처럼 험준한 산맥 사이를 굽이굽이 달리고 있었다. 깎아지른 듯 높은 숲들이 양옆으로 시야를 가득 채웠다. 한눈에 담을 수 없는 그 웅장함에 넋을 놓고 한참 동안 창밖만 바라봤다. 자연 앞에서 인간은 얼마나 왜소한 존재인가. 군대에서 눈 치울 때 이후 오랜만에 느낀 감정이었다.

오후 1시에 강릉에서 출발한 무궁화호 열차는 동해 해안선을 따라 쭉 내려가더니 삼척을 지나서는 내륙으로 방향을 틀었다.[1] 산이 험해 달리는 속도는 느렸지만 그만큼 정겨운 느낌이 들었다. 특히 이따금 지나게 되는 1층짜리 허름한 간이역들은 그 자체로 충분히 훌륭한 피사체가 되어 줬다. 이 느낌들은 분명 KTX를 타고서는 경험할 수 없는 것들이다. 우리는 교통의 발달로 시간을 효율적으로 절약하는 대신 일상의 낭만들을 그 대가로 지불하고 있다. 만약 세상이 더욱더 효율성을 추구하는 방식으로 발전한다면 이런 낭만은 영화 속에서나 접할 수 있을 것이다. 그래도 이 산골까지 KTX가 들어설 일은 없을 테니 약간의 안식처는 남겨 두는 셈이라고 생각하면 조금 위안이 될까.

태백에 가까워지던 열차는 어느 순간 터널 안으로 빨려 들어갔다. 그리고 한참을 달렸다. 2012년 새로 개통된 이 솔안터널은 길이가 무려 16.2km에 달한다. 도계역과 동백산역 사이, 해발 1,171m의 연화산을 한 바퀴 빙 돈다. 두 역 간 표고 차이가 450m에 달해 똬리를 튼 뱀처럼 산을 크게 돌아서 올라가도록 설계한 것이다. 그 덕분인지 산을 오르면서도 올라가고 있다는 것이 느껴지지 않았다.

이 터널이 만들어지기 전까지는 높은 경사를 극복하기 위해 완만한 사선으로 전진과 후진을 반복해 열차를 오르내리도록 했다. 지그재그 형태로 노선을 운행하는 이 방식이 그 유명한 '스위치백(switchback)'이다. 스위치백 열차는 흥전역과 나한정역 구간을 지그재그로 오르내렸는데, 솔안터널이 개통되면서 두 역은 통리역·심포리역과 함께 폐지되었다.

1963년 스위치백 철도가 놓이기 전에는 강삭 철도(인클라인 철도)라는 것도 있었다.[2] 객차 한 량 한 량을 분리한 뒤 와이어로 연결해 견인하는 방식이다. 통리와 심포리 사이 경사가 60도나 되어 열차로는 도저히 오르내릴 수 없었기 때문에 이 방식대로 열차를 운행했다. 무게를 덜기 위해 사람들은 열차에서 모두 내려 한 시간이나 되는 길을 걸어야 했다. 우리나라에서는 강삭 철도와 스위치백 철도 모두 유일하게 이곳에만 있었다.

이 좁은 지역에서, 불과 수십 년밖에 안 되는 시간 사이에 두 번이나 열차의 운행 방식이 바뀐 것을 보면서 자연을 극복하고자 하는 인간의 노력에 새삼 감탄했다. 그렇게 상상력이 만든 길을 따라서 열차는 삼척과 태백의 시 경계를 넘었다. 나는 강릉에서 출발한 지 2시간여 만에 철암역에 도착했다.

정차해 있던 기차가 떠나고, 거기에 가려져 있던 거대한 광경이 내 눈앞에 펼쳐졌다. 통째로 깎아진 산허리와 그 아래 자리 잡은 커다란 공장들 그리고 석탄을 실어 나르기 위한 컨베이어 벨트와 때 묻은 화물 열차까지, 순백의 설산과 석탄 가공 시설이 어우러진 풍경은 산업화 시대의 한가운데로 나를 옮겨 놓았다. 6년 전 여름에도 내일로 여행을 위해 와 본 적이 있는 철암역이었지만 그때와는 다른 기분이었다. 그 당시엔 석탄과 관련한 이야기에 무심했기 때문일 수도 있고, 이날처럼 흰 눈과 검은 석탄의 선명한 대비를 보지 못했기 때문일 수도 있다. 나는 그제야 내가 탄광촌에 왔다는 것을 실감했다.

철암역과 붙어 있는 철암역두(頭) 선탄 시설은 이름 그대로 석탄을 가공하는 시설이다. 탄광에서 채굴한 원탄은 그 자체로는 균질적이지 않기 때문에 암석 등의 불순물을 제거하고, 입자의 크기가 비슷한 것들끼리 분류해야 한다. 넓게 보면 연탄을 만드는 과정까지 선탄에 포함된다. 이 선탄 시설은 일제강점기인 1935년, 조선총독부가 우리나라의 지하자원을 수탈하기 위한 목적으로 만들었

현재도 가동 중인 철암역두 선탄시설은 산업화시절의 영광을 간직하고 있는 살아 있는 문화재다. 늦지 않게 간다면 채굴한 석탄이 쏟아져 나오는 모습도 볼 수 있다.

다. 산업화가 본격화되기도 전에, 그것도 길이 험해 와이어로 열차를 끌었다 놓았다 하면서까지 이 지역에 철도가 들어선 것은 그 때문이다. 일본은 태백·삼척 일대에서 캔 석탄들을 영동선 화물열차에 실어 묵호항으로 운반한 뒤 자국으로 가져갔다. 소규모 어항이었던 묵호항은 이 시절 무연탄 출하 중심 항으로 개발되어 이후 시멘트나 석회석 등도 취급했다. 그런 이유에서인지 기차타고 묵호역 인근을 지날 때 유독 시멘트 공장이 많이 보였다.

　우리나라 최초로 만들어진 철암역두 선탄 시설은 수탈의 역사와 뒤이은 산업화의 역사를 고스란히 안고 있다. 그 역사적 가치를 인정받아 2002년 등록문화재(제21호)에 등재되었다. 그렇다고 과거형 문화재인 것은 결코 아니다. 지금도 가동되고 있기 때문이다. 운영은 대한석탄공사 장성광업소가 하고 있다. 나는 오후 3시를 넘겨 철암역에 도착하는 바람에 보지 못했지만, 오후 2시 이전에 가면 이따금 가공한 석탄을 열차에 싣는 모습을 볼 수 있다고 한다. 관광 안내소 가이드 선생님의 말씀에 따르면 가공된 석탄들이 선탄 시설 아래 정차된 화물열차 안으로 "후드득" 떨어진다던데, 무리해서라도 조금 일찍 와서 볼 걸 그랬나 하는 생각에 들어 아쉬웠다.

선탄 시설의 묘한 분위기에 이끌려 한참을 바라보다가 역을 나왔다. 왼편을 바라보니 천변을 따라 허름하고 나지막한 집들이 다닥다닥 붙어 있다. 페인트 곳곳이 일어나고 빛바랜 간판들로 가득한 외형은 태백이 구가했던 과거의 영화를 고스란히 남겨 놓은 듯했다. 지금이야 다 쓰러져 가는 처참한 같은 모습이지만 과거엔 엄청난 부가가치를 창출하던 상가였을 것이다. 가까이 가니 전에는 보지 못한 조형물 하나가 보였다. 기차를 거꾸로 세워 놓은 듯한 이 조형물에는 철암탄광역사촌이라는 글자가 새겨져 있다. 입구인 것이다. 순간 이전과는 다른 변화의 분위기가 느껴졌다.

철암탄광역사촌은 사실 촌(村)이라고 하기에는 조금 작은 측면이 있다. 몇 동의 까치발 건물이 붙어 있을 뿐이다. 까치발 건물은 하천 쪽으로 기둥을 세우고 그 위에 건물을 얹은 이 지역 특유의 건축양식을 일컫는다. 건물이 까치발 들고 서 있는 형상이기에 붙여진 이름이다. 사람들이 이 지역에 몰려들던 시절, 도로 쪽은 더 이상 주거 공간을 늘릴 수 없을 정도로 포화였는데 한 평의 방이라도

(위)까치발 건물의 전면. 외관은 옛 모습 그대로이지만 내부는 전시관으로 탈바꿈했다.

(가운데, 아래)
까치발 건물을 개조해 만든 철암탄광 역사촌 내부

더 만들어야 했으니 교육지책으로 착안한 방식이다. 산비탈까지 빽빽이 들어섰던 집들은 석탄 산업이 쇠퇴하고 사람들이 하나둘 이 지역을 떠나며 사라졌다. 까치발 건물 역시 흉물스러운 외관 때문에 철거하네 마네 논란이 많았다. 그러나 탄광촌 생활사의 일부로서 근대산업 유산이라는 지역 주민들의 의견이 있어 남기는 쪽으로 가닥이 잡혔다. 그래서 식당이나 은행, 치킨집, 스포츠용품점 등이 마지막까지 영업을 하다가 나간 흔적이 고스란히 남아 있다. 마치 고장 난 시계가 마지막 순간의 시간을 가리키고 있는 것처럼.

그런데 전에 왔을 때와 달리 몇몇 사람이 이 까치발 건물 안을 들어가는 모습이 보였다. 관광버스를 타고 온 어르신들도 있었고, 아이 손을 붙잡고 온 가족도 있었다. 분명 어떤 변화가 있는 것임에는 틀림없었다. 그들이 들어간 곳 앞으로 가 보니 계단에 작은 화살표가 그려져 있다. 좁디좁은 계단을 올라간 나는 작은 감탄을 내뱉었다. 전혀 다른 공간이 펼쳐졌기 때문이다. 불과 얼마 전까지 폐허였던 까치발 건물들은 박물관이자 미술관으로 변신해 있었다. 태백을 소개하는 일반적인 자료들부터 산업화 시대 광부들의 일상을 다룬 자료들까지, 짧지만 역동적으로 흘렀던 태백의 수십 년이 이 작은 건물들에 담겼다고 해도 과언이 아니었다. 특히 사람들이 실제 살았던 2, 3층에서는 탄광촌 사람들의 주거 생활을 어림짐작 할 수 있었다. 리모델링을 하긴 했어도 건물의 전반적인 구조만큼은 손을 대지 않았기 때문이다. 곳곳의 벽을 텄는데도 비좁은 느낌을 피할 수가 없었다. 단기간에 많은 사람이 이곳으로 몰려들었다는 방증일 것이다. 실제로 오늘날 인구가 3,000여 명에 불과한 철암동이지만 한때 4만 5,000여 명까지 늘어날 정도로 번성했다. 2018년 기준 과천시 인구가 5만 8,000명 정도[3]이니 그 규모를 대충 짐작할 수가 있다. 그만큼 돈이 돌고 사람이 모였다. 석탄은 지역 경제에 활력을 불어넣는 주요 요소였다. 그랬다. 한때는 철암동이 우리나라 경제를 견인하던 때가 있었다.

석탄, 대한민국의 산업화를 견인하다

우리나라는 1950년대까지만 하더라도 신탄, 즉 땔감을 주요 에너지원으로 사용했다. 일제강점기 시절 개발된 에너지 기반 시설은 대부분 북한으로 승계되었다. 한국에는 얼마 안 되는 소형 발전 시설(199MW 규모)과 영세 탄광(1.4백만 톤가량)만이 남았다. 그나마도 한국전쟁으로 대부분 파괴되면서 우리나라의 발전 시설과 석탄 생산은 절반으로 줄어들었다.[4] 연료는 당장 급한데 채굴할 능력도, 가공할 능력도 없으니 급한 대로 나무를 베어다 썼다. 우리나라에서 에너지 통계를 처음 작성한 1955년, 국내 총에너지 소비의 약 75%를 신탄이 차지했다. 나머지 25%는 주로 석탄이었고 약간의 석유와 수력발전이 차지했다. 수도인 서울에서도 대부분 나무를 가져다 땔 정도였으니 숲이 남아날 리 없었다. 무분별한 신탄 채취로 산림이 황폐화되어 신탄 자원마저 수년 내에 고갈될 것이라는 의견이 제기되기 시작했다. 정부는 임산 연료의 도시 반입을 금지하고 무연탄 사용을 권장했다. 다만 무연탄이 대부분 강원도 태백·정선 등지에 매장되어 있었기 때문에 수송로를 확보하는 것이 급선무였다. 이승만 정부는 1954년 경사생산 방식으로 에너지 개발 사업에 돌입했다. 경사생산이란 생산 기반을 구축하는 데 있어서 빠져서는 안 될 기초산업에 자원과 비용, 노동력을 중점적으로 투입해 기반을 다진 뒤 다른 산업으로 확대해 나가는 전략을 일컫는다. 쉽게 말해 경제 기반을 다지는 데 자원을 '몰빵'한다는 뜻이다. 정부의 거의 전력을 기울인 노력과 UN·미국 등의 경제원조에 힘입어 우리나라는 1950년대 말 석탄 산업의 기반을 다지게 되었다. 산업화의 기틀이 마련된 것이다.

나무를 베어다가 쓰던 국민들에게 연탄은 참 매력적인 자원이었다. 우리가 흔히 구공탄이라고도 부르는 연탄은 석탄(무연탄)을 주원료로 코크스, 목탄 가루, 전분, 석회 등을 배합해 만드는데, 화력이 들쭉날쭉한 신탄과는 달리 비슷한 온도를 오래토록 유지한다는 장점이 있었다. 연소될 때 인체에 치명적인 일산화탄소가 발생하고, 수시로 갈아주는 한편, 타고 남은 재를 처리해야 한다는 번거로움이 있어 석유나 도시가스 등에 자리를 내어 주기는 했지만 그 시절 연탄은 국민들에게 둘도 없이 편리하고 따뜻한 존재였다. 그 덕분에 1955년부터 1965년까지 10년간 국내에서 소비되는 에너지 중 석탄이 차지하는 비중은 19.2%에서 43.6%로 늘어났다. 반대로 신탄의 비중은 75.7%에서 43.8%로 급감했다.[5] 1960년대에는 대도시뿐 아니라 읍·면 단위까지도 구공탄 사용이 보편화되었다. 그 시절 석탄은 명실공히 대한민국의 주력 에너지원이었다.

1960년대로 접어들면서 석탄 산업은 새로운 전기를 마련하게 되었다. 박정희 정부가 수출 주도형 경제개발을 위해 새로운 에너지원 개발을 추진했기 때문이다. 정부는 1961년 연간 생산 30만 톤 이상의 대형 탄좌, 즉 석탄 채굴 구역을 설정하고 이를 보호·육성하기 위해 「석탄개발임시조치법」을 제정했다. 석탄 생산업자에게 개발 자금의 장기 융자를 내주고, 탄광 시설을 위해 외국 차관에 정부가 직접 보증을 서 주는 한편, 수송·송전 시설 설치나 시추 및 탐탄 조사를 시행하는 것을 지원하는 등의 내용을 담았다. 일정 기간 동안 법인세나 소득세를 면제시켜 주기도 했다. 국가는 석탄을 먹고 성장했고 석탄 산업 역시 국가의 지원을 등에 업고 커 나갔다. 1965년에는 연간 석탄 생산량이 1000만 톤을 넘어섰다.

그런데 날개 단 듯 성장하던 석탄 산업이 한풀 꺾이는 사태가 발생했다. 1966년에 발생한 연탄 파동이었다. 당시 고도성장하던 대한민국은 경제성장률 못지않게 물가도 가파르게 치솟았다. 이에 정부는 물가 인상률을 8%선에서 동결시킨다는 목표 아래 먼저 연탄 가격 통제에 나섰다. 한 장에 15원 정도 하던 연탄가를 장당 8원이라는 고시가격을 책정하고 판매상을 압박한 것이다.[6] 시장 원리를 무시한 채 밀어붙이기식으로 강행한 가격통제는 공급의 위축을 불러왔다. 산지에는 무연탄이 쌓여 있는데 도시에서는 연탄을 구하지 못해 발을 동동 굴러야 했다. 급기야 암거래가 성행하면서 고시가격의 3배가 넘는 가격에 연탄이 팔리는 지경에 이르렀다. 때마침 울산에 정유 시설이 마련되면서 국내 석유 가격을 낮춰 사태를 수습하기는 했지만, 연탄 파동에 크게 데인 정부 입장에서는 고민에 빠지지 않을 수 없었다. 안 그래도 급속한 산업화와 도시화로 에너지 수요가 매년 10%씩 급증하던 때였다.

연탄 파동 이후 정부는 석탄을 주 에너지원으로 하고 석유가 그를 뒷받침하던 주탄종유(注炭從油) 정책을 주유종탄(注油從炭)으로 선회했다. '석유가 메인이고 석탄은 거들 뿐'이라는 계획이다. 국영기업과 대기업들은 당연히 유류로 에너지원을 대체해야 했고 음식점이나 숙박업소 등에도 기름 사용을 강권했다. 효과는 대단했다. 연탄도 아직 신식 연료이었던지라 농촌에는 연탄아궁이가 겨우 보급되기 시작한 시점이었지만 도시의 중산층 가구에서는 벌써 연탄아궁이를 없애고 석유 보일러를 들여놓는 집이 늘어났다. 1966년 총에너지 공급에서 불과 16%를 차지했던 석유 비중은 1972년에 52%로 급격하게 증가했다.

석유가 석탄의 대체재였기 때문에 석유 사용이 급증하자 석탄 소비량은 곤두박질쳤다. 석탄 업계는 극심한 불황에 빠졌다. 그렇다고 석탄 산업을 버릴 수도 없었다. 국내 유일의 에너지원이었기 때문이다. 국민들이 쌀 소비를 안 한다고 쌀농사를 버릴 수 없는 것과 같다. 이에 정부는 1969년 석탄 산업을 보호·육성하기 위해 「석탄광업 육성에 관한 임시조치법」을 제정했다. 석유류세에서 발생하는 세금의 일부분을 정부가 세출 예산에 계상해 석탄 산업 보호·육성에 필요한 재원을 마련하는 것이 주요 골자였다. 이렇게 마련된 재원은 탄광 업체의 적자를 보전해 주거나 채굴·판매 과정에서 보조금을 지급하는 용도로 쓰였다. 대한석탄공사가 민영 탄광을 매입하기도 했다. 이 제도가 석탄 수급의 안정을 도모한 것은 사실이다. 하지만 증산 위주의 지원책에 대한 부작용도 만만치 않았다.[7] 업체들의 능동적인 경영 의지는 쇠퇴하고 정부 보조금에 대한 의존도만 증가한 것이다. 이로 인해 경제성 없는 영세 탄광이 난립하게 되었고, 석탄 산업의 질적 저하로 직결되게 되었다.

　정부가 산소 호흡기를 붙여 준 격이었지만 우리나라의 석탄 산업은 큰 부침 없이 명맥을 유지했다. 그러다가 외부 요인에 의해 폭발적으로 성장하게 되는 전기가 마련된다. 바로 두 차례에 걸친 오일쇼크다.

　1973년 10월 6일, 이집트의 대통령 안와르 사다트(Muhammad Anwar Sadat)는 시리아와 손잡고 이스라엘에 대한 선제공격을 단행했다. 이날은 유대교의 최대 명절인 '속죄의 날(욤 키푸르)'이기도 했다. 사실 선제공격이라는 표현도 머쓱한 게 아랍 세계와 이스라엘은 이미 30여 년간 3차례나 큰 전쟁을 겪은 바 있었다. 전임 대통령 나세르(Gamal Abdel Nasser)의 급서로 대통령 자리에 오른 온건주의자 사다트는 이스라엘에 평화협정을 제안했지만 거절당했다. 이스라엘은 사다트가 전쟁을 일으킬 감이 안 된다고 오판했다.[8] 하지만 사다트는 평화협정에 관심 없는 이스라엘을 움직이려면 전쟁밖에 없다고 판단했다. 욤 키푸르 전쟁이라고 불리는 이 전쟁에서 결과적으로 이스라엘이 승리하기는 했지만 4차례의 중동전쟁 중 가장 고전한 전쟁이 되었다. 그리고 무엇보다 세계경제가 휘청거리는 계기가 되었다. 석유수출국기구(OPEC)가 석유를 정치적 무기로 사용했기 때문이다.

　제4차 중동전쟁이 발발하고 10일이 지난 10월 16일, 페르시아 만에 인접한 6개 OPEC 회원국은 원유 가격을 17% 인상한다고 발표했다. 이튿날에는 "이스라엘이 아랍 점령지에서 철수하고, 팔레스타인의 권리가 회복될 때까지 원유 생산을 매달 5%씩 감축하겠다"고 선언했다. 미국에 대해서는 석유 선적 자체를 중단했다.[9] 이스라엘에 우호적인 서방세계를 겨냥한 전략이었다. 1배럴당 3달러 선이던 원유 가격은 불과 3개월 만에 12달러 선까지 치솟았다. 석유에 산업용 에너지를 거의 전적으로 의존하고 있던 세계경제는 불황과 인플레이션에 시달려야 했다.

경공업에서 중화학공업으로 산업구조를 개편 중이던 우리나라도 예외는 아니었다. 1973년 3.2%이던 물가 상승률은 1974년 24.3%, 1975년 25.2%까지 치솟았고 같은 시기 14.8%였던 경제성장률은 1974년 9.5%, 1975년 7.9%까지 떨어졌다. 5년 뒤인 2차 오일쇼크 때에는 그 여파가 더욱 커서 1980년에는 경제성장률이 마이너스(-1.7%)를 기록하기도 했다. 우리나라가 산업화를 추진한 1960년대 이래로 경제성장률이 마이너스를 기록한건 이때와 IMF 외환 위기 직후인 1998년(-5.5%)이 유일하다.

정부는 오일쇼크를 겪으며 에너지원 다변화의 필요성을 절실히 느꼈다. 무엇보다 석유에서 말미암은 에너지 위기를 극복하기 위해서는 석탄이 필수적인 존재라고 생각했다. 한반도 땅에서 석유를 뽑을 수는 없어도 석탄은 얼마든지 캘 수 있었다. 정부가 이렇게 판단한 데에는 1974년에 있었던 2차 연탄 파동도 크게 작용했을 것이다. 시장 논리를 무시하고 가격을 통제해 발생했던 1966년의 연탄 파동과 달리 두 번째 연탄 파동은 전적으로 공급량 부족에 기인했다. 제1차 오일쇼크로 기름값이 치솟자 정부는 다시 연탄 사용을 독려했는데, 수년 전 연탄 파동의 악몽을 겪은 국민들이 연탄을 비축해 놓기 시작한 것이다. 문제는 몇 년간의 주유종탄 정책으로 감소하기 시작한 석탄 생산량이 그 수요를 감당할 수 없었다는 점이다. 채탄량은 늘지 않는데 수요는 폭증하니 7월부터 연탄이 바닥나 버렸다. 정부가 가격을 올리고 연탄의 크기를 줄이도록 하며 대응했지만 역부족이었다. 급기야 7월 20일에는 배급제와 비슷한 카드를 꺼내 들었다. 전국 12개 대도시를 대상으로 가구별 연탄 카드를 발급하고 구매량을 제한했다. 음식점·숙박업소에는 또다시 연탄 사용을 금지하는 웃지 못할 일들이 벌어졌다.[10] 정부는 석탄 생산량 극대화와 비축량 확대 등의 시책을 추진했다. 정부의 방침과 국제 자원 정세가 맞물려 국내 산탄 산업은 그렇게 제2의 전성기를 맞게 되었다.

태백에는 계속 사람이 모여들었다. '석탄 러시'였다. 1960년대까지만 해도 원래부터 강원도에 살던 사람들이 주로 탄광에 취직했다. 그때까지 강원도에는 딱히 산업이랄 게 없어서 농사를 짓는 것 외에는 별다른 일자리가 없었다. 그러다가 1970년대에 접어들고 두 차례의 오일쇼크를 겪으며 탄광 경기가 좋아지자 외지인들이 유입되기 시작했다. 탄광에 취직하면 단기간에 많은 돈을 벌 수 있다는 소리를 듣고 일자리를 찾아 모여든 것이다. "탄광 지역에서는 길거리에 지나다니는 개도 만 원짜리 지폐를 물고 다닌다"는 우스갯소리가 나돌 정도였다. 그러나 멀쩡한 일자리를 버리고 온 사람은 거의 없었다. 주로 사업에 실패했거나 제조업에 종사하다가 해고된 사람들 또는 처음부터 일자리가 없었던 사람들이었다. 학력도 이따금 고졸자가 있기는 했지만 대부분 무학(無學)이거나 초등학교 졸업자 등 저학력자가 많았다.[11]

일자리를 찾아 타지로 떠난다는 건 듣기엔 낭만적으로 들릴지도 모른다. 난 골드러시 시대를 다룬 서부영화들이 그런 왜곡된 인식을 갖게 했다고 생각한다. '황금을 찾아 서부로!' 얼마나 멋지고 가슴 벅차오르는 이야기인가! 그런데 태백과 정선 등지로 모여든 사람들의 사례를 살펴보면서 크게 잘못된 생각이었다는 것을 깨달았다. 물론 개중에는 큰돈을 벌기 위해 진출한 사업가도 있었겠지만, 대다수는 인생의 막다른 길목에서 지푸라기라도 잡는 심정으로 온 것이었다. 실제로 오갈 곳 없는 사람들에게 태백과 정선은 열악하나마 생애 마지막 기회를 주는 곳이었다. '막장'이라는 단어가 '갱도의 막다른 곳'을 뜻하면서 동시에 '일의 마지막'을 뜻하는 것은 아마 이런 연유이지 않을까? 골드러시 시대의 캘리포니아도 크게 다르지 않았으리라 본다.

강원도에는, 특히 탄광이 밀집한 태백이나 정선에는 평지가 거의 없다. 지형 자체가 삽시간에 몰려드는 사람들을 수용할 수 있는 여력이 안 된다. 그런데 두 차례의 오일쇼크를 전후로 해서 엄청난 사람들이 이 지역으로 유입되었다. 당연히 주거 문제가 불거질 수밖에 없었다. 집들은 자연스레 산등성이를 따라 조금씩 올라갔다. 산중턱까지 채우고도 공간이 모자라 개천 쪽에 기둥을 박고 그 위

철암탄광역사촌에 남아 있는 과거의 공동 화장실. 집집마다 화장실이 있기는커녕 수십 가구가 하나의 화장실을 사용해야 했다.

로 건물을 올렸다. 앞서 언급한 까치발 건물이다. 회사에서 지어 준 경우 사택이라는 그럴싸한 이름이 붙었지만 현실은 매우 열악했다. 시멘트 블록에 슬레이트 지붕을 얹은 정도였기 때문이다. 사실상의 판자촌이었다. 도로나 상하수도 같은 인프라는 기대할 수도 없었고 심지어 화장실도 20~30가구가 같이 사용하는 경우가 부지기수였다. 철암역을 나오면 바로 맞은편 언덕배기에 보이는 삼방마을도 그런 곳이었다.

맨몸으로 오르기에도 벅찬 계단들을 따라 삼방마을에 도착했다. 불과 몇 분 걸었을 뿐인데 숨이 조금 가빴다. 눈 쌓인 계단을 오르다 보니 다리에 힘이 많이 들어간 모양이다. 이곳에 살던 주민들은 하루에도 몇 번씩 이 길을 오가며 출퇴근을 하고, 우물가에서 물

좁은 지역에 인구가 몰려 천변에 걸쳐서 집을 지었던 까치발 건물을 통해 당시의 열악한 주거환경을 엿볼 수 있다.

을 길러 왔을 것이다. 반복되면 익숙해지는 길일까, 문득 궁금했다.

6년 만에 찾은 삼방마을은 많은 것이 바뀌어 있었다. 폐허로 방치되어 있던 많은 집이 헐리고 신식 단독주택이 상당수 들어섰다. 잡초가 우거졌던 작은 평지에는 널따란 전망대가 만들어져 있다. 전망대에서 반대편을 바라보니 선탄장과 그 뒷산의 전경이 한눈에 들어왔다. 낡은 마을이지만 뭔가 모를 생기가 감돌았다.

변화는 그뿐만이 아니다. 까치발 건물 오른편에 있던 철암시장은 철거되었다. 그 자리에는 깨끗한 건물이 새로 지어졌다. 식당과 카페, 공예점이 영업을 하고 있다. 태백시가 38억여 원을 투입해 만든 '쇠바우골 탄광문화장터'다. 상가 전체가 2018년 4월 개장했다고 하니 내가 방문한 시점에서 1년도 되지 않은 시설이었다. 이전에는 관광객들이 와도 마땅히 갈 곳이 없었는데, 이제는 밥을 먹든 커피를 마시든 적어도 그런 걱정은 없겠다 싶었다. 철암은 이렇게 탄광촌에서 관광 마을로 변화의 가능성을 키워 나가고 있었다.

겨울이라 그런지 하늘이 이내 어스름해졌다. 버스를 타고 황지동으로 이동해 숙소를 잡았다. 태백에는 한우가 유명하다더니 역시나 숙소 인근에 고깃집이 즐비해 있었다. 하지만 혼자였던지라 차마 가기가 꺼려졌다. tvN 드라마 〈혼술남녀〉 속의 하석진처럼 혼자서도 멋지게 먹을 수 있으면 얼마나 좋을까. 하지만 '혼고기'를 하기에는 멘탈이 조금 약했다. 고민을 반복한 끝에 태백의 명물 중 하나라는 물닭갈비를 먹기 위해 한 식당으로 들어갔다.

"사장님 한 명이요."

"1인분으로는 안 팔아요."

"그럼 2인분 주세요. 막걸리 한 병도요."

혼자서 먹는 것은 부끄럽지 않았지만 2인분을 남김없이 다 먹은 건 조금 부끄러웠다. 식사를 마치고 소화도 할 겸 낙동강의 발원지라는 황지연못으로 갔다. 이 작은 발원지에서 그렇게 큰 강이 시작된다는 것이 신기했다. 태백은 낙동강뿐만 아니라 한강의 발원지이기도 하다. 황지동에서는 낙동강이, 창죽동 검룡소에서는 한강이 용출해 각각 남쪽과 서쪽으로 한반도를 가로지른다. 옛날에 쓰인 소설들을 보면 태백산맥이 민족의 정기를 품고 어떻고 하는 등의 이야기들이 나오는데, 민족을 강요하고 기운을 운운하는 것을 좋아

하지는 않지만 그래도 태백산맥이 분명 한반도의 상징적인 지형 중 하나라는 것은 틀림없다는 생각이 머릿속을 스쳤다. 그렇게 '산소 도시 태백'에서의 하룻밤이 저물었다.

다음 날 아침 태백역으로 걸어갔다. 사북역으로 가기 위해서다. 이곳에 온 목적이기도 한 곳이다. 서울은 근래 중국발 미세먼지로 하늘이 뿌옇고 흙냄새가 진동했는데 태백의 하늘은 쾌청하기만 했다. 사실 태백까지 미세먼지가 안 오는 게 아니라 운 좋게 미세먼지가 없는 날 여기에 온 것이었다. 대신 강추위가 살을 엔다. 불과 몇 년 전까지만 해도 겨울은 대체로 하늘이 맑았던 것 같은데, 이제는 추운 날 아니면 미세먼지가 심한 날이 무한 반복 되는 것 같아 슬펐다. 그래도 이날만큼은 맑은 공기를 마음껏 들이킬 수 있었다.

무궁화호는 몇 번의 터널을 지나 불과 22분 만에 사북역에 도착했다. 사북과 그 옆 고한은 훗날 한국의 대표적인 탄광지가 될 정도로 석탄 매장량이 풍부한 곳이었음에도 처음에는 개발이 더뎠다. 석탄을 캐도 서울까지 운송할 만한 수단이 마땅치 않았기 때문이다. 이 지역 석탄은 도로를 통해 예미역까지 운반한 뒤 그곳에서 서울로 보내거나 트럭으로 묵호항까지 가져가서 배로 실어야 했다. 그러다가 1966년 1월 예미역에서 사북역을 지나 고한역으로 이어지는 고한선이 개통되면서 새로운 전기를 마련하게 되었다. 사북·고한 지역의 석탄을 서울로 한 방에 운송할 수 있게 된 것이다. 당시에는 정선지선이라고 불렸다.[12] 고한선의 개통은 정선군 내 사북과 고한을 대표하는 동원탄좌와 삼척탄좌는 물론, 군소 탄광의 개발까지 촉진하며 이 지역이 급성장하는 계기가 되었다. 실제로 정선군 동면의 작은 리에 불과했던 사북과 고한은 탄광 개발이 가속화됨에 따라 인구가 폭증해 1973년에는 사북이 읍으로 승격했고, 1985년에는 다시 사북읍과 고한읍이 분리되어 현재까지 이어져 오게 되었다.

석탄 러시, 가자 사북으로!

사북을 대표하는 탄광이자 우리나라 최대 민영 탄광이었던 동원탄좌가 설립된 것도 이 즈음이다. 동원탄좌의 회장 이연이 처음부터 탄광 사업을 한 것은 아니었다. 그는 해방 후인 1948년, 동원토건이라는 건설 회사를 설립하고 미군정이 발주하는 사업에 뛰어들었다. 정부 수립 이후에도 주로 정부 사업을 수주하는 일로 회사를 키워 나갔다. 한때 현대건설의 정주영 회장과 어깨를 견줄 정도였다고 하니 그의 사업 수완을 어렵지 않게 짐작할 수 있다.

그가 탄광에 관심을 갖게 된 것은 강원도 내 산업 철도 공사를 따면서부터다. 1950년대 후반 이승만 정부가 외국으로부터 차관을 얻어 석탄 수송을 위한 중앙선·태백선 공사를 시작했는데, 그 사업을 동원토건이 맡게 된 것이다. 이때 공사 현장과 가까운 사북을 처음 방문한 이연 회장은 지역을 둘러보고는 석탄 산업이 장차 유망할 것이라고 판단, 탄광 업계에 진출하기로 결심했다. 그는 곧바로 실행에 옮겼다. 1958년 사북에서 탄광을 운영하던 원동기업을 인수하고 4년 뒤 사북탄좌로 광업소의 명칭을 변경했다. 그리고 다시 1년 뒤엔 1963년 사북탄좌에서 동원탄좌개발로 이름을 바꾼 뒤 본격적으로 사북광업소를 경영했다.

삼방마을에서 바라 본 철암동의 전경. 철암은 '석탄러시' 시절의 모습을 여전히 간직하고 있는 몇 안 되는 지역이다.

동원탄좌는 사북 일대에서 탄광에 관한 한 사실상 독점적인 지위를 행사했다. 일부 하청 업체들이 있었을 뿐, 동원탄좌 외에 사북에서 독립 광구를 가진 광업소가 없었기 때문이다. 삼척탄좌 외에도 세원·정동·경일 등 여러 독립 광업소가 있었던 고한과는 대조적이었다. 이 덕분인지 동원탄좌는 국내 최대 민영 탄광 회사로 성장하며 국가 산업에 큰 버팀목이자 정부의 좋은 파트너가 되었다.

사실 정부 입장에선 이런 탄광 회사들이 고맙기 그지없었을 것이다. 경제가 고도성장함에 따라 당장 요구되는 에너지는 많은데 국가가 그 수요를 다 충족시킬 수 없었기 때문이다. 대한석탄공사가 여러 개의 대규모 탄광을 개발하고 운영하기는 했지만 정부가 워낙 가난했던 탓에 원하는 만큼 사업을 벌일 수 없었다. 정부가 하지 못하는 부분은 민간이 채워 나갔다. 정부는 한 톨의 석탄이라도 더 캐기 위해 기업들에게 광업권을 부여하고 탄광 개발을 독려했다. 광업권이란 말 그대로 등록을 받은 광구에서 광물을 채굴할 수 있는 권리를 일컫는다. 광업권이 없으면 석탄을 캘 수 없었다. 요즘에야 환경문제 등으로 규제가 심해져 광업권이 쉽게 주어지지 않지만 1960~70년대까지만 해도 광업권 설정출원서를 내기만 하면 쉽게 허가를 받을 수 있었다.[13] 환경에 대한 개념도 없었을 뿐더러, 당장 경제개발에 박차를 가해야 했기 때문이다. 광업권을 부여받은 기업들은 사적인 이윤을 추구하는 주체인 동시에 조국 근대화의 첨병이었던 셈이다.

사북역을 나선 순간 느낀 감정은 놀라움이었다. 철암역을 내렸을 때 마주한 것과는 정반대의 충격이었다. 무질서하게 세워진 모텔 건물들과 난잡한 불빛을 뽐내는 전당포·마사지 업소 등이 사북읍 전체를 가득 채우고 있었다. 대한민국의 경제를 이끌었던 탄광촌의 느낌은 눈 씻고 보려 해도 볼 수 없었다. 배경을 전혀 모르는 외국인이 이곳에 선다면, 석탄의 시옷 자도 추측하기 어려울 것 같았다. 과연 여기가 내가 아는 사북이 맞는가. 번지수를 잘못 찾지 않았나 하는 불안감을 안고 스마트폰으로 지도를 켰다. 사북석탄역사체험관으로 가기 위해서는 역에서 왼쪽으로 난 언덕길을 따라 쭉 내려간 뒤, 사거리에서 다시 왼쪽으로 꺾어 올라가면 되었다. 바람이 몹시 셌다. 나는 패딩 점퍼 주머니에 양손을 꽂았다. 인도 가장 자리에 쌓인 눈이 녹지 않고 남아 있기는 했지만 다행히 보행에 위험을 끼칠 정도는 아니었다. 이런저런 생각을 하며 걷는데 눈앞에 큰 굴다리가 하나 나타났다. 그 유명한 안경다리였다. 두 터널의 생김새가 안경 같다고 해서 붙여진 이름이다. 오른쪽으로는 차도가 나 있었고, 왼쪽으로는 개천이 흐르고 있었다. 개천의 색이 불그스름했다. 노란빛을 띠는 것 같기도 했다. 가까이 가서 보니 하천 바닥의 색이 아니라 흐르는 물 자체가 그런 색으로 물들어 있었다. 인근에 공장이 들어섰나? 아무튼 기분이 썩 좋지는 않은 색이었다.

가파른 경사를 따라 난 길을 계속 올랐다. 발목 양말을 신은 탓에 자꾸 양말이 벗겨졌다. 사북은 사실상 협곡에 도시가 들어선 격이었다. 동쪽으로는 1,151m의 노목산과 927m의 지장산이, 서쪽으로는 1,470m의 두위봉이, 남쪽으로는 1,426m의 백운산이 사북의 사방을 막고 있었다. 아마 농경지만 조금 넓었더라면 고려 시대나 조선 시대에 천혜의 요새가 되었을 것이다.

1950년대 중반까지만 해도 사북에 살던 사람들은 옥수수 등의 밭농사나 약초 채취 등으로 생계를 이어 갔다. 그게 아니면 나무 같은 임산자원을 팔아 번 돈으로 생활했다. 오늘날에도 사북읍 내에서 탄광과 관련이 없는 지역은 배추 등 고랭지 농사를 이어가고 있다. 그러던 것이 1950년대 후반 탄광 개발이 시작되면서 변화의 바람이 불기 시작했다. 이 시기까지만 해도 '쫄딱구뎅이'라고 불리는 영세 탄광들이 주를 이루고 있었다. 그들은 비교적 탄을 캐기 쉬운 노천 탄광을 중심으로 석탄을 채굴했다. 별다른 자본이나 기술력이 필요한 것이 아니었고, 그만큼 석탄 생산량도 미미했다.

1960년대 초반, 사북에 들어온 동원탄좌는 그 판도를 바꿨다. 작은 카센터 몇 개 있던 지역에 다국적 자동차 회사의 공장이 들어서는 정도의 변화였다. 사람들은 일자리를 찾아 전국에서 모여들었다. '팔도공화국'이라 불렸을 정도다. 실제로 1960년 사북리가 있던 정선군 동면의 인구수는 1만 2,948명이었으나 5년 뒤인 1965년에는 2만 4,140명으로 2배가량 급증했고, 또 그로부터 6년이 지난 1971년에는 3만 6,625명에 육박해 사북리가 사북읍으로 승격되기에 이르렀다.[14]

변변한 평지조차 없는 이곳에 10년 새 인구가 3배나 늘어났으니 주거 환경은 열악할 수밖에 없었다. 이 점은 철암은 물론, 여타 탄광촌이 크게 다르지 않았다. 상하수도가 제대로 갖춰지지 않아 우물에서 물을 길러 썼던 것이나 수십 가구가 하나의 공동 화장실을 이용해야 했던 것도 매한가지였다. 1966년 사북역 앞에 사택촌이 조성되고, 이어서 1973년과 1978년에도 산 중턱에 중앙 사택과 새마을 사택 등이 들어섰지만 폭증하는 인구를 감당할 수는 없었다. 사북의 인구는 계속 늘어 읍으로 승격된 첫해 3만 1,734명(1972년)이었던 인구가 고한읍과 분리되기 직전인 1984년에는 5만 5,134명까지 늘어났다.[15] 단기간에, 그것도 좁은 공간에 많은 사람을 수용하기 위해 급조한 사택들은 말이 사택이지, 군대 막사랑 다를 바 없었다. 추위를 견디기 어려웠고 방음도 제대로 되지 않았다. 그나마도 사택에 들어가는 사람들은 형편이 좋은 편이었다. 특히 덕대라고 불리는 하청 탄광에서 일하는 사람들의 생활환경은 상상할 수 없을 만큼 열악했다. 영세 탄광 업체들은 개별적인 사택이 없었던 만큼 그들은 스스로 주거 문제를 해결해야 했다. 월세·하숙을 얻거나 빈 곳이 있으면 합판을 때려 박아서 거처를 마련했다. 공동 화장실은 워낙 많은 사람이 이용했던 탓에 문이 쉽게 떨어져 나가기 일쑤여서 가마니를 걸쳐 놓고 사용하기도 했다.[16]

일이라도 편했으면 좋았으련만 그들의 업무는 말 그대로 '극한 직업'이었다. 남들은 아르바이트 삼아 하루 하기도 힘든 일을, 평생 하며 살아가는 사람들을 보면 경외감이 들기도 한다. 나는 여름철 음식물 쓰레기를 수거하시는 환경미화원분들이나 TV에서 종종 이벤트성으로 다뤄지는 택배 업계 종사자들을 보면서 그런 느낌을 받는다. 이 직업들은 업무 강도도 빡세지만 처우가 좋은 것도 아니다. 우리가 흔히 '몇 시간 고생하면 많은 돈을 번다'고 생각하는 택배 상하차 알바도 최저임금에 못 미치는 경우가 허다하다. 매우 노동집약적인 분야여서 회사가 이윤을 극대화하기 위해서는 노동자들의 임금이나 복지를 억눌러야 했다.

광부가 대표적으로 그런 직업이었다. 우리나라 대부분의 탄광은 인간의 노동력을 갈아 넣은 대가로 석탄을 얻어 냈다. 광산 노동자의 하루 열량 소모량은 평균 4,600kcal로 일반적인 제조업의 3배에 달했다.[17] 중노동도 이런 중노동이 없었다. 반면 기계화는 몹시 더뎠고, 사실상 이뤄지지 않은 경우도 많았다. 기계화라고 해 봤자 배수와 통기, 운반 과정에 제한된 것이었다.

우리가 광부라고 하면 흔히 곡괭이로 홈을 파고 거기에 폭약을 설치해 탄을 캐는 이미지만 떠올리는데 광업도 하나의 산업이었던 만큼 탄광 안에서는 엄청난 분업이 이뤄졌다. 먼저 탄광 일은 크게 막장 안에서 일하는 갱내부(항내부)와 밖에서 일하는 갱외부(항외부)로 나뉜다. 갱내부는 다시 직접부와 간접부로 나뉘었는데 말 그대로 직접 탄을 캐는 부서가 직접부, 시설이나 설비 등으로 그들을 지원하는 부서가 간접부였다. 직접부에는 탄맥을 따라 석탄을 캐는 채탄부, 굴을 뚫고 나아가는 굴진부 그리고 탄을 캔 뒤 빈 갱도가 무너지지 않도록 지지대 등을 설치하는 보갱부가 있었고, 간접부에는 레일을 깔고 수리하는 보선부와 전차부, 전기부 등이 있었다. 갱외부는 막장 밖에서 일하는 사람들로 주로 석탄에서 돌을 고르는 선탄부와 기계수리공, 목재공, 기타 잡부 등으로 구성되었다. 우리가 흔히 떠올리는 광부의 이미지는 갱내부, 그중에서도 직접부에 해당하는 채탄부·굴진부·보갱부 등이었던 것이다.

대한석탄공사나 탄광 업체 중에서도 대기업에 해당하는 곳들에서는 이러한 분업이 철저히 이뤄졌다. 특히 채탄·굴진·보갱부는 후산부라고 일컬어지는 견습공들을 데리고 다닐 정도로 그 전문성을 인정받았다. 탄을 캐는 일이 순조롭게 진행되기 위해서는 채탄부가 한쪽에서 탄을 캐는 동안 굴진부가 다른 쪽 길을 뚫고, 보갱부가 갱도를 유지·보수해 나가며 연장하는 일이 착착 맞아떨어져야 했기 때문이다. 하지만 영세 탄광의 경우 광부들이 1인 다역을 맡는 경우가 많았다.

광부들은 보통 갑·을·병으로 반을 나눠 3교대로 하루 8시간씩 일을 했다. 주말에도 쉬지 못하는 경우가 허다했다. 심지어 영세 탄광의 노동자들은 하루 12시간씩 맞교대로 작업하기도 하는 등 살인적인 노동 강도를 감수해야 했다. 명절 때를 제외하고는 주말에도 제대로 쉬지 못했다. 상황이 이러하니 어쩌면 '인간을 갈아 넣는다'는 표현도 부족할지도 모르겠다.

이 대목에서 호주의 광산 기업 리오 틴토(Rio Tinto)를 소개한 어떤 인터넷 영상을 떠올랐다. 과거 이명박 대통령이 자원 외교에 박차를 가하던 시절이었다. 톱니바퀴가 달린 대형 채탄기가 쓱 지나갈 때마다 엄청난 양의 광물이 떨어져 나와 컨베이어 벨트를 통해 외부로 운반되었다. 냄비에 눌어붙은 누룽지를 긁어내는 것보다 쉬워 보였다. 나는 그때 그 영상을 보며 허무한 감정을 느꼈다. '외국 놈들은 자원을 캐는 사이즈가 다르구나.'

비단 규모의 문제만은 아니다. 우리나라 지형은 대체로 단층과 습곡이 반복되어 복잡한 지질구조를 나타내는데, 이 때문에 석탄층 또한 연속성이 부족하고 급경사를 이루는 곳이 많다. 사북 지역의 탄층 역시 백운산에서 맞은 편 노목산까지 U 자 형태로 대칭적으로 경사를 이루고 있었다. 이러한 지형은 채탄 작업의 기계화와 대형화를 크게 제약하는 요인이 되었다.[18] 결국 사람이 손으로 캐는 수밖에 없었다. 애당초 기계가 들어서기에 어려운 환경이기 때문이다. 호주의 광산 기업이 기계화·대형화를 통해 우리나라의 20배에 달하는 생산성을 보일 수 있었던 것도 결국 기술력의 차이라기보다는 단층이 대체로 습곡 작용을 받지 않아 평평하게 분포되어 있기에 가능한 것이었다.[19]

기계가 일(一) 자로 광물을 채탄하는 호주 같은 나라와 달리 우리나라는 광부들이 직접 탄층을 따라다니며 석탄을 캤다. 그마저도 초창기엔 경제성장에 발맞춰 석탄을 하루라도 빨리 캐기 위해 굴진을 위한 도면도 없이 길을 뚫었다. 갱도는 고구마 줄기처럼 땅속 여기저기 뻗어 나갔다. 복도식 아파트와 비슷했다. 복도식 아파트를 보면 1층에 101호, 102호가 있고 2층에 201호, 202호 이렇게 층별로 방이 있는데 탄광도 마찬가지였다. 710항, 820항, 920항 이런 식으로 층별로 탄을 캐고 내려갔다.

채굴은 탄층의 부존 상태가 고르지 못했기 때문에 위경사승붕락식 채탄법(Slant chute block caving method)을 이용했다. 일제강점기 때부터 쓰던 고전적인 채탄법으로 탄층 내에서 사선으로 경사진 갱도를 뚫고 폭약으로 석탄층을 붕괴시켜 떨어져 나오는 석탄들을 하부로 흘려보내 광차에 싣는 방식이다. 이는 전적으로 노동력에 의지했기 때문에 장비에 대한 별도의 투자가 필요 없었다. 하지만 갱도를 폭파시켜 떨어져 나오는 석탄을 운반했던 탓에 먼지가 많이 발생했고 울퉁불퉁하게 채굴되어서 채수율, 즉 탄을 캐내는 비율이 절반 정도밖에 되지 못했다. 무엇보다 탄광이 무너지는 경우가 많았다. 과거 우리나라에서 유독 탄광이 무너지는 산업재해가 빈번했던 것은 이 채탄법에서 비롯되었다.

변변한 시설 투자 없이 노동력에 의존해 석탄을 채굴하려니 덕대가 성행했다. 짧은 시간에 바짝 뽑아 먹으려면 덕대 같은 하청 업체를 붙여 인력을 쏟아붓는 수밖에 없었다. 그러나 '알짜 탄광'을 하청에 내어 줄 리 없었다. 그 과정에서 원청 탄광인 모광과 하청 탄광인 덕대·조광 간 노동자들의 이중구조가 형성되었고, 이는 결국 비용과 위험을 하위 업체와 노동자들에게 전가하는 꼴이 되었다. 오늘날 원청 업체와 하청 업체, 정규직과 비정규직 간 불공정한 처우 문제가 종종 사회문제로 대두되는데 이 시절 덕대가 요즘의 하청 업체, 비정규직과 다르지 않다고 보면 된다. 어쩌면 '낮은 임금, 높은 위험부담'을 비정규직에 지우는 것은 덕대부터 이어져 내려온 악습인지도 모르겠다.

덕대는 17세기 중엽 조선에서 본격적으로 발달하기 시작한 제도다. 효종 2년인 1651년, 조정이 광산을 개발하면 채굴권을 민간에 넘기는 대신 세금을 걷는 설점수세제도(設店收稅制度)가 실시되면서 민영 광업이 발달하는 전기가 마련되었다.[20] 물론 이때의 광업은 석탄이 아니라 주로 금·은을 캐는 일이었다. 조선 후기에 접어들어 덕대제는 국가의 승인 아래 사금광을 중심으로 광범위하게 확산되었다. 이때까지만 해도 정부가 발주하는 사업을 따는 민간 업자 정도의 느낌이었다.

덕대제가 오늘처럼 원청과 하청 간의 관계로 자리 잡게 된 것은 1905년 을사조약 이후의 일이다. 일본인 자본가가 대거 몰려와 광산을 지배하면서 덕대 업자들이 독립적 경영자로서의 지위를 잃고 하청 업자로 전락하게 된 것이다. 이들은 주로 광물을 캐는 일, 즉 노가다를 도맡았다.

해방 이후 1951년 12월 제정되어 이듬해 2월부터 시행된 우리나라의 첫 「광업법」은 광업 자영주의를 원칙으로 했다. 광업권을 가진 사람이 개발부터 채굴은 물론, 그에 따라 파생되는 사고나 재난에 대해서도 전적으로 책임을 지라는 뜻이었다. 정부는 광업권을 상속·양도·저당·체납 처분과 강제집행의 목적으로는 사용할 수 있지만 그 외의 목적으로 사용할 수 없도록 했다. 덕대와 같은 하청, 임대차 개발은 일체 불법화되었다.

하지만 현실은 법망을 피해 갔다. 민간 업체가 운영하는 광산에서는 하청 업자들이 공동 업자·대리인으로 위장한 불법 덕대가 성행했는데, 덕대 자체가 불법이었던 이유로 그들은 법의 사각지대에 놓였다. 그 이익은 고스란히 광업권자들이 편취해 갔다. 광업권자가 가격을 후려치거나 채굴한 광물을 '삥' 뜯어도 손 쓸 방법이 없었다. 적자 보조나 자금 융자에 있어서도 덕대는 아무런 혜택을 받지 못했다. 그러다가 정작 사고가 발생하면 그 책임은 현장에 있는 덕대가 떠안았다. 이와 같은 꼬리 자르기식 책임 전가는 오늘날 하청 업체들이 겪는 문제이기도 하다.

제아무리 훌륭한 취지에서 만들어진 법이라고 해도 현실을 외면하면 악법이 된다. 선량한 의도가 반드시 좋은 결과로 이어지는 것만은 아니기 때문이다. 대학교 시간강사들의 처우를 개선하기 위해 만든 '강사법'이 정작 시간강사들의 대량 실직을 가져온 일이나 최저임금의 급격한 인상이 오히려 저소득층의 일자리 감소로 이어진 사실이 대표적이다. 명분이나 목적도 중요하지만 그만큼 현장의 목소리에 귀 기울이는 것도 필요하다. 하지만 「광업법」은 의도야 어찌 되었든 '하청 업자'가 엄연히 존재하는 현실을 외면하고 불법화함으로써 그들을 사회 안전망의 울타리 밖으로 몰아내는 결과를 초래했다.

정부는 뒤늦게 교훈을 깨달았다. 덕대제를 통한 탄광 개발을 애써 외면하는 것은 결과적으로 광업권자의 배만 불린다는 것을. 거기에 더해 효율성 저하와 사회적 갈등을 야기해 탄광 개발에 지장을 초래할 것이라는 판단을 내렸다. 1973년 2월 「광업법」을 다시 개정했다. 조광권이라는 이름으로 덕대를 법의 테두리 안에 넣었다. 조광권은 말 그대로 하청을 법제화한 것이었다. 광업권자와의 계약으로 남의 광구에서 그들과 같은 권리를 행사할 수 있도록 했다. 단, 한 광구에서는 하나의 조광만 계약할 수 있었다. 탄광 내에서 하청 업자의 권리도 인정해 줄 테니 대신 한 업체만 들어오라는 소리다.

문제가 전부 해결된 것은 아니었다. 조광권을 설정하지 않고 덕대에 일을 맡긴다든지, 덕대가 다시 덕대를 주는 분덕대는 여전히 근절되지 않았다. 탄광의 덕대제는 상황에 따라 조광, 위장 덕대, 하청, 모작, 분덕대 등 다양한 계약 관계로 나타났다. 그러나 그들은 본질적으로 소작농, 요즘으로 치면 세입자나 하청 업체였다. 여건이 열악할 수밖에 없었다. 모광이 탄층의 부존 상태가 좋은, 요즘말로 치면 '꿀 광구'는 직접 경영을 하고 상태가 좋지 못한 광구나 이미 한 번 채굴했던 지역에 조광을 주는 경우가 많았다. 설사 조광이 운영하는 갱도에서 양질의 탄층이 발견되기라도 할 제면 모광이 덕대 수수료를 이상하거나 계약을 해지하는 일이 다반사였다. 그들은 자본과 기술을 축적할 겨를이 없었다. 노동력을 쥐어짜는 방법 외에는 쥐고 있는 패가 없었다.

모광 입장에서는 큰 비용을 들여 시설에 투자하는 것보다 재래식 채탄법으로 캐기 쉬운 곳의 석탄을 채굴하고, 나머지는 덕대 탄광을 통해 재채굴하게 한 뒤 수수료를 받는 것이 훨씬 이득이었다. 탄광에 대한 투자는 갱도나 막장 등 시설 투자가 대부분이었는데, 이는 비용이 많이 들기도 했을 뿐더러 만들고 나면 빼도 박도 못하게 유지해야 했기 때문에 위험부담이 적지 않았다. 더욱이 석탄 경기가 호황을 거듭할 것이라는 보장도 없었다. 석탄 산업은 정부의 시책에 따라 얼마든지 생사를 넘나들 수 있는 분야였다. 무작정 투자를 늘리고 규모를 확대할 수만은 없었다. 경기 변동에 유동적으로 대처하기 위해 많은 자리를 덕대로 채웠다. 그들에겐 덕대의 존재가 경기 변동의 쓰나미를 1차적으로 막아 주는 방파제였던 셈이다. 반대로 그 파도를 직접 맞았던 덕대는 모광과의 계약 여부에 따라 휴·폐업과 조업을 반복할 수밖에 없었다.

이런 구조 속에서 위험부담은 모광에서 덕대로, 덕대에서 광부들에게로 전가되었다. 덕대는 모광에 비해 시설이나 장비 등이 열악할 수밖에 없었다. 모광이 한 번 채굴한 지역을 2차로 채굴하는 경우가 많았기 때문에 채탄 여건도 좋지 않았다. 회사가 돈이 없다 보니 주거나 복지도 매우 열악했다. 고용 안정성은 말할 것도 없었다. 영세 탄광이나 덕대 등에서 일하는 노동자들은 석탄공사나 대형 민영 탄광에서 일하는 사람들에 비해 평균 근속 년수도 짧고 이직도 빈번했다. 대형 탄광으로 이직하기 위해 연줄을 동원하기도 했지만 쉽지 않았다. 워낙 고된 일이라 나이가 40대만 넘어가도 '빠꾸'를 먹는 경우가 흔했다. 하지만 배운 게 이것밖에 없는 그들은 먹고살기 위해, 자녀들 학비를 대기 위해 탄광촌을 떠나지 못했다.

석탄 채굴 외에 특별한 기술이 없으니 타 업계로의 이직은 사실상 불가능했다. 저학력의 중장년들이 발붙일 곳은 탄광 이외에는 없었다. 정부가 노동자들의 재취업이나 직업교육에 관심을 갖는 시절도 아니었다. 덕대 광부들이 일하는 회사의 클래스는 갈수록 낮아질 수밖에 없었다. "한 번 쫄딱구뎅이 들어가면 계속 쫄딱구뎅이만 전전한다"는 말이 나올 정도였다. 회사 울타리 안에 들지 못한 이들은 황량한 벌판에 홀로 서야 했다.

물론 대한석탄공사나 대형 민영 탄광에서 일한다 한들 일이 수월했던 것은 결코 아니다. 영세 탄광에 비해 그나마 조금 나았을 뿐이다. 탄광 업주들은 시설에 투자하기를 꺼렸다. 어차피 석탄을 캐고 나면 매몰 비용이 될 것이라고 생각한 모양이다. 그들은 노동력을 쏟아부어 생산성을 극대화하는 전략을 택했다.

광부들의 작업 방식은 간단했다. 굴진부가 1.8m 정도의 수평갱, 즉 메인 갱도를 뚫어 놓으면 채탄부가 탄맥을 따라 좁은 굴을 뚫고 탄을 캤다. 초기에는 곡괭이나 정을 이용해 구멍을 내고 다이너마이트로 발파해 채탄하다가 나중에는 착암기를 도입해 구멍을 뚫고 다이너마이트를 심었다. 발파 과정에서 많은 사고가 발생했다. 주로 낙반·붕락·발파·가스 질식 사고였다. 그 시절 신문에는 툭하면 탄광 산업재해 기사가 실렸다. 1970년대까지는 매년 200명이 넘는 광부들이 광산재해로 목숨을 잃었고, 1980년대에 들어서도 사망자 수는 한 해 평균 188명에 이르렀다. 부상자는 중상과 경상을 합해 매년 6,000명을 족히 넘었다.[21]

좁은 갱도 안에서 발파가 이뤄졌던 만큼 엄청난 굉음이 발생했다. 군대에서 총 한 방 쏠 때에도 귀마개가 없으면 귀가 찢어질 듯 아픈데 그 비좁은 곳에서 다이너마이트를 터뜨리는 소리는 얼마나 클지 상상조차 가지 않는다.

갱도가 심부화함에 따라 지열도 점점 올랐다. 갱내 온도는 섭씨 30도를 웃돌았다. 광부들은 서 있기만 해도 땀이 줄줄 흐르는 곳에서 수 시간을 작업해야 했다. 땀이 쏟아져 장화 안이 질퍽거리고, 옷도 하루에 두어 번 짜서 입어야 할 정도였다.

무엇보다 착공·발파 과정에서 발생하는 분진이 광부들을 괴롭혔다. 화약 연기와 석탄가루·돌가루가 뒤섞인 그 안에서는 숨을 쉬기는커녕 눈을 뜨는 것조차 버거웠다. 암반에 다이너마이트를 심을 구멍을 뚫을 때에도 먼지를 줄이기 위해 물을 계속 뿌려 줘야 하는데, 깊은 갱도까지 물을 넣기 어려우니 마른 벽에 그냥 작업을 진행하곤 했다. 먼지가 많이 발생할 수밖에 없었다. 그렇다고 방진 마스크를 제대로 썼던 것도 아니다. 요즘이야 생활수준이 높아져 미세먼지 막는 데에는 KF 몇 이상이 효과적이라는 둥의 이야기가 나오지만 그 시절엔 환경이나 산업재해에 대한 개념조차도 제대로 없었다. 1980년대가 지나서야 광부들에게 방진 마스크가 지급되었다. 그마저도 숨이 차다며 착용하지 않는 광부가 많았다. 방독면 쓰고 행군하는 것도 죽을 맛인데, 그 고강도 노동을 방진 마스크를 쓰고 하기란 쉽지 않았을 것이다.

광부들은 항상 목숨을 걸고 작업했다. 이것은 결코 과장이 아니었다. 하지만 안전시설에 대한 투자는 미비했다. 출근할 때 갱 입구에서 "안전, 안전, 안전" 세 번 외치는 것으로 안전교육을 대신했다.[22] 그들 스스로 안전에 소홀했던 측면도 있다. 조금이라도 더 빨리, 많은 양의 석탄을 캐야 했기 때문이다. 특히 채탄과 굴진, 보갱의 구분이 명확하지 않았던 광부들은 석탄 생산과 무관한 보갱 작업은 다음 조로 미루기 일쑤였다. 갱도에 안전 구조물을 설치할 시간에 한 톨의 석탄이라도 더 캐는 게 낫다는 생각이었다. 같은 이유에서 동발이라고 불리는 안전 구조물도 띄엄띄엄 세웠다. 이러한 행위들은 시한폭탄이나 다름없었다. 그들이 이렇게 안전보다 성과에 집착했던 배경에는 도급제가 있었다.

도급제는 일종의 성과급제였다. 우리나라 탄광은 매우 노동집약적이었기 때문에 생산원가 중 인건비가 차지하는 비중이 매우 높았다. 인건비를 줄이거나 노동 효율성을 높이는 것이 비용 절감과 직결되었다. 더욱이 광부들이 수백 미터 지하, 그것도 여러 군데의 갱도에서 작업을 하는 만큼 관리감독이 용이하지 않았다. 그래서 사측은 광부들이 채탄한 석탄의 양과 질을 바탕으로 그들의 성과를 측정해 임금을 결정했다.

석탄의 양과 질을 측정하는 과정을 검탄, 검수라고 한다. 각 회사의 검탄원들은 광부들이 캐낸 탄의 질을 보고 A, B, C 등급을 매겼다. 등급별로 정해진 가격에 채탄량을 곱해 성과를 계산하는 식이었다. 굴진부나 보갱부는 갱도와 구조물의 안정성 등을 종합적으로 평가해 등급을 매긴 뒤 그들이 뚫어 놓은 거리를 곱했다.

문제는 그 등급이라는 것이 검수원이나 사측의 재량에 달려 있었다는 점이다. 연초에는 등급을 공정하게 측정하다가도 시간이 조금 지나면 한 등급씩 깎는 일도 비일비재했다. 임금 인상 효과를 억제하기 위해서였다. A등급 석탄에 B등급을 매기고 그때 준 월급을 바탕으로 연봉 인상을 실시하면, A등급 석탄에 제값을 준 것과 다를 바 없었다. 광부들은 울며 겨자 먹기로 성과를 높이기 위해 무리한 노동을 감행했다. 게다가 석탄의 부존 상태가 고르지 못했기 때문에 조별로 성과를 측정했던 영세 탄광들의 경우 말 그대로 '케이스 바이 케이스'였다. 기껏 땅 파고 들어갔는데 탄층이 얇고 질도 나빴다면 그들의 노동은 제값을 받을 수가 없었다. 결국 작업반장으로부터 어느 갱을 배정받느냐가 그들의 임금에 큰 영향을 끼쳤다.

광부들의 임금이 높은 것도 아니었다. 1980년을 기준 우리나라 광부들의 평균 초임 임금은 월 16만 원 선으로 당시 5인 가족 최저 생계비인 22만 원을 밑돌았다.[23] 그렇다고 모든 광부의 월급이 이렇게 낮았던 것만은 아니었다. 석탄공사나 대형 민영 탄광에서 일하는 광부들은 공무원의 두 배에 가까운 월급을 받았다. 물론 그들이 하는 중노동에 비하면 결코 높다고 할 수 없는 임금이었지만, 절대 액수에 있어서는 분명 많은 돈이었다. 그러나 영세 탄광, 덕대에서 일하는 사람들은 그 반토막을 겨우 받는 수준이었고 임시직 광부들의 임금은 더 낮았다.

설령 돈을 많이 받더라도 물가가 비싸서 이를 상쇄해 버리면 큰 의미가 없다. 사람들은 노르웨이의 1인당 GDP가 우리나라의 3배에 달한다고 부러워하곤 하는데, 나는 빅맥 가격이 우리나라 4배인 것을 보면 그곳이 꼭 부러워할 만한 나라인가 싶기도 하다. 사북이 그랬다. 당시 사북을 비롯해 태백·삼척 등 탄전 지역의 물가는 강원도 내 비탄광 지역인 영월에 비해 30%가량 높았다. 이것은 탄전 지역이 협곡 지대에 위치해 타 지역과의 왕래가 어려웠던 이유가 컸다. 마치 격오지 군부대 인근의 PC방이나 숙박업소 등이 군인들로부터 터무니없이 높은 가격을 받으며 그들의 등골을 빼먹는 것과 비슷하다. 지역 공판장을 중심으로 독점적 생필품 판매가 이뤄졌는데, 그 공판장이라는 것이 결국 탄광 업체 오너 일가가 운영하는 것인 경우가 많았다.

현물급여나 전표제도 역시 월급의 손실을 가져온 주요 원인이었다. 많은 탄광이 1970년대까지만 하더라도 돈이 아니라 쌀 배급으로 임금을 대신했다. 사북의 동원탄좌는 전표를 지급했는데, 사북읍 내에서는 그 전표만 있으면 무엇이든 할 수 있었다. 신용카드와 같은 역할이었다. 하지만 제아무리 쌀이 귀한 시절이었다고는 해도 쌀이나 전표가 화폐의 기능을 전적으로 대체할 수는 없었다. 특히 자녀들의 등록금이나 병원비같이 현금이 필요할 때에는 어쩔 도리가 없었다. 그러면 20~30% 정도의 수수료를 떼고 '현금깡'을 해 주는 곳을 찾아갔다. 이렇게 수수료를 떼고 현금을 내어 주는 사람들 중에는 탄광 업자의 일가친척이 많았다. 그도 그럴 것이 회사에서 발행하는 전표는 그 지역 밖으로 나가면 종잇조각에 불과했기 때문이다. 이러한 이유들 때문에 광부들은 타 직종에 비해 월급이 많았어도 돈을 모으기 힘들었다. 죽어라 일해서 먹고살 수는 있어도 축재는 어려운, 오늘날의 워킹 푸어(Working Poor)와 같았다. 사북 사건[24]은 이런 토양에서 잉태되고 있었다.

'서울의 봄'은 탄광촌에도

1980년 4월 21일 오후 4시경, 경찰이 탄 지프차가 광부 4명을 치었다. 우발적이었다. 동원탄좌 노조 사무실에서는 집회가 준비 중이었다. 이곳을 방문한 경찰이 채증을 위해 카메라를 들이대자 광부들 중 일부가 "저놈 잡아라" 하며 경찰에게 달려들었다. 찍은 사진을 근거로 자신들을 해코지한다고 생각한 것이다. 당황한 그는 창문을 넘어 도망친 뒤 타고 온 차에 올라탔다. 그러자 광부들은 "네놈들도 이재기와 한패다"라며 지프차를 흔들어 대기 시작했다. 일부는 보닛 위에 올라갔다. 겁먹은 경찰이 순간적으로 액셀러레이터를 밟았다. 넷 중 보닛 위에서 윈도우 브러시를 잡고 버티던 광부 원 모씨가 차에서 나동그라져 정신을 잃었다. 사람들은 그가 죽은 줄 알고 격분했다. 흥분한 군중들 사이에서 "경찰이 차로 사람을 치었다"는 말은 "경찰이 차로 사람을 죽였다"로 와전되어 퍼져 나갔다.

사흘 앞선 18일, 동원탄좌의 노조 조직원들은 노조 사무실에서 농성을 벌였다. 임금 40% 인상, 노조집행부 교체, 노조위원장 직선제 등이 그들의 요구 사항이었다. 무엇보다 '어용 노조위원장'으로 광부들에게 찍혀 있던 이재기 당시 동원탄좌 노조위원장의 사퇴를 촉구하는 목소리가 컸다. 이 갈등은 근 1년을 끌어오던 것이었다. 이재기 위원장은 물러서지 않았다. 서로 간에 멱살을 잡고 분위기가 험악해졌다. 그는 경찰에 신변보호를 요청했고, 이에 출동한 경찰이 계엄하에서 집회는 불법이라며 농성에 앞장선 노조대의원 신경 씨를 지서로 데리고 갔다. 격분한 노조 조직원들은 정선경찰서 사북지서로 몰려갔다. 그들은 집회 허가를 요구하며 지서에서 농성을 벌였다. 경찰은 "지금 해산하면 신경 씨를 풀어 주고 21일 오후 2시 집회를 열게 해 주겠다"고 약속했다. '반 이재기' 세력의 리더 격이었던 이원갑 씨를 비롯한 노조 조직원들은 이를 받아들였다. 21일 총회를 열고 광부들에게 지지를 얻어 현 노조집행부 불신임 안을 의결할 요량이었다. 그러나 이 약속은 결국 지켜지지 않았다. 박정희 대통령의 서거로 당시 실권을 쥐고 있던 계엄사령부가 결국 집회 불허를 통보한 것이다.

어용 노조는 보통 둘 중 하나다. 정말로 노동자의 권익을 위해 일하기보다는 회사 경영진의 끄나풀 역할을 하는 경우가 있고, 그게 아니면 노동조합 안에서 강경파들이 협상파를 비난하기 위해 어용 노조 프레임을 씌운 경우다. 전자라면 어용 노조 소리 들어도 할 말이 없겠지만, 후자라면 당사자들 입장에서는 많이 억울할 것이다.

당시 동원탄좌 노동조합의 지도부가 어용 노조였는지 아닌지를 오늘날에 와서 확인할 수는 없다. 태어나기 한참 전의 일이기에 나 역시도 기존에 있는 자료들을 바탕으로 판단을 내릴 수밖에 없다. 그런데 당시 노조 지도부가 조합원들의 권익 증진에 소홀했던 것만은 확실하다.

동원탄좌는 국내 최대 민영 탄광이었다. 이들은 매년 대한민국 총 석탄 생산량의 10% 내외를 점유했다. 1970년대 후반에는 석탄공사를 제치고 국내 무연탄 생산량 1위를 차지하기도 했다.[25] 이들이 대한민국의 산업화를 견인했다고 해도 과언이 아니다.

하지만 일류 회사의 구성원이라기에는 광부들에 대한 처우가 열악하기에 짝이 없었다. 탄광에는 변변한 샤워 시설 조차 갖춰져 있지 않았다. 목욕탕이라고 해 봐야 각자 대야에 물을 받아 놓고 끼 얹는 정도였다. 덕대 탄광들은 그마저도 없어 광부들은 새까만 얼굴로 읍내를 돌아다녔다. 주말은커녕 연휴 기간에도 하루 이틀 쉬는 게 고작이었다. 갱내 작업조건도 마찬가지였다. 휴식 공간이나 제대로 된 환기 시설 같은 것은 기대할 수도 없었고, 삽이나 곡괭이 같은 작업 도구도 20년을 넘게 썼다.[26]

인구가 수만을 넘는 도회지였지만 제대로 된 학교도 없었다. 대부분의 광부가 자녀 교육에 어려움을 겪었다. 고한과 철암 등지에는 고등학교가 남녀공학 1개교뿐이었다. 정선·태백의 탄전 지대에는 인구가 30만이 넘게 살았지만 도서관 하나 없었다. 따라서 탄광 간부들은 자녀들을 타 지역으로 유학 보냈다. 자연스레 위화감이 싹 텄다.

회사는 광부들의 사생활도 통제했다. 사장의 친인척을 중심으로 암행독찰대라는 것을 운영해 광부들의 근무 태도는 물론 탄광 밖에서 벌어지는 일에 대한 정보도 수집했다. "부부싸움을 하면 다음 날 회사가 알고 있었다"라는 말까지 나올 정도였다.

이 정도 상황이라면 광부들이 나서서 노동조합을 갈아엎을 만도 하지만, 광부들은 노동조합에 관심이 없었다. 어차피 말해 봐야 듣지도 않을 것이라고 생각했기 때문이다. 회사에 불만을 이야기하면 "집에 가서 쉬라"는 말이 돌아왔다. 딱히 해고라고 할 것도 없었다. 갱도와 작업량을 배정받아야 일을 할 수가 있는데 일을 주지 않으면 그만이었다.

회사는 말 잘 듣는 노조집행부에 편의를 베풀었다. 사건이 발생한 동원탄좌는 노조위원장을 대의원들이 선출하는 간선제였기 때문에 그들만 구워삶으면 되었다. 사측은 대의원 선거가 끝나면 당선된 이들을 바로 그날 버스에 실어 강릉이나 속초 등지로 여행을 보내 줬다. 그곳에서 온갖 금품과 향응을 베푼 뒤 노조위원장 선거 전날에야 사북으로 데리고 왔다. 일부 양심적인 대의원들이 다른 사람을 찍으려 해도 사실상 공개투표로 진행되었기 때문에 쉽지 않았다. 반기를 들면 회사에서 쫓겨나는 것은 물론 사북·태백 지역 탄광에 재취업하는 것조차 어려웠으니 말이다. 이렇게 회사는 지속적으로 이재기 노조위원장을 보호해 줬다.

이재기는 동원탄좌 노동조합을 만든 사람이다. 1964년 동원탄좌에 입사한 그는 그해 동료 광부들 60명과 함께 노동조합 설립 신고를 했다. 그리고 초대 위원장이 되었다. 그는 재선에도 성공했지만 1969년 10월 발생한 '노조 보험 사건'으로 노동조합은 물론, 동원탄좌에서도 떠나야 했다. 당시 노조 사무국장이 광부들로부터 받은 보험금 1,700만 원을 유용한 것에 대한 공동 책임이었다. 이는 광부 한 명이 사고로 사망했는데 보험금이 나오지 않아 밝혀질 수 있었다. 이재기는 이후 영세 탄광을 전전했다.

그가 다시 돌아온 것은 1976년 1월이다. 광산노조 최정섭 위원장이 자리를 마련해 줬다.[27] 광산노조는 전국 광산 노동조합들의 연합체로, 사실상 동원탄좌 노동조합의 상급기관이었다. 최 위원장이 발 벗고 동원탄좌 노동조합의 전직 노조위원장을 밀어 준 이유는 간단했다. 표 때문이다. 동원탄좌는 국내 최대 민영 탄광으로 광산노조에서 차지하는 대의원 수도 가장 많았다. 하지만 최정섭은 이재기의 후임 위원장과 사이가 좋지 않았다. 본인의 연임을 위해서는 이재기라는 인물이 필요했다. 그는 동원탄좌 이연 회장을 직접 만나 이재기의 재입사를 부탁했고, 심지어 직선제였던 동원탄좌 노조위원장 선거를 대의원 간선제로 바꿨다. 조합비를 3개월 이상 내지 않으면 위원장 선거에 출마할 수 없던 규정도 2개월로 바꿨다. 그 덕에 이재기는 재입사한 지 3달 만에 다시 동원탄좌 노조위원장 자리에 오를 수 있었다.

갈등은 1979년 4월 3일 실시된 동원탄좌 노조위원장 선거에서 점점 고조되었다. 이재기 위원장의 대항마로 나섰다가 고배를 마신 이원갑 후보 측에서 "무자격 대의원들이 투표했다"고 문제 제기를 한 것이다. 사건을 조사한 광산노조 측이 선거 무효를 선언했지만 이재기 위원장은 물러서지 않았다.

이때까지만 해도 갈등이 외부로 표출된 것은 아니었다. 서슬 퍼런 유신 시절이었다. 더욱이 광부라는 직업에 대한 사회적 인식도 좋지 못했다. "새까만 놈들이 맨날 술 퍼마시고 싸움박질 한다"는 멸시가 엄연히 존재했다.

그러나 '서울의 봄'은 탄광촌에도 찾아왔다. 광부들의 가슴속에 응어리 맺힌 한이 정치권력의 공백기에 터져 나온 것이다. 1980년 3월에 있었던 임금 협상이 갈등의 뇌관에 불을 붙였다. 동원탄좌의 광부들은 물론 광산노조까지도 고생에 비해 보수가 턱없이 적다며 '올해는 임금 40% 인상을 요구할 것'을 결의했다. 그런데 이재기 위원장이 단독으로 회사 측과 '임금 20% 인상'을 결정하고 협상을 마친 것이다. 앞서 이야기했듯 임금 협상의 기준이 되는 시점부터는 회사가 도급제 등을 명분으로 임금을 낮춰 왔기 때문에 20%를 올린다 한들 그 효과는 미미한 것이었다.

사람이 서러울 땐 작은 일에도 쉽게 분노하거나 눈물을 터트린다. 쌓이고 쌓였던 광부들의 설움은 지프차 사건을 계기로 마침내 임계점을 넘어섰다. '사람을 치었다'가 '사람을 죽였다'로 와전되며 그 폭발력은 더욱 커졌다. 광업소와 사택 단지로 삽시간에 소문이 퍼졌다. 일을 마치고 퇴근하던 사람들이 합류했다. 군중은 순식간에 수백 명을 넘어섰다. 경찰은 당황할 수밖에 없었다. 서울이나 수도권의 경찰이었으면 몰라도 강원도 산간 지역의 경찰들은 이렇게 큰 집회를 경험해 본 적이 전무했다. 절대적인 숫자도 적었다.

광부들의 분노는 회사와 노조 간부들을 향했다. 그동안 억눌렸던 데에 대한 한풀이였다. 광업소 사무실로 몰려가 집기를 박살 내고 서류를 불살랐다. 노조 간부들의 사택도 마찬가지였다. TV며 냉장고며 할 것 없이 가재들을 부쉈다. 노조 간부의 가족은 이미 다른 곳으로 피신했거나 잠을 자다가 영문도 모른 채 쫓겨났다. 그날 밤 광부들은 광업소나 사북역 앞 광장에 모여 밤을 지새웠다. 사북 사건의 첫날은 이렇게 지나갔다.

둘째 날 아침 7시, 일부 광부들이 광업소 내 방송실에 들어가서 "사북광업소 광부들은 한 명도 빠짐없이 아침 8시까지 광장으로 모이라"는 내용으로 방송을 시작했다. 불과 두 시간 만에 광부들은 1,500명을 넘어섰다. 출근하던 광부들은 물론 광부의 아내들까지 합세했다. 나는 이 순간 그들이 무슨 생각을 했는지가 문득 궁금했다. 자신들의 비참한 현실을 바꾸기 위해서 목소리를 내야겠다고 생각한 사람이 있었을 것이고, 그동안 회사나 노조 간부로부터 당한 게 억울해 나온 사람도 있었을 것이다. 물론 남들이 그저 나오라니까 별생각 없이 나온 사람도 없진 않았을 것 같다. 모든 것이 대화로 해결되었다면 좋았겠지만 현실은 그렇게 녹록치 못했다. 간밤에 모여 간단한 진압 훈련을 마친 경찰 500명이 그들을 기다리고 있었다. 물론 그때의 분위기에서는 광부들도 선뜻 대화에 응하지 않았으리라 본다.

오전 9시 30분쯤, 유내형 강원도 경찰국장의 진두지휘하에 경찰들이 사북 시내로 진입했다. 생전 투쟁이라는 것을 해 본 적이 없는 광부들은 그들의 기세에 눌릴 수밖에 없었다. 바로 광업소 쪽으로 철수했다. 밀리고 밀린 이들은 광업소 가는 길목에 있는 굴다리에서 배수진을 쳤다. 이 굴다리가 바로 안경다리다.

안경다리 밑 도로는 매우 좁기 때문에 500여 명의 경찰이 한꺼번에 진입할 수 없었다. 더욱이 광부들이 바리케이트를 이중, 삼중으로 설치했던 탓에 사실상 그들을 진압하지 않고는 지나가는 것 자체가 불가했다. 이에 정선경찰서 형사계장이 "안경다리 진압은 불가하니 다른 길을 통해 진입하자"고 제안했지만 강원도경찰서 경비과장은 "시골 경찰이 뭘 아느냐, 나는 서울에서 숱한 시위대를 진압했다"며 일축했다. 이윽고 무리한 작전을 강행했다. 우선 광부들

동원탄좌 노동자들과 경찰이 대치했던 안경다리. 지금은 주인 잃은 자동차들이 방치되어
있다.

쪽으로 최루탄을 발사했다. 하지만 맞바람이 부는 바람에 최루탄
가스가 광부들이 아닌 경찰들을 향해 불었다. 경찰은 순식간에 대
오를 잃고 우왕좌왕했다.

그 순간 광부들은 경찰들을 향해 돌을 던졌다. 광부들이 자리
잡은 곳이 훨씬 고지대였기 때문에 돌은 이내 경찰들의 머리 쪽으
로 쏟아졌다. 순식간에 부상자가 속출했다. 그중에서도 영월경찰서
소속 이덕수 순경이 머리에 돌을 맞고 쓰러져 숨을 거뒀다. 비극이
었다. 60명이 넘는 경찰이 부상을 입고 도망쳤다. 일부는 민가로 숨
어 들어가 옷을 빌려 갈아입었다. 다행히 그들을 숨겨 주고 기꺼이
옷을 빌려주는 이가 많았다. 최루탄을 쏘고 돌을 던졌으니 서로 간
에는 대화의 여지가 없어졌다. 이때부터 집회는 전쟁이 되었다. 이
날 저녁에 열린 수습대책위원회와 광부 대표들 간의 1차 협상도 결

렬되었다.

경찰과 대치했던 광부들은 말 그대로 이성을 잃었다. 분노는 극에 달했다. 평소 아니꼽게 보던 회사 간부들이 눈에 띄면 잡아다가 흠씬 두들겨 팼다. 검탄을 하던 검수과장, 노무계장과 같은 사람들이 주요 타깃이었다. 회사 차량들은 박살이 났다. 일부 광부들은 읍내 가게 문을 깨부수고 술과 안주를 훔쳐 술판을 벌였다. 사태가 더 심각해질 것을 우려한 경찰은 오토바이 10여 대를 빌려 안경다리 진압 당시 부상을 당해 동원보건원에 입원 중이던 경찰들을 모두 다른 곳으로 이송했다.

한편 같은 날 오전 8시 30분쯤, 이재기 노조위원장의 부인 김순이 씨가 광부와 부녀자들로부터 집단 폭행을 당한 사건이 발생하기도 했다. 그들은 '이재기 부인을 잡아 문초하면 이재기가 나타날 것이다'라는 판단하에 그녀를 잡으러 사택으로 쳐들어갔다. 그러나 그녀는 이미 사람들이 몰려온다는 소식을 듣고 도망친 뒤였다. 집에 아무도 없자 그들은 이웃집까지 샅샅이 뒤졌다. 김순이 씨는 이웃집 안방 침대 밑에서 발견되었다. 몰려온 사람들은 그녀에게 욕설을 퍼붓고 머리채를 잡아 뭇매를 가했다. 그녀는 정신을 잃고 쓰러져 광업소까지 끌려갔다. 광부들과 부녀자 등 100여 명은 그녀를 노조 사무실 앞 게시판 기둥에 묶었다. 침을 뱉고 폭행을 가하는가 하면 옷을 벗기고 담뱃불로 몸을 지지기도 했다. 이 사건은 분명 사북 사건의 크나큰 오점이 되었다. 두드려 맞던 그녀가 기절하면 물을 끼얹어 정신을 차리게 한 뒤 다시 때렸다. 심지어 그녀를 안쓰럽게 생각해 탄산음료를 건네던 30대 광부마저 "너도 똑같은 놈"이라는 소리를 듣고 집단 폭행을 당했다.

이 사건에 대해 이원갑 씨는 "그녀가 떳떳하게 나와서 '남편이 어디 갔는데 내가 한 번 나가서 찾아보겠다' 이렇게 얘기했으면 그런 일이 안 발생했을지도 몰라요"라고 해명했다.[28] 당시 정황상 그녀는 숨어 있든 숨어 있지 않았든 노조위원장의 부인이라는 이유로 집단 폭행을 면치 못했을 것이다. 시위에서 때로는 무력이 필요할지도 모른다. 정당방위 차원에서 어느 정도 실력을 행사하는 것은 필요하다. 그러나 선을 넘은 선제적 폭력 행위는 그 어떤 명분으로도 정당화될 수 없다. 그런 점에서 일련의 폭력 사건들이 사북 사건의 취지와 의미를 퇴색시킨 것 같아 무척 아쉽다.

폭력과 재물 손괴 등이 빌미가 되어 광부들의 행위는 모든 언론으로부터 지탄을 받았다. 전국이 떠들썩해졌다. 언론들은 '폭력에 갇힌 공포의 탄광촌', '무법천지-공포의 사북', '공포·살기·무법의 탄광촌'과 같이 자극적인 문구의 헤드라인을 뽑아 보도했다. 광부들이 왜 이런 일을 벌이게 되었는지는 좀처럼 다뤄지지 않았다. 계엄령하에서 계엄사령부가 언론 보도를 통제했던 것도 한몫했다. 광부들은 물리적으로도 정신적으로 고립되었다.

사건 3일째에 접어들며 사태는 소강 국면으로 들어갔다. 전날 안경다리에서 그 사단을 겪었던 광부들은 경찰이 죽고 피투성이가 되어 실려 간 것에 자책을 느끼고 있었다. 여전히 소수의 강경파 광부들이 사택을 돌며 회사 간부들의 집을 뒤지고 부쉈지만 대체적으로 흥분은 가라앉은 상태였다. 무엇보다 공수부대가 투입될 수도 있다는 소문이 돌면서 기세가 한풀 꺾였다. 실제로 11공수여단 군인들이 사북 인근에서 작전 투입을 기다리고 있었다.[29] 전두환을 우두머리로 한 계엄사 합동수사본부 입장에서는 하루 빨리 정권을 잡고 안정화시켜야 하는데 사북에서 이런 소요가 일어났으니 빨리 처리하고 싶은 마음이 굴뚝같았을 것이다.

물론 광부들도 만에 하나를 대비해 무기고와 화약고를 지키고 있었다. 무기고를 털어선 안 된다는 여론이 높았기 때문에 실행에 옮기지는 않았지만, 사북에 공수부대가 들어오고 광부들이 무기고를 털어 대응에 나섰다면 엄청난 유혈 사태로 번졌을 게 불 보듯 뻔하다. 무엇보다 화약고에 60톤의 다이너마이트가 있었다. 사북 전체를 쑥대밭으로 만들고도 남을 양이었다. 참고로 이보다 3년 앞선 1977년, 59명이 사망하고 1158명이 부상을 입은 이리역 폭발 사건에서는 22톤의 다이너마이트를 포함한 30여 톤의 화약이 폭발했으니 그 파괴력을 어느 정도 짐작할 수 있다.

22일에 이어 23일 오후 7시, 고한읍사무소에서 2차 협상이 열렸다. 김성배 강원도지사를 비롯한 수습대책위원회 관계자와 이원갑 씨를 비롯한 광부 대표 75명이 협상 테이블에 앉았다. 분위기가 가라앉은 덕에 협상은 일사천리로 진행되었다. 그 문제 많던 임금 협상도 생각보다 쉽게 해결되었다. 처음에는 광부 대표단이 30%의 임금 인상을 고수한 반면, 대책위는 20%를 인상한 후 탄가가 오르면 재조정할 것을 주장해 쉽게 풀릴 것 같지 않았다. 하지만 탄가가 언제 인상될지 모르기 때문에 경영 사정상 당장 임금의 30%를 올리기는 어렵다는 대책위 측의 설명에 광부들이 동의하면서 금세 일단락되었다.

이렇게 풀려가기 시작한 협상은 6시간 넘게 지속되며 24일 새벽 1시 반쯤 11개 항에 이르는 합의문을 도출했다. 사측은 8개의 후속 조치안도 덧붙였다. 내가 줄줄이 설명하는 것보다 합의문을 통째로 싣는 것이 더 가독성이 높다고 판단해 그대로 실었다. 다음은 합의문 전문이다.

1. 이재기는 이미 사표를 냈다.
2. 부상자 치료비 및 보상금 일체는 회사에서 책임진다.
3. 피해 주택 복구비도 회사에서 전액 부담한다.
4. 하청 업자와 종업원의 임금 인상을 최대한 노력하도록 하겠다.
5. 신용협동조합 운영에 있어서도 부실한 원금에 대해서는 회사에서 지급한다.
6. 79년도 징계로 인한 상여금 삭감분을 즉시 반환토록 한다.
7. 이번 사태로 쉰 4일간에 대해서도 휴업수당을 지급하도록 한다.
8. 현재 250% 인상된 상여금을 또다시 400%까지 인상 조정한다.
9. 전면 20% 인상된 임금에 대해서는 1월부터 소급해 5월 말까지 지급하고 탄가 인상 때 재조정하기로 한다.
10. 경찰 당국은 이번 사태 수습에 절대로 실력 행사를 하지 않기로 한다.
11. 금번 사태에 대한 문제는 회사와 당국이 최대의 노력으로 원만히 해결토록 한다.
이상의 합의 사항을 깊이 인식하고 상호 간에 이해와 협조로 질서 회복에 최대한의 노력을 기울여 주기 바란다.

1980년 4월 24일
전국광산노조 위원장 최정섭, 동원탄좌 사북광업소장 유한규 동원탄좌개발(주) 사북광업소는 이와 같이 확인한다.

1. 상여금은 250%에서 400%로 인상한다.
2. 1, 2월분 임금 인상 소급분 20%는 5월 말에 지급하고 탄가 인상 때 재조정한다.
3. 임금 인상 후 도급료 인상률을 보장한다.
4. 79년도 징계자 상여금 삭제분에 대해 이를 지급한다.
5. 신용조합에서 미지급된 해당 금액에 대해서도 회사가 부담한다.
6. 21일부터 24일까지의 4일간 노임을 휴업수당으로 지급한다.
7. 부상자 치료 및 가옥 파손 수리 비용은 회사가 지급한다.
8. 하청 업체에 대한 것은 현재까지 독립된 업자 책임 아래 지급되었으므로 회사에서 가능한 한 업자 측에 건의해 현재보다 향상 지급하도록 한다.

1980년 4월 24일
동원탄좌개발(주) 사북광업소장 유한규

협상은 우렁찬 박수소리 속에서 종결되었다. 광부 대표들은 질서 회복 및 업무 정상화를 약속하고 돌아갔다. 경찰이 가는 길에 버스를 제공해 줬다. 광업소에 돌아온 이들은 20~30명이 조를 이뤄 합의문을 복사한 전단을 나눠 주며 다른 광부들을 설득했다. 바리케이트는 철거되었고 시가지는 깨끗이 청소되었다. 무기고와 화약고도 아무 탈 없이 다시 관리자들에게 인수인계되었다. 사북은 나흘 만에 다시 일상을 되찾았다.

한편 김순이 씨도 사건이 마무리되고서야 풀려났다. 수습대책위원회와 광부 대표들 간 합의가 이뤄지고 나서 몇 시간이 지난 뒤였다. 김원대 사북부읍장이 광업소 전표배급소 안에서 갇혀 있던 그녀를 찾았다. 때마침 《신아일보》의 취재 차량이 지나간 덕분에 그녀를 무사히 사북 동원보건원까지 데리고 갈 수 있었다. 김순이 씨는 이원갑 씨가 언론과의 인터뷰에서 "김순이 씨가 붙들려 있다는 이야기를 듣고 달려가 풀어준 뒤 병원으로 보냈다"고 언급한 사실[30]을 두고 거짓말로 자신의 명예를 훼손했다며 소송을 걸고 대법원에서 끝내 승소 판결을 받았다. 역사의 많은 장면에는 이처럼 피해와 가해가 뒤섞여 있다. 세상은 선과 악, 흑과 백 둘로 나눌 수 없기 때문에 무수히 얽힌 사건들 속에서 핵심을 파악할 수 있어야 한다. 나는 이 대목에서 단면만 보고 일방적인 가치판단을 내려서는 안 된다는 것을 새삼 다시 느꼈다.

사북 사건 이후의 사북

안경다리를 지나 한참을 걸어온 나는 넓은 주차장으로 들어섰다. 아무도 없는 풍경이 황량했다. 38년 하고도 9개월 전, 북받치는 삶의 설움을 이기지 못한 광부들은 이곳에서 처우 개선과 어용노조 교체를 요구하며 목소리를 높였다. 우리나라의 산업화를 이끌었던 이 현장에, 수천 명의 광부로 가득 찼던 이 광장에 훗날 서울에서 온 청년 하나만 달랑 서 있게 될 것이라고 예상한 사람은 별로 없었을 것이다. 2004년 동원탄좌가 문을 닫으면서 우리나라에서 민영 탄광은 모두 자취를 감췄다. 대한석탄공사 산하 몇 개 광업소만 명맥을 유지하고 있을 뿐이다.

내 앞에는 높다란 철제 구조물이 하나 서 있었다. 멀리서부터 보였던 이 철제 구조물은 수갱탑으로, 광부들을 갱도 깊은 곳까지 실어 나르는 일을 했다. 어쩌면 수갱탑이 있기 때문에 이곳이 석탄 산업의 흥망을 함께한 곳이라는 것을 알 수 있는지도 모르겠다. 대부분의 갱도는 문을 닫았다. 하지만 동원탄좌의 주력 갱이었던 650 갱은 요즘도 운영한다. 석탄 채굴이 아니라 관광 목적이다. 부지를 인수한 강원랜드 측은 지역개발 사업의 일환으로 동원탄좌 건물을 보존하고 광부들이 탔던 전동차를 유지·운행하고 있다. 다만 찾는 사람이 거의 없다 보니 단체 관광객이 올 때만 운행한다고 한다. 혼자였던 나로서는 아쉬움만 남긴 채 발걸음을 돌려야 했다. 물론 녹슨 채 멈춰 있는 전동차들, 광부들이 탔던 버스 등은 그대로 남아 있어 산업화 시절 고단함이 묻어 있는 낭만을 전해 줬다.

수갱탑 옆에는 낡고 오래된 건물이 길게 누워 있다. 건물 외벽에는 "나는 산업전사 광부였다"라는 문구와 함께 환하게 웃는 광부의 얼굴이 그려져 있다. 옛 동원탄좌의 건물이다. 2004년 10월 31일, 동원탄좌가 문을 닫은 이후로는 전시관으로 쓰였다. 당시 광부들이 쓰던 탈의실과 샤워실은 물론, 경리 업무를 보던 사무실의 모습도 문을 닫던 시점 그대로 보존했다. 하지만 2018년 들어 새롭게 단장하기 위해 문을 닫았다. 혼자서 얼씬거리니 수상하게 보셨는지 경비실에서 한 아저씨가 나오셨다. 전시관은 언제 다시 문을 열지 알 수 없다고 하셨다. 훗날을 기약하며 발걸음을 돌리는 수밖에 없었다. 건물 너머로 석탄을 캘 때 나온 폐석들이 산더미처럼 쌓여 있

국내 최대 민영탄광이었던 동원탄좌는 2004년 문을 닫았지만 시설들은 그대로 남아 있다.
사진 속 수갱탑 너머로 폐석더미가 보인다.

는 게 보였다. 대한민국 경제가 소비한 무연탄과 저 폐석더미만큼
내 발밑의 땅은 비어 있을 것이라 생각하니 기분이 묘했다.

　사북 사건이 발생한 이후로 사북의 광부들에게는 많은 변화가
있었다. 사건 직후 동원탄좌에서는 10억 원의 기금을 출연해 근로
자복지회를 만들었다. 이들이 운영하는 복지회관에는 공동 구판장,
유아원, 도서실, 이발소, 목욕탕 등이 들어섰다. 이 건물은 현재도
'뿌리관'이라는 이름으로 남아 있다.

　구판장은 공장가에 2~3% 정도 이윤만 붙여서 싼값에 물건을
판매했다. 이 덕에 악명 높던 사북의 물가는 눈에 띄게 내려갔다.

(위) 뿌리관의 실내.
1층은 석탄과 관련
한 전시로 구성되어
있다.

재해 장부(가운데,
아래)를 통해 당
시 광부들이 얼마
나 고된 환경에서
일했는지를 살펴볼
수 있다.

소주 한 병은 400원에서 240원으로 떨어졌다.[31] 광부들에게는 석탄 협회 장학금, 관리직 사원에게는 복지장학금이 마련되어 자녀 교육에 대한 애로 사항도 어느 정도 해결되었다. 사상 처음으로 3일 간의 연휴도 주어졌다. 이틀이면 몰라도 3일을 연달아 쉰다는 것은 탄광촌에서 상상조차 할 수 없는 일이었다. 텐트며 야영 장비가 불티나게 팔려 나갔다. 노조는 노동자들을 위해 사북에서 강릉까지 가는 무궁화호 열차를 통째로 빌렸다. "우리나라 134개 직종 가운데 광부는 넝마주이 바로 앞인 133번째다"라며 스스로를 자책한 광부들은 이제는 엄연히 하나의 직업군으로서 자부심을 갖게 되었다. 사북 사건이 가져온 변화인 것은 분명하다.

그러나 온전한 해피엔딩은 아니었다. 사태가 어느 정도 진전되자 계엄사령부와 보안사령부, 경찰 등으로 편성된 검거조는 사북 사건 주동자 색출 작전에 나섰다. 5월 6일부터 8일까지 대대적으로 연행 작전이 전개되었다. 이원갑 씨 등 남자 70여 명, 김분년 씨 등 여자 30여 명이 잡혀가 고초를 겪었다. 그중 10여 명은 사건과 전혀 무관했음에도 영문도 모른 채 끌려갔다. 합수부 요원들이 사택 호수를 제대로 체크하지 않아 발생한 어처구니없는 일이었다. 그들은 본보기가 되어 모진 고문과 폭행을 당했다. 신군부가 권력을 강화해 나가던 시점이었다. 이원갑·신경 씨를 비롯한 광부 24명과 부녀자 4명 등 총 28명이 사북 사건의 주모자 내지는 적극 가담자로 분류되어 군사 법정에 섰다. 그중 7명이 옥살이를 했다. 나머지 사람들에게는 사건이 빨리 안정되고 질서를 되찾았다는 이유로 집행

유예가 내려졌다. 보안사령부는 동원탄좌 노조의 부위원장으로 있던 홍금웅 씨를 불러 공석인 노조위원장을 맡도록 했다. 그는 사북 사건의 중요한 원인이 노조에 대한 광부들의 불신에 있었다는 것을 잘 알고 있었다. 그래서 회사와 노동자 간 대화의 통로가 되도록 노력했다. 그 덕에 1983년 평균 임금 인상이 6%에 머문 적이 있었는데, 별다른 반발 없이 협상을 체결할 수 있었다. 참고로 1982년의 경제성장률은 8.3%, 1983년의 경제성장률은 13.2%였다.

전시관에 들어가지 못한 아쉬움을 뒤로한 채 다시 안경다리 쪽으로 내려갔다. 전시관을 둘러보는 것까지 감안해서 서울 가는 기차를 잡아 뒀는데, 일정이 빠지니 4시간 정도 떠 버렸다. 얼른 읍내 PC방에 가서 〈배틀 그라운드〉나 하려고 했는데 내려가는 길 오른쪽으로 판자촌이 눈에 들어왔다. 판자촌이라는 표현 자체가 현재 거주 중인 분들에게 실례가 될 수 있다고 생각해 쓰지 않으려 했지만, 판자촌 외에는 마땅히 단어가 떠오르지 않았다. 몇몇 집 보일러 굴뚝에서 연기가 피어났고 닭장에서는 시도 때도 없이 닭들이 울어댔다. 호기심에 가까이 다가가 보니 내 몸통 크기만 한 닭 네 마리가 안에 있었다. 봉을 쥐고 있는 발도 내 손만 해서 조금은 무섭기도 했다. 도대체 어느 정도를 살아야 이렇게 커지는 걸까? 공동 화장실이 눈에 들어왔다. 일부는 문짝이 부서져 더 이상 쓰지 않는 것도 있었다. 많은 집이 비어 있는 것 같았다. 마당에 쓰레기가 잔뜩 쌓여 있었다. 일부는 폐가를 복원해 전시관으로 쓰다가 그마저도 용도를 다해 버려진 채 방치된 것 같았다. '골말'이라는 제목이 붙은 안내판이 보였다. 골말은 '골짜기 마을'이라는 뜻으로 동원탄좌 사북광업소가 개광하면서 전국 각지에서 모여든 사람들에 의해 형성되었다고 한다. 1980년대에는 300가구가 넘었다. 물론 지금은 대부분 떠난 채 과거의 이야기를 들려주고 있지만 말이다. 아마 그 시절 탄광촌의 모습이 남아 있는 거의 몇 안 되는 마을일 것이다.

마을 왼쪽으로 물 흐르는 소리가 들려 따라가 보니 아까 안경 다리를 지날 때 봤던 그 개천의 상류가 나타났다. 산 아래 터널에서 물이 흘러나오고 있었는데 노랗고 붉은빛은 똑같았다. 나중에 알고 보니 지하수가 광산의 방치된 갱내를 통과하면서 산성화되어 밖으로 흘러나온 것이었다. 물고기 한 마리 얼씬거리지 않았던 것은 그 때문이었다. 하천은 많은 양의 중금속 오염도 동반하게 되는데 하천 생태계를 파괴시키는 것은 물론, 사북 일대 주민들의 건강도 위협하는 것이 아닐 수 없었다. 개발이 빠른 만큼 후유증은 길었다. 어쩌면 이것이 과거에 얻은 고도성장의 할부금을 갚아 나가는 과정일지도 모른다고 생각했다.

마을 옆에는 깔끔한 색깔의 기념비가 세워져 있었다. '석탄 산업전사 기념비'였다. 내가 방문하기 3주 전에 세워진 새 것이었다.

오랫동안 석탄 산업의 중심지로서 한길만을 걸어왔던 정선군 석탄 산업의 역사와 석탄 산업전사들의 고귀한 희생정신을 길이 보전히고지 석탄 산업의 숨결이 살아 있는 이곳에 기념비 및 공원을 조성한다.

기념비 뒤에 세워진 7개의 동판에는 정선군 석탄 산업의 역사가 파노라마처럼 새겨져 있었다. 채 100년이 안 되는 짧은 시간 동안 이 좁은 산골에서 정말 많은 일이 있었다는 걸 새삼 다시 느꼈다. 동판 속 광부들의 얼굴에서는 오늘은 힘들어도 내일의 삶은 더 나아질 것이라는 기대 같은 것이 묻어났다. 그들의 미래는 현재보다 나은 것이 되었을까. 나는 솔직히 장담할 수가 없다.

석탄 산업은 1980년대까지는 승승장구했다. 두 차례의 오일쇼크를 겪은 정부가 에너지 위기의 안전장치로서 석탄 산업을 보호했기 때문이다. 하지만 세상이 바뀌어 버렸다. 도시가스 보급 확대와 '3저 호황'에 따른 저유가 현상으로 석유 보일러를 사용하는 가정이 늘어나면서 석탄 산업은 직격탄을 맞았다. 가정·상업용 무연탄 소비는 1986년 연간 2,471만 톤에 달했지만 불과 6년 지난 1992년, 1,119만 톤으로 급감한 것을 보면 그 추세가 얼마나 빨랐는지 짐작할 수 있다.[32] 산업용 전기는 원자력발전이 대체해 나갔다. 이 모든 것이 순식간에 찾아왔다.

채탄 원가가 상승하는 것도 문제였다. 이미 수십 년 캐먹을 대로 캐먹은 탄광들은 점점 더 깊어져 갔다. 심부화는 곧 비용의 상승을 의미했다. 그러나 정부는 서민 생활 보호와 물가 상승 억제를 이유로 저탄가정책을 고수했다. 연탄값은 생산원가에도 미치지 못했다. 정부는 보조금, 조세 지원 등을 통해 석탄 산업을 유지하면서 산업의 국가 의존성을 키워 왔다. 거기에 1984년부터 자유화된 석탄 수입까지 가세했다. 석탄공사뿐만 아니라 민간 기업까지 외국의 값싼 석탄을 사들이기 시작하니 국내 탄광들은 배겨 날 수가 없었다.

문제들을 해결하고자 정부는 석탄 산업 합리화정책 카드를 꺼냈다. 적정 규모의 생산을 유지하고 채산성이 맞지 않는 탄광들은 구조 조정해 석탄 산업의 체질을 개선하겠다는 목표였다. 1988년 「석탄산업법」이 개정되고 1989년부터 본격적인 폐광 지원 사업이 추진되었다. 경제성 없는 탄광은 자율 폐광하도록 유도했다. 그런데 정책만 있고 대책은 없는 것이 문제였다. 탄광 업자들에게 시설 폐기 지원 등의 명목으로 보상금을 지급하고, 노동자들에게도 2개월분의 임금과 약간의 퇴직금·실직위로금 등을 주는 게 고작이었다.[33] 돈 몇 푼 쥐어 주고 내다 버린 격이었다.

　　특히 영세 탄광의 노동자들이 순식간에 갈 곳을 잃었다. 가뜩이나 약자의 위치에 있던 그들이었다. 석탄합리화사업이 추진되자마자 '쫄딱구뎅이'에서 일하는 사람들은 별다른 저항을 해 보지도 못하고 추풍낙엽처럼 떨어져 나갔다. 9년 전 사북 사건에서 나타났던 조직력을 기대할 수도 없었다. 영세 탄광들은 많아 봐야 100명을 넘지 못했기 때문이다. 게다가 영세 탄광에서 일하는 사람들은 빈번한 이직으로 조직에 대한 소속감이 없었다. 애초에 힘을 합치는 것이 불가능한 구조였다. 대탄광의 노동조합도 별다른 대응을 하지 않았다. 그들은 합리화사업이 진행되면 석탄 산업에 대한 지원금이 본인들에게 더 집중될 수 있다는 정부의 말을 그대로 믿었다. 이처럼 대형 탄광과 영세 탄광 사이 분절된 노동 구조로 인해 석탄 산업 합리화라는 이름의 구조 조정은 일사천리로 진행되었다.

　　석탄 산업 합리화사업이 시작된 1989년에 355개였던 전국의 탄광은 불과 5년 만인 1994년에 52개로 줄어들었다. 3만 1,535명의 광부들이 순식간에 일자리를 잃었다.[34] 우리보다 먼저 공업화를 이룬 일본·독일 등의 국가들이 수십 년에 걸쳐 출구 전략을 마련했던 것과는 대조적이었다. 이들은 석탄합리화정책을 점진적으로 추진했던 덕분에 문을 닫는 탄광이 한 해 두어 개에 불과했다. 반면 우리는 수년 새 대부분의 탄광이 문을 닫았다. 그 바람에 사람들은 갈 곳을 잃었고 지역은 황폐화되었다.

미래를 내다보고 사양 산업의 점진적인 변화를 꾀하는 것은 정치권의 의무다. 정치권이 그 의무를 다하지 않으면 이익집단의 입김에 따라 정책이 결정된다. 최근 불거진 카풀 사태나 고속도로 톨게이트 수납원들의 파업도 크게 다르지 않다. 불편하다고 이를 외면해 버리면 변화가 눈앞에 닥쳤을 때 큰 피해를 입는 것은 결국 해당산업 종사자들이다. 석유와 원자력이 석탄을 대체했던 것처럼, 택시는 자율주행차로 택배는 드론으로 대체될 것이다. 그 시점에서 노동자들이 얼마나 어려움을 겪게 될지는 석탄합리화사업 이후 광부들의 전례에서 살펴볼 수 있다. 우리 정치권이 이를 대비하기보다는 정쟁에만 몰두하는 것 같아 걱정스러웠다.

사북이 직격탄을 맞은 것은 비단 산업의 변화 때문만은 아니다. 석탄 채굴이라는 단일 산업에 의존했던 점도 크게 작용했다. 독일과 프랑스가 알자스로렌 지역의 철강과 루르 지역의 석탄을 하나로 묶기 위해 격돌을 벌인데서 볼 수 있듯, 지역이 산업 다양성을 확보하는 것은 굉장히 중요한 일이다. 단일 산업에 의존하는 지역 경제는 그 산업과 함께 롤러코스터를 타게 된다. 그게 흥할 때에는 보이지 않지만 망할 때에는 속절없이 무너지고 만다. 사북도 여러 산업을 묶어 종합적 공업지대를 형성했다면 그 타격이 덜 했을 것이다. 하지만 정선·태백·삼척 등 우리나라 탄전 지대는 석탄 채굴에 전적으로 의존했다. 석탄 산업의 사양화와 함께 답 없는 침체로 빠져드는 것은 당연한 수순이었다. 폐광 탄광의 실직 노동자들은 곧바로 그 지역을 떠났다. 한때 13만 명을 웃돌던 정선군의 인구는 합리화 사업 4년 만인 1993년, 7만 1,000명으로 반토막 났다. 이것은 우리나라 탄광 지역 경제가 탄광과 그에 부수적으로 따라붙는 소매·서비스업으로 구성되었음을 단적으로 보여 준다.

"나는 산업전사 광부였다"

대한민국의 경제를 이끈 용사들이었지만, 그들의 말년은 비참했다. 광부들은 퇴직 후에도 저마다 병을 안고 살았다. 갱내 발파음이 귓속에 쌓여 이명난청이 되었다. 국가경제가 성장한 만큼 그들이 안고 있는 이명의 크기도 더욱 커졌다.

진폐증은 광부들을 괴롭힌 가장 대표적 질병이었다. 수많은 광부가 갱도 안에서 목숨을 잃었지만, 멀쩡히 살아서 업을 마친 사람들도 이후 진폐증에 시달렸다. 우리가 중학교 시절 영어 선생님들로부터 '세상에서 가장 긴 영어단어(pneumonoultramicroscopicsili covolcanoconiosis)'라며 설명을 들었던 진폐증은 그 길이만큼 피해지의 규모도 가장 큰 산업재해 관련 질병이다. 진폐증은 미세한 가루가 폐에 들어가 달라붙으면서 폐를 굳게 만든다. 치료할 수도 없다. 주로 건설이나 용접 관련업, 주물주조업, 연탄제조업 등의 직업군에서 발생하는데 무엇보다 광산업에서 가장 많이 발생했다. 진폐증을 앓은 광부는 전체 진폐증 환자의 70%에 달한다. 하루 10시간, 그것도 평생 동안 갱도 안에서 석탄가루를 마셨으니 안 걸리는 것이 이상한 일이다. 더구나 1960~70년대에는 정부도 진폐증에 대한 위기의식이 없었다. 짧게는 5년에서 길게는 30년이 지나야 그 증상이 나타나기 때문이다.[35] 예방이나 치료 같은 건 상상도 못할 일이었다. 1980년대 들어 진폐증 환자가 늘어나자 1984년에서야 부랴부랴 진폐법을 제정해 광부들의 진폐증 정밀 검사 및 요양·통원 치료 등을 지원했다. 하지만 이미 너무 늦은 시점이었다. 도급제 아래에서 무리한 노동을 감행해야 했던 이들은 마스크를 지급받지도 못했고, 마스크를 지급 받더라도 숨이 가쁘다는 이유로 착용하지 않은 채 작업을 진행했다. 자욱한 석탄 분진 속에서 일한 뒤 "목에 낀 먼지나 씻어 내자"며 퇴근길 삼겹살에 막걸리 한 잔 하는 것이 고작이었다. 그 결과 1988년부터는 진폐증으로 인한 사망자 수가 낙반·붕락·발파 사고 등 광산재해로 인한 사망자 수를 추월하기 시작했다. 1985년 진폐법이 시행된 이후 2001년 7월까지 무려 6,672명이 진폐증으로 사망했다.[36] 살아남은 이들도 각종 합병증에 시달리며 병원 신세를 져야 했다. 그 고된 노동이 끝나고도 편히 쉴 수 없었던 그들을 생각하면 마음이 아리다.

석탄 산업이 사양길로 접어들면서 지역 경제는 무너졌다. 초창기에는 영세 덕대 탄광을 중심으로 폐광이 이뤄지던 것이 1993년에 이르러서는 대형 탄광들마저 문을 닫기 시작했다. 강원도 남부 탄전 지대들은 버텨 낼 재간이 없었다. 주민들은 대체 산업 유치를 요구하며 생존권 투쟁에 돌입했다. 정부는 1995년 3월 3일 사북·

고한 등 폐광 지역을 고원 관광지로 개발하기로 약속한 이른바 '3.3 합의'를 발표했다. 그에 따라 그해 12월 「폐광 지역개발지원에관한 특별법」이 제정되었다. 국내 유일 내국인 출입 가능 카지노인 강원 랜드가 들어선 것은 이러한 배경에서 기인한다.

'석탄 산업전사 기념비' 근처에는 '3.3 합의'를 기념해 그 전문이 새겨진 큰 비석이 세워져 있었다. 그랬다. 사북읍 입장에서는 지역의 색깔을 바꿀 만큼 큰 사건이었다. '3.3 합의'를 기점으로 상전벽해의 변화를 경험했으니 말이다. 2000년 스몰 카지노 운영을 시작으로 2003년 메인 호텔과 카지노, 테마파크 등이 들어섰다. 2006년에는 스키장과 콘도도 열었다. 이제는 석탄이 아닌 카지노에 맞춰 관련 소매·서비스업들이 갖춰지고 있다. 사북은 더 이상 탄광촌이 아니다.

얼마 안 남은 탄광의 흔적을 모두 둘러보고 안경다리를 지나 다시 읍내로 들어왔다. 엄청난 수의 전당포들이 눈에 들어왔다. 태어나서 전당포를 본 적도 드물지만, 이렇게 많은 전당포가 몰려 있는 것을 본 건 처음이었다. 한 건물에 세 개의 전당포가 들어선 곳도 있었다. 사북읍 내 전당포는 80개가 넘는다.[37] 그 주변에 번호판 없는 차가 잔뜩 세워져 있었다. 차량을 담보로 돈을 빌린 뒤 갚지 못해 방치된 차들이었다. 뭔가 느낌이 섬뜩했다. 이 차를 맡긴 사람은 살아 있을까? 돈을 땄다면 차를 되찾았을 것이다. 그런데 도리어 그 돈마저 잃었으니 차들이 이렇게 먼지 수북이 쌓인 채 방치된 게 아닐까. 원래부터 사북에 살던 사람들이 이 모습을 보면 어떤 기분일

사북은 3.3합의를 통해 강원랜드 유치를 이뤄냈다. 이는 석탄에서 카지노로 지역의 색깔을 바꾸는 결정적인 전환점이 되었다.

까? 하긴 원래부터 사북에 살던 사람은 거의 없다. 탄광이 개발되며 전국 각지에서 뜨내기들이 모여든 곳이 사북이니까 말이다.

해질녘 즈음 서울로 가기 위해 사북역에서 청량리행 무궁화호 열차를 기다렸다. 중년 남성이 많았고, 젊은 사람 무리도 제법 있었다. 왠지 중년 남성들은 카지노에, 젊은 사람들은 스키장에 들렀다가 집으로 가는 길일 것 같았다. 편견이겠지만 이용객들을 살펴보면 대체로 맞는 분석일 것이다.

강원도의 험준한 산맥 사이를 지게꾼처럼 굽이굽이 걸어가는 무궁화호 안에서 사북이라는 동네가 참 기구하다는 생각이 들었다. 사람으로 치면 팔자가 매우 드세고 험한 사람 같다. 수백 명이 채

사북의 역사가 파노라마로 펼쳐진 석탄산업전사 기념비. 사북처럼 수십 년 사이에 드라마틱한 변화를 겪은 지역은 많지 않을 것이다.

살지 않던 이 작은 산간마을에 석탄이 발견되고 탄광이 개발되며 전국 각지에서 엄청난 사람이 모여들었다. 그들을 전부 수용할 공간이 못 되었기에 좁은 협곡에는 판자촌이 다닥다닥 들어섰다. 덩달아 온갖 술집이며 음식점이 생겨났다. 수백의 산촌은 십 수만의 읍으로 성장했다. 사람들은 석탄가루 흩날리는 읍내를 걸으며 내일의 희망을 바라봤다. 현실의 무게를 덜기 위해 서로 손을 잡았고, 스스로의 삶을 개척해 나갔다. 하지만 변화하는 세상 앞에서는 무기력했다.

사북은 산업화에 발맞춰 그 흥망을 함께한 가장 대표적인 지역이다. 산업화의 첨병들은 최전방에서 우리나라 경제를 이끌었다. 동시에 국제에너지가(價)의 파도를 막는 방파제가 되어 줬다. 하지만 정부는 물가 안정을 위해 저탄가 정책을 고수했다. 석탄값은 생산원가에도 미치지 못했다. 우리 기업과 국민들이 아주 싼값에 에너지를 소비할 수 있던 것은 그들의 희생이 있었기에 가능했던 것이다. 1985년 2,254만 톤의 석탄을 캐는 과정에서 우리 광부 205명이 목숨을 잃었다. 석탄 10만 톤은 광부 한 명의 인생과 맞바꾼 자원이었다.[38] 이 교환 비율은 1990년대에 접어들기 전까지는 매년 유지되었다. 진폐증으로 인한 사망을 포함하면 그 수치는 훨씬 늘어날 것이다.

　광부는 '산업 역군'의 대명사와 같은 존재다. 대한민국은 그들에게 이 허울 좋은 칭호를 붙여 주고 치켜세웠다. 하지만 그에 상응하는, 합당한 보상을 했는지는 의문이다. 우리는 산업화의 공을 특정 정치인이나 기업에 돌리곤 한다. 틀린 말은 아니다. 하지만 나는 그들보다도 가족들을 먹여 살리기 위해 자신을 희생한 사람들, 예컨대 사북의 광부와 주베일의 건설 노동자, 청계천의 시다와 같은 사람들이 있었기에 우리나라가 여기까지 올 수 있었다고 생각한다. 매년 10%를 상회했던 빛나는 경제성장률의 이면에는 그들이 흘린 피와 땀과 눈물이 상당 부분 환산되어 있다.

　사북 사건 당시보다 1인당 국민소득이 20배는 넘게 뛰었지만, 여전히 대한민국은 우리 사회를 유지하기 위해 보이지 않는 곳에서 묵묵히 일하는 사람들에게 냉담하다. 2017년 11월, 광주광역시에

인구 수백의 산촌 사북은 '석탄 러시' 이후 수만 명이 사는 읍으로 변모했다. 그러나 사북의 석탄산업은 변화하는 세상 앞에 속절없이 무너져 카지노에 그 자리를 내주었다.

서만 두 명의 환경미화원이 보름 간격으로 사망한 사건이 있었다. 한 명은 쓰레기 수거 작업을 위해 잠시 차에서 내린 사이 후진하던 차량에 치여 숨졌고, 또 다른 한 명은 청소차 적재함 덮개에 머리를 다쳐 숨졌다. 모두 밤에 일어난 일이었다. 환경미화원들이 심야에 일함으로써 야기되는 안전 문제는 이미 오래전부터 계속 제기되어 왔다. 하지만 정부에서도 손 쓸 도리가 없었다. 지방자치단체가 이들의 안전을 위해 아침이나 낮에 환경미화 작업을 하려고 하면 "쓰레기 냄새 난다"거나 "교통체증을 유발한다"는 등 동네 주민들의 민원에 시달려야 했기 때문이다. 누군가의 편리함을 위해, 또 다른 누군가는 위험에 내몰려야 했다.

우리는 이러한 문제를 나와 상관없는 일로 여긴다. 자기 자신은

'규범적 인간'이어서 사회적으로 취약한 위치에 놓인 노동자들에게 관심과 애정을 쏟는다고 위로한다. 하지만 비용이 개입되면 이야기가 달라진다. 매년 최저임금이 오를 때마다 아파트 경비원들은 커피 한 잔 값도 안 되는 아파트 관리비 인상에 일자리를 위협받아야 하고, 택배 회사들은 무한경쟁 속에서 택배비 몇백 원 올리지 못해 자사 노동자들을 쥐어짜는 경영 방식을 택한다. 건설 현장에서는 안전 관리 소홀로 인한 산업재해가 끊이지 않는다. 글을 퇴고하는 이 순간에도 서울대학교에서는 청소 노동자가 에어컨 없는 찜통 휴게실에서 더위로 숨졌고, 대구의 한 놀이공원에서는 아르바이트를 하던 청년이 안전 관리를 제대로 하지 않은 회사 때문에 다리를 잃었다. 비용 절감으로 인한 산업재해는 당분간 끊이지 않을 것이다. 사람들은 누군가가 산업재해로 죽거나 다치면 함께 마음 아파하지만, 그게 내가 지불해야 하는 비용의 인상으로 연결되면 인색한 경향이 있기 때문이다.

누구도 하고 싶어 하는 일이 아니지만, 사회가 돌아가기 위해 누군가는 해야 하는 일들이 있다. 광부, 경비원, 환경미화원, 청소 노동자, 건설 근로자들의 일이 대표적이다. 이들이 없다면 대한민국은 하루아침에 마비된다. 그럼에도 그동안 우리는 눈앞에 보이지 않는다는 이유로 이들의 희생에 무심했고, 한편으로는 이를 당연시 여겼다. 우리가 누리는 편리한 일상, 저렴한 비용이 누군가의 노력을 전제로 하고 있음을 잊고 살았다. 이들이 노력에 상응하는 합당한 보상을 받지 못하고, 비용 절감을 위해 매순간 위험에 노출되어

동원탄좌 사무실이었던 건물 벽면에 환하게 웃고 있는 광부의 모습이 그려져 있다. 광부들에게는 산업전사라는 허울 좋은 이름이 붙었지만, 인식과 처우가 여기에 상응했는지는 의문이다.

야 한다면 대한민국은 결코 선진국으로 진입할 수 없다. 그런 점에서 사북 사건은 여전히 우리에게 많은 교훈을 준다.

사북에는 더 이상 날리는 탄가루도, 거뭇한 얼굴로 읍내를 돌아다니는 광부도 없었다. 강원도의 푸른 하늘 아래 전당포와 숙박업소들만이 난잡하게 들어서 있을 뿐이다. 한때 세상을 떠들썩하게 했던 사북 사건은 이제 많은 사람의 기억에서 잊혀졌다. 하지만 낡고 헌 동원탄좌 벽면에 그려진 환하게 웃는 광부의 얼굴은 여전히 나에게 묻고 있었다. 우리 사회가 이제는 투명인간들에게 따뜻한 사회가 되었냐고.

2부　부산

권력은 배,
민심은 바다

태풍 매미

    부산에 처음 간 건 중학교 3학년 때였다. 그해 9월, 부산을 비롯한 경남 지역에 태풍 매미가 들이닥쳐 엄청난 피해가 발생했다. 1959년 태풍 사라 이후 최악의 태풍으로 기록된 매미는 그때까지 있었던 모든 기록을 갈아치웠다. 태풍의 위력을 가늠하는 중심부 최저 기압이 950hPa(헥토파스칼)에 달해 역대 태풍 중 가장 강한 면모를 과시했다. 최대 순간풍속 역시 초속 60m로 역대 1위를 기록했다.[1] 참고로 태풍은 중심기압이 낮을수록 강한 바람이 분다. 1904년 관측을 시작한 이래 매미처럼 바람이 강한 태풍은 없었다. 그 강풍에 부산항의 대형 크레인들이 종잇장처럼 구겨졌다. 대형 크레인이 그 정도이니 차량들은 말할 것도 없었다. 489대의 차량이 침수 피해를 입었다. 가옥은 9,000채가 넘게 파손되었다. 879개의 도로와 30개의 다리가 무너졌다. 태풍 매미가 한반도에 상륙한 9월 12일 밤부터 13일 새벽 사이, 그러니까 그 얼마 안 되는 시간 동안 경상남도는 초토화되었다. 재산 피해액은 4조 2225억 원으로 그 전년도에 발생한 태풍 루사와 함께 압도적으로 큰 피해액이었다. 4조 원을 상회하는 재산 피해보다 더 큰 문제는 인명 피해였다. 실종·사망자만 132명에 달했다.[2] 역대급 태풍이었다. 매미는 워낙 많은 피해를 끼친 탓에 그 이름이 태풍위원회에서 영구 제명될 정도였다.[3]

당시 의협심에 불타오르던 나는 수해 복구를 돕겠다는 일념으로 부산행을 결심했다. 담임선생님께는 출발 전날 밤 "수해 복구 봉사활동을 위해 부산에 다녀오겠습니다"라고 전화 한 통 달랑 걸었다. 지금 생각해 보면 정말 개념 없는 일인데 나의 열정을 높게 평가해 주셨던 선생님은 "무단결석이 아니라 체험 학습으로 처리해 줄 테니 잘 다녀오라"고 격려해 주셨다. 심지어 부산에 다녀온 후 보고 느낀 것들을 친구들 앞에서 말할 수 있는 기회도 마련해 주셨다. 이 자리를 빌려 김학경 선생님께 감사를 드린다.

그해 9월의 부산행은 나 홀로 떠난 첫 기차 여행이기도 했다. 학교 갈 때보다 일찍 일어난 나는 곧장 서울역으로 갔다. 몇 개월 뒤 문을 닫은 '구서울역'이었다. 일제강점기 때 지어진 허름한 역사에는 오늘날의 서울역에서는 느낄 수 없는 분주함이 배어 있었다. 낡은 계단을 올라 매표소에 갔다. 그 시절엔 KTX가 없었기 때문에 무궁화호 아니면 새마을호를 타야 했다. 하지만 기차 여행도 처음이고 서울역도 처음인 나는 뭐가 뭔지 몰랐다. 그래서 매표원 누나에게 부산 가는 가장 빠른 기차를 달라고 했다. 몇 분 뒤, 부산으로 향하는 경부선 새마을호에 몸을 실었다.

태풍 매미가 경남을 휩쓸고 간 2003년 가을. 담임 선생님께 다짜고짜 '부산에 수해복구를 가겠다'며 일방적으로 통보하고 다음날 부산으로 내려갔다. 첫 기차여행이자 첫 부산행은 이렇게 시작되었다.

　　의욕은 충만했지만 다소 늦게 도착해 버린 탓에 첫날은 봉사활동을 공쳤다. 관계자는 자원봉사자들이 이미 가덕도로 출발했다고 알려 줬다. 아쉽지만 어쩔 수 없었다. 수영구의 한 찜질방에서 대충 잠을 자고 다음 날 아침 일찍 하단역으로 갔다. 역 앞 노점에서 순대랑 호떡을 먹었는데 부산에서는 순대를 소금이 아니라 막장에 찍어 먹는다는 것을 그때 처음 알았다. 이 좁은 땅에서도 지역마다 문화가 다르다는 게 그저 신기했다. 하단에서 탄 버스는 을숙도를 지나 모처에 정차했다. 사람들은 작은 배로 옮겨 탔다. 아직 가덕대교가 연결되기 전이었기 때문에 가덕도로 들어가기 위해서는 배를 타야 했다.

　　가덕도는 말 그대로 쑥대밭이 되어 있었다. 나무가 넘어진 것은 물론이고 공공화장실이나 집까지 곳곳이 무너져 있었다. 자연재해가 무섭다는 걸 생애 처음으로 느낀 순간이었다. 자원봉사센터의 선생님 한 분이 "서울서 어린 친구가 혼자 왔다"며 20대 형들에게 나를 소개해 줬다. 그때부터 나는 그 형들을 도와 잔해를 치우는 임무를 맡았다. 몸은 힘들었지만 보람 있고 즐거웠다. 식사 시간에 수육과 김치를 나눠 먹던 것 역시 잊을 수 없는 추억이다. 형들과 헤어지는 것이 아쉬워 편의점에서 산 일회용 카메라로 단체 사진을 찍었다. 서울로 돌아온 뒤에는 자원봉사센터 관계자로부터 연락을 받아 지역신문에 참여 후기를 기고하기도 했다. 그때 그 형들은 지금 어떤 모습으로 살아가고 있을지 문득 궁금해졌다.

어쩌다 보니 고등학생이 되어서도 매해 부산에 갔다. 전국 단위 토론대회에 참가하게 되면서다. 성장이냐 복지냐, 환경이냐 개발이냐 하는 주제로 3일 내내 토론을 했다. 서울이 아닌 다른 지역의 친구들과 의견을 나눴던 경험은 내 사고의 외연을 더욱 넓혀 줬다. 좋은 친구들도 많이 만났다. 특히 이 대회 때 만난 현민이는 청년정치 크루를 시작하는 때부터 응원을 아끼지 않으며 큰 힘이 되어 줬다.

짧지 않은 시간 동안 부산에서 일어났던 추억들이 파노라마처럼 스쳐 지나갔다. 그 기억들을 모두 되짚기에는 3시간 남짓한 시간이 너무 짧았다. KTX 열차는 어느새 부산역에 다다랐다.

역에서 내리자마자 곧장 지하철역으로 갔다. 광장은 통째로 공사가 진행 중이었다. 부산역 앞에서 인증샷을 찍을 심산이었는데 그럴 수 없었던 것이 못내 아쉬웠다. 그 아쉬움을 뒤로하고 목적지인 토성역으로 가기 위해 다대포해수욕장역 방면 1호선 승강장에 들어섰다. 불과 2년 전만 해도 없었던 역인데 불쑥 종착역으로 이름을 남겨 놓고 있으니 어색한 느낌이 들었다. 내가 처음 부산에 왔을 때에는 지하철 노선이 1호선과 2호선 두 개밖에 없었다. 그 두 개 노선은 X 자로 서면에서 교차했는데, 서면에 얼마나 많은 인파가 몰릴 것이며 땅값은 얼마나 비쌀까 호기심을 갖던 기억들이 떠올랐다. 내 호기심이나 생활 패턴은 소년 시절과 크게 다르지 않은데, 이렇게 급변하는 세상을 보고 있으면 두렵기도 하고 소외감을 느끼게 되기도 한다. 그래서 많은 사람이 자기만의 마음의 굴을 파고 그곳에 안주하려는지도 모르겠다.

토성역에는 10분도 채 되지 않아 도착했다. 부산역에서 겨우 네 정거장에 불과했다. 나는 남포동과 영도대교, 자갈치시장 등 부산을 대표하는 관광지가 모인 이 지역을 부산에서 가장 좋아한다. 역동성 넘치는 부산의 근현대사가 모두 담겨 있는 곳이기 때문이다. 그리고 무엇보다 커플이 많지 않다. 해운대에는 가 보면 죄다 인싸 커플들이어서 기분이 썩 내키지 않는다. 대부분의 여행을 혼자 다니는 나로서는 그 모습이 달갑지만은 않다.

6번 출구로 나간 뒤 부산대학교 병원 왼쪽 길을 따라 쭉 걸어갔다. 아미동 비석문화마을이나 감천문화마을까지 가려면 보통 병원 앞에서 마을버스를 타야 하는데, 이날만큼은 왠지 걸어서 올라가고 싶었다. 버스를 타면 동네의 골목골목을 눈과 귀에 담을 수 없다. 때마침 일주일 내내 한국을 뒤덮었던 미세먼지도 사라졌겠다, 날씨도 선선하니 문제가 없겠다고 생각했다.

하지만 잘못된 판단이었다. 3월 초였는데도 땀이 비 오듯 나기 시작했다. 일찌감치 코트를 벗어도 땀이 줄줄 흘렀다. 가파른 경사는 끝이 보이지 않았다. 좁은 인도를 오르고 있자면 몇 번이고 동네 어르신들과 마주치기 일쑤였다. 어떤 분은 전동 휠체어를 타고 이 가파른 언덕을 내려가기도 했다. 한 번 오르기도 버거운 이 길을 주민들은 수십 년 동안 오르내리고 있었다. 허세 부리지 말고 버스 탈 걸 하는 후회가 밀려왔다. 하지만 이왕 걸어가기로 한 거 중간에 포기하지 말고 끝까지 가 보자고 마음을 다잡았다.

소형차 두 대 겨우 지나갈까 하는 좁은 길에는 수시로 마을버스가 지나다녔다. 심지어 훨씬 덩치가 큰 관광버스도 몇 대 지나가는 게 눈에 띄었다. 카니발도 제대로 운전 못해 좁은 길목에서는 친구들에게 운전대를 넘기는 나로서는 그저 경이롭기만 한 장면이었다. 사실 부산 답사를 가기에 앞서 청송에 다녀와야 했는데, 혼자 운전해서 가기에는 아직 무리가 있어 일정을 미룬 터였다. 서른 둘 처먹고 뭐 했나 하는 자괴감이 쓰나미처럼 밀려왔다. 이 책을 마칠 때즈음이면 내 운전 실력도 늘어 있겠지 하는 막연한 기대를 갖기도 했다.

한 15분쯤 걸었더니 육교가 하나 나타났다. 그 육교를 기준으로 앞은 아미동 비석문화마을, 뒤는 감천문화마을이었다. 육교를 경계로 동네가 나뉘는 모양이었다. 감천동을 그렇게 많이 갔는데 아미동이 코앞에 있었다는 걸 이번에 처음 알았다. 나는 곧장 아미동 방면으로 조금 내려갔다. 멀리서부터 시끌벅적한 감천동과는 사뭇 분위기가 달랐다. 그저 평범한 산동네 같았다. 어르신들은 길가에 나와 담소를 나누며 지나가는 사람들을 구경했고, 슈퍼 앞에서는 강아지들이 늘어져 낮잠을 자고 있었다. 간판의 글씨가 조금 지워진 식당 앞에서는 김치찌개 냄새가 나를 자극했다. 냄새가 보인다면 이 가게 앞은 김치찌개 색깔로 가득 차 있을 것이다. 하늘색, 상아색 같이 단색으로 채색된 건물들은 높아 봐야 3층이었다. 그 낮은 건물들이 남미의 어느 마을처럼 산비탈을 따라 분주하게 자리 잡고 있었다. 외형만 놓고 보면 남부 지역 어디에나 있을 법한 산동네였다. 하지만 아미동은 결코 평범할 수 없는 동네이다. 내가 이곳까지 찾아온 이유이기도 하다.

한국전쟁이 만든 동네

아미동이 지금의 모습을 갖추기 시작한 것은 한국전쟁 때부터다. 1950년 6월 25일 새벽 4시경, 북한의 기습적인 침공에 의해 시작된 한국전쟁은 한반도를 전쟁의 광풍으로 몰아넣었다.[4] 7개 보병사단과 군소 부대, 국방경비대 등을 포함한 9만여 명의 병력은 서쪽의 옹진반도부터 동쪽의 강릉 지역까지 전방위적으로 남침을 단행했다. 우리나라는 일요일이었던 데다가 당시 병력의 3분의 1가량이 휴가를 가 있었던 탓에 속수무책으로 무너질 수밖에 없었다.

북한의 김일성은 최소 1년 3개월 전부터 이 전쟁을 준비했다. 김일성 수상을 비롯해 박헌영 부수상 겸 외상, 홍명희 부수상 등으로 구성된 북한대표단은 1949년 3월 소련을 방문해 스탈린(Joseph Vissarionovich Stalin)에게 한반도 무력 통일을 위한 병력 지원을 요청했다. 특히 3월 7일에 있었던 스탈린과의 대화에서 김일성은 "우

언덕 하나를 사이에 두고 아미동과 감천동이 나뉜다. 전쟁으로 사람들이 몰려 평지에는 더이상 공간이 없자 집들은 점점 산비탈로 올라갔다.

리는 남한 내 게릴라 운동의 지지를 받고 있고, 남한 인민들 역시 친미 정권을 증오하기 때문에 우리를 도울 것이 확실하다"며 승전을 확신하는 태도를 보이기도 했다.

사실 1990년대가 되기 전까지만 해도 한국전쟁의 원인, 그러니까 개전을 알려 주는 자료는 북한이 전쟁 직전 전군에 내린 '정찰명령 1호'가 유일했다.[5] 이는 북한 정부가 부대 이동을 지시한 내용을 담고 있었다. 그러나 자료의 원본은 없고 사본만 존재해 신빙성에 의문이 제기되곤 했다. 그러다가 1990년대 들어 구소련이 붕괴하고 스탈린도서관에 보관 중이던 문서들이 공개되면서 한국전쟁과 관련한 사실을 밝히는 데 획기적인 진전이 일었다. 특히 1992년 러시아 옐친 대통령이 방한하면서 전달한 김일성과 스탈린의 대화록들은 한국전쟁 발발의 책임이 누구에게 있는지 명확하게 보여 줬다.

누군가 한국전쟁 하면 떠오르는 사진을 벽화로 재구현했다. 그 사진은 1951년 6월 경기도 고양시 행주 부근에서 촬영되었다. 고난에 찌든 아이들의 모습은 전쟁의 비인간성을 극단적으로 드러낸다.

　　그런데 "한반도를 군사적 수단으로 해방할 필요가 있다"며 남침 의욕을 보인 김일성과는 달리 스탈린은 전쟁에 소극적이었다. 북한이 '선빵'을 날릴 경우 미국이 참전할 가능성이 있고, 이는 곧 제3차 세계대전으로 직결될 수 있다는 염려였다. 이것은 미국 또한 다르지 않았다. 불과 몇 년 전, 수천만 명이 목숨을 잃은 전쟁을 경험한 이들은 매우 방어적인 자세를 견지하는 것이 당연했다. 소련은 1949년 8월 2일, 전쟁 도발 계획이 없음을 보여 주기 위해 북한 내 소련 군사시설을 모두 철거하라는 지시를 내리는 한편 그다음 달 24일에는 소련공산당 중앙위원회 정치국 명의로 북한의 남침에

반대하는 결의를 채택하기도 했다.[6]

미국과 소련이 이토록 반대하는 전쟁이었지만 김일성은 그 야욕을 꺾지 않았다. 물론 상대방을 힘으로 제압하려 했던 건 비단 김일성뿐만은 아니었다. 이승만 대통령도 다르지 않았다. 그는 1949년 9월 30일 미국의 군사고문 로버트 티 올리버(Robert T. Oliver)에게 보낸 서신에서 "남한의 국민들은 북벌을 갈망하고 있는데 그것을 진정시키려니 대단히 어렵다"며 북진 통일에 대한 협조를 요구했다. 신성모 국방부 장관을 비롯한 군 관계자들은 전쟁이 개시되면 "점심은 평양에서, 저녁은 신의주에서 먹겠다"며 허장성세를 늘어놓기도 했다. 그렇다고 무슨 대비를 했던 것은 아니었다. 장관이 되기 전까지 군 경력이 전혀 없던 신성모는 이승만이 뭔 말을 할 때하다 눈물을 흘려 '낙루(落淚)장관'이라는 조롱을 받던 인물이었다. 둘은 환상의 콤비였다.

남과 북의 뒤를 봐주던 '두 형님'들이 계속 전쟁을 반대했다면 전쟁은 일어나지 않았거나 일어났어도 이렇게 국제전의 성격을 띠진 않았을 것이다. 그런데 1950년에 들어 스탈린의 마음이 변했다. 급변하던 동아시아 정세가 크게 작용했다. 우선 북한에 있던 소련군이 철수함에 따라 주한 미군 역시 남한 땅에서 철수했고, 중국에서는 장제스의 국민당을 밀어내고 마오쩌둥이 공산주의 혁명을 성공해 대륙을 장악, 공산권에 자신감을 불어넣었다. 무엇보다 1949년 9월, 소련이 핵폭탄 개발에 성공했다. 이것은 미국을 상대로 한 소련의 위상을 압도적으로 격상시키는 일대 사건이었다. 그들이 핵무기를 보유하고 있다는 것만으로도 미국은 한국전쟁에 쉽사리 개입할 수 없을 것이고, 개입한다고 하더라도 5년 전의 히로시마와 나가사키에서처럼 쉽사리 사용하지는 못할 것이라는 예상을 할 수 있었다. 당시만 해도 핵무기를 운반하는 장거리 미사일(ICBM)이나 잠수함(SLBM)이 없었다. 그래서 폭격기로 목적지까지 핵폭탄을 운반해야 했다. 그런데 이마저도 제대로 방어하기 어려웠다. 전투기로 직접 격추하는 것이 유일한 방법이었다.[7] 이것은 만에 하나 구멍이 뚫리면 미국 본토에서 수십만 명이 목숨을 잃을 수도 있다는 것을 의미했다. 1945년 핵무기의 위력을 세상에 내보이며 본인들이 주도하는 세계질서를 꿈꿨던 미국으로서는 큰 차질을 빚을 수밖에 없었다.

남한은 병력도, 무기도, 지도자의 자질도 어느 것 하나 북한보다 나은 것이 없었다. 더욱이 북한은 이 전쟁을 1년 넘게 준비하고 있었다. 무슨 일이든 벼르고 준비한 사람을 이기기란 쉬운 일이 아니다. 물론 춘천을 중심으로 한 중부 지역에서는 우리나라의 6사단이 북한의 2사단·7사단을 제법 효과적으로 막아 내고 있었다. 그러나 서부 지역은 단숨에 뚫렸다. 개전 다섯 시간도 안 되어 개성을 점령한 북한군은 3일 만에 서울에 진입했다. 그들은 7월 장마가 본격화하기 전 전쟁을 끝나야 한다고 생각하고 있었다. 장기전으로 끌고 갈 여력도 부족했지만 무엇보다 미군이 개입할 경우 상황이 크게 어려워진다는 것을 알고 있었다. 그리고 박헌영을 비롯한 북한의 지도부는 자신들이 38선을 넘어가는 순간 남한 전역에서 민중봉기가 일어나 본인들을 도울 것이라고 오판했다. 서울만 냉큼 점령하면 다른 지역은 알아서 넘어올 것이라고 여겼던 것 같다.

도망간 대통령, 남겨진 국민들

점심은 평양, 저녁은 신의주에서 먹겠다고 호언장담하던 이승만 대통령은 정작 전쟁이 발발하자 가장 먼저 서울을 떠났다. 제주 4·3사건, 보도연맹 사건, 국민방위군 사건 등으로 수십만 명의 국민이 학살당하거나 희생되는 일에는 무심했던 그였지만 자기 목숨 하나만큼은 끔찍이도 아꼈다. 전쟁이 발발한 바로 그날 밤, 이승만은 주한미국대사 존 무초(John J. Muccio)를 만난 자리에서 피신하겠다는 입장을 피력했다. 무초는 "당신이 피신하면 군은 붕괴한다. 우리가 당신을 지켜 주겠다"며 적극 만류했지만 이승만은 본인이 잘못되면 나라가 큰일 난다는 식으로 고집을 꺾지 않았다. 오히려 무초 대사가 서울에 남겠다는 뜻을 피력했다. 그는 워싱턴에서 딘 애치슨(Dean G. Acheson) 국무장관으로부터 "대사관 직원 누구라도 공산군의 인질이 되어서는 안 되니 부득이한 사정이 있지 않는 한 서울을 떠나 한국 정부를 따라 가야 한다"는 지침을 받고서야 서울을 떠났다.

날이 바뀌어 26일이 되었지만 정부는 손을 놓고 있었다. 대책을 마련하기는커녕 국민들에게 전황을 제대로 알리지도 않았다. 되레 신성모 국방부 장관이나 채병덕 육군 참모총장은 "우리가 이기고 있다"는 헛소리를 늘어놓았다. 언론들은 이를 그대로 받아 적어 '아군 용전에 괴뢰군 전선서 패주 중'[8], '국군 정예 북상 총반격전 전개'[9]와 같은 허위 기사들을 그대로 내보냈다. 국회의원들마저 제대로 된 정보를 구할 수 없었는지 26일 밤에 열린 심야 국회에서 수도 사수를 결의했다. 비슷한 시간에 열린 비상 국무회의에서는 수도를 수원으로 천도한다는 결정이 내려졌다. TV는커녕 집에 라디오도 제대로 마련되어 있지 않던 시절, 국민들은 정부의 말을 곧이곧대로 믿는 수밖에 없었다.

27일 새벽 2~3시경, 이승만은 부인 프란체스카 여사와 황규면 비서, 김장흥 경무대 총경을 비롯한 경호원 4명만 대동한 채 자동차를 타고 서울역으로 향했다. 그곳에서 미리 마련된 특별 열차를 타고 남하했다. 장관도, 국회의원도, 군 관계자도 이 사실을 몰랐다. 심지어 주한미국대사에게도 이를 알리지 않았다. 말 그대로 야반도주였다.

이승만이 탄 특별 열차는 오전 11시 대구역에 다다랐다. 그래도 딴에는 너무 멀리 왔다고 생각했는지 방향을 돌려 다시 대전으로 향했다. 대전역에서 잠시 휴식을 취한 그는 충남도지사 관사로가 여장을 풀었다. 문제는 여기서부터 시작되었다. 관사에 도착한 이승만 일행은 KBS 대전방송국 유병은 방송과장을 불렀다. 그에게는 대통령의 대국민 방송을 내보내라는 지시가 내려졌다. 마치 서울에서 생방송으로 발표하고 있는 것처럼 연출해야 한다는 것이었다. 저녁 9시, 방송은 시작되었다.

"서울 시민 여러분, 안심하고 서울을 지키십시오. 적은 패주하고 있습니다. 정부는 여러분과 함께 서울에 머물 것입니다."[10]

미국이 참전하고 군수물자가 오고 있으며, 우리가 이기고 있으니 안심하고 생업에 종사하라는 내용이었다. 이 거짓 방송은 녹음

되어 밤 10시부터 자정까지 몇 차례 반복 방송되었다. 그때 이미 북한군은 서울에 들어와 미아리·청량리 근처에 모습을 드러내고 있었음에도 말이다. 오죽하면 방송 관계자들이 이대로는 안 되겠다 싶어 자정쯤 방송을 꺼 버렸다. 이후 국회는 6월 30일 이승만 대통령에게 이와 관련한 사과를 요구했으나 그는 일언지하에 거절했다.[19]

정부를 불신한 사람들은 살았고 믿은 사람들은 죽었다. 정부의 말을 믿고 손 놓고 있다가 북한군이 벌써 서울에 진입했다는 소식을 들은 국민들은 부랴부랴 피난길에 올랐다. 더 일찍 떠나지 않은 대가는 참혹했다. 정부는 북한군의 남하를 막겠다는 이유로 28일 새벽 2시 30분쯤 한강 다리를 폭파했다. 인원 통제를 하지 않은 채 실시된 그 폭파로 다리 위에 있던 피란민 500~800여 명이 순식간에 목숨을 잃었다. 정부는 이 사건이 일본 육사 출신 육군 참모총장 채병덕[12]이 내린 명령을 공병감 최창식 대령이 수행한 것이라고 발표했지만 정말 채 총장 선에서 결정된 것인지는 알 수 없었다. 어찌 되었든 이 일로 서울 사람 대부분의 발이 묶였다.

대통령의 거짓 방송만 믿다가 서울에 고립된 사람들의 삶은 비참하기에 짝이 없었다. 그들은 북한군이 점령한 서울에서 숨죽이며 살아야 했다. 먹고살기 위해 피치 못해 부역을 하는 경우도 있었다. 정부가 제대로 된 전황만 알렸더라도 국민들이 그런 수모를 겪지는 않았을 것이다. 그런데 인천상륙작전 성공으로 9월 28일 서울이 수복되고 다시 돌아온 사람들, 그러니까 먼저 강을 건너 떠났던 사람들은 오히려 적반하장이었다. 정치는 물론 문단, 악단, 화단 할 것 없이 각계각층에서 소위 도강파들은 잔류파들을 부역자로 몰아 닦

달하고 처벌했다.[13] 길거리에서 둘러싸 두들겨 패기도 했다. 서울 사람들이 1956년 대통령 선거에서 현직인 이승만 대통령보다도 선거운동 도중 서거한 신익희 후보에게 더 많은 표를 던진 것은 이러한 배경들이 작용했다. 그 '추모표'는 결코 그 당시 사람들이 신익희 선생의 서거를 몰랐기 때문이 아니었다.

대전으로 피신한 이승만은 전선이 위태로워지자 거듭 남하했다. 7월 1일 새벽 3시에는 다시 대구 쪽으로 도망을 갔는데, 가는 길목에 게릴라가 출몰하고 있다는 보고를 받고는 호남으로 방향을 틀었다. 다음 날 오후 2시에 목포에 도착한 그는 해군 함정 2대를 내어 갈아타고는 부산으로 향했다. 전쟁이 발발한 직후부터 부산에 당도할 때까지 그는 단 한 번도 제대로 된 대책을 내놓은 적이 없었다. 그저 도망 다니기에 바빴다.

대통령과 달리 일반인들의 피난길은 매우 험난했다. 북한군을 피했다고 해서 그 삶이 평화로운 것은 결코 아니었다. 자동차는커녕 도로도 제대로 닦여 있지 않은 시절, 맨손으로 짐 하나 진 채 부산까지 내려가는 일이 쉬웠을 리 없다. 가는 도중 미군 폭격기의 오폭으로 목숨을 잃은 경우도 많았다. 어찌어찌 해서 부산에 당도했어도 눈앞에 탱크만 없었을 뿐 삶 자체가 전쟁인 상황이 계속되었다.

해방 당시 30만 명을 밑돌던 부산의 인구는 전쟁이 디지자 약 89만 명으로 치솟았다. 한국전쟁 기간 동안 부산의 인구 증가율은 무려 75.8%로 타 도시에 비해 몇 배는 높은 수치였다. 인구 수용 능력이 30만 명에 불과하던 도시에 100만 명에 가까운 사람들이 모여드니 과부하가 생기는 것은 당연한 결과다. 이때부터 부산에 기형적 도시 구조가 형성되었다. 대부분의 평지에는 이미 집들이 들어섰기 때문에 산비탈을 따라 거처가 만들어졌다. 사람들은 누울 자리가 있는 곳이면 어디든 나무로 기둥을 세우고 가마로 지붕을 덮어 집을 지었다. 오늘날 부산의 대표 관광지가 된 사하구 감천동은 이러한 역사적 배경에서 탄생했다. 요즘이야 산비탈을 따라 난 알록달록한 집들이 이국적인 경치를 자아내지만, 전쟁 당시에는 수도도 전기도 제대로 갖춰져 있지 않은 판자촌 중 하나였다.

아미동의 사정은 더욱 딱했다. 아미동은 원래 부산에 거주하던 일본인들의 공동묘지가 있었던 자리다. 일본과 가까웠던 탓에 실제로 부산에는 일본인들이 많이 살았다. 일제강점기가 끝날 즈음에는 그 수가 6만여 명에 달했다.[14] 하지만 해방 이후 일본인들이 자국으로 돌아가면서 일본인 공동묘지는 사실상 공터가 되었다. 평평하고 깔끔하게 정돈된 공동묘지는 전쟁으로 살 곳을 잃은 피란민들에게 집짓기 좋은 터를 제공해 줬다. 살아야 했던 이들은 남의 묫자리 위에 집을 짓고 비석을 뜯어 계단의 디딤돌이나 집의 주춧돌로 활용했다. 비석마을이라는 이름이 붙은 것도 이러한 이유에서다.

비석마을 골목을 걸어 다니다 보니 수십 년의 세월이 흘렀음에도 전쟁의 흔적이 쉽사리 눈에 띄었다. 비석은 LPG 가스통을 받치는 용도로 여전히 사용되고 있었고 벽돌을 대체하기도 했다. 여러 비석을 모아 옹벽을 만든 곳도 있었다. 그 옹벽의 비석 중에는 '메이지 42년 5월 9일 몰(1909년)'과 같이 비석 주인의 사망 연월일이 적혀 있었는데, 섬뜩하기보다는 그렇게 해서라도 살아가야 했던 피란민들의 애환이 전해지는 것 같아 마음이 아팠다. 부산 지역 방송과 인터뷰한 주민들의 증언에 따르면 아궁이를 만들기 위해 땅을 파다가 뼛조각이 나오는 경우도 있었다고 한다. 멀쩡한 집을 떠나 타지에서, 그것도 무덤 위에 집을 짓고 살아야 했던 그들의 심정은 이루 말할 수 없을 것이다.

서너 평은 될까 싶을 만큼 좁은 집들이 다닥다닥 붙어 있다 보니 전쟁 이후 수도와 전기를 들이는 것도 쉽지 않았다. 가로등이 전봇대를 세우고 그 위에서 불을 밝히는 것이 아니라 옆집 지붕 위에 등의 머리만 달아 놓는 식으로 설치될 정도였다. 골목을 오르고 있

부산 서구청이 주민들을 위해 마련한 골목빨래방. 변변한 수도시설이 없어 공동수돗가에서 빨래를 해야 했던 주민들에게 큰 도움이 되고 있다. 행정은 이런 부분들을 살펴야 한다.

는데 집에서 틀어 놓은 TV 소리가 흘러나오기도 했다. 그럴 때면 나는 최대한 민폐를 끼치지 않기 위해 걸음걸이는 물론 숨소리마저 죽여 가며 계단을 오르내렸다.

미로틱한 골목길을 정처 없이 돌아다니다 보니 주변 주택과 어울리지 않는 세련된 건물 하나가 눈에 들어왔다. 가까이 가서 보니 '골목빨래방'이라는 간판이 걸려 있었다. 서울에 와서 알아봤더니 부산 서구청에서 지역 주민들을 위해 지난해 마련한 공간이었다. 실제로 아미동의 많은 가구가 세탁기는커녕 화장실도 없어 공동 화장실을 이용하고 있는 실정이다. 많은 주민이 화장실이나 수돗가에서 빨래를 해결하곤 했는데 그마저도 겨울이 되면 수도가 얼어 버려 사용하지 못하는 경우가 부지기수였다고 한다. "팔십 평생 처음 세탁기를 써 본다"던 어떤 할머니의 인터뷰[15]를 보며 그동안 이분들

아미동을 돌아다니다 보면 비석으로 옹벽을 만들거나(왼쪽) 가스통 받침대(오른쪽), 계단 등으로 사용한 흔적이 보인다. 역사와 인간이 만들어낸 아미동만의 진기한 광경이다.

의 삶에 우리 사회가 너무 무심했던 것이 아닌가 반성을 하면서도, 한편으로는 정치와 행정이 이런 분들을 위해 존재해야 한다고 다시금 느꼈다. 누군지 모르지만 '골목빨래방' 아이디어를 낸 부산 서구청 직원분에게 감사의 마음을 대신 전하고 싶다.

'구름이 쉬어가는 전망대'라는 이름의 전망대에서 잠시 발걸음을 멈췄다. 조끼를 입은 해설사분들이 관광객들을 상대로 아미동 일대에 대한 설명을 해 주고 계셨다. 나에게도 안내 해설을 헤 주신다고 하셨지만 이미 어느 정도 알아보고 오기도 했고, 내 발길대로 돌아다니고 싶어 "부산／사람／이에요＼"라며 정중히 사양했다. 피식 웃으셨는데 아마 얼토당토않은 사투리로 대답하니깐 헛웃음이

나오셨던 것 같다. 전망대에서는 남포동과 광복동 일대는 물론 부산역 앞에 자리 잡은 부산민주공원까지 내려다보였다. 고등학생 시절 토론대회 결승토론이 열렸던 곳인데, 그때의 기억이 아련하게 떠올랐다. 바다 너머 멀리서는 초고층 빌딩들이 밀집해 있는 게 눈에 띄었다. 아마 해운대인 것 같다. 전쟁으로 형성된 이곳과 초고층 주상복합이 밀집한 해운대가 이질적이면서도 다양한, 역동적인 부산의 이미지를 만들어 내는 것 같았다.

한 블록 아래로 내려가니 또다시 전망대가 나타났다. 사실 어디를 가도 전망대인 동네여서 이상할 것은 없었지만 이곳은 뭔가 특별한 분위기가 흘렀다. 무엇보다 전망대 옆에 카페와 더불어 '최민식갤러리'라는 이름의 작은 사진 전시관이 자리 잡고 있었다. 영화 〈올드보이〉에서 15년 동안 군만두만 먹었던 그 최민식이 아니라 부산을 대표하는 다큐 사진작가 고(故)최민식 선생의 갤러리다. 황해도 출신의 그는 그림 공부를 위해 상경했다가 전쟁이 발발하자 부사관으로 복무했다. 전쟁이 끝나고 일본 유학길에 올랐던 그는 우연히 도쿄의 한 헌책방에서 에드워드 슈타이켄의 사진집 『인간 가족』을 보고 사람을 찍는 사진가가 되겠다는 꿈을 품게 되었다. 그 길로 헌 카메라를 사서 사람들의 사진을 찍기 시작했다. 특히 부산으로 귀국한 이후 자갈치시장 서민들의 모습을 많이 담아내 '자갈치 아저씨'라는 별명이 붙기도 했다.

갤러리에 마련된 그의 사진 속에는 전쟁 이후 처절했던 서민들의 삶이 온전히 담겨 있었다. 부모를 잃은 아이, 신문을 팔고 있는 상이용사, 고단한 몸으로 아이를 챙기고 있는 여인의 사진까지,

(위, 옆) 네모반듯하게 잘 닦인 묘터는 당장 천막조차 세울 자리 없던 피란민들에게 고마운 공간이 되었다. 그러나 남의 묫자리 위에 집을 지어야 했던 심정이 편치는 않았을 것이다.

지금은 가늠하기 어려운 삶의 애환이 사진들 속에서 묻어났다. 누군가 전쟁의 반대말은 평화가 아니라 일상이라고 했는데, 사진들을 보고 있자니 그 말이 절로 떠올랐다. 한편으로는 세대 간의 소통에 있어서 기록만큼 중요한 것도 없다는 생각이 들기도 했다. 제아무리 휘황찬란한 미사여구를 붙인다 한들, 눈으로 확인하는 것만큼 공감을 자아내지는 못할 것이기 때문이다.

비석마을을 다 둘러보고 다시 토성역으로 내려가기 위해 마을버스를 탔다. 올라오는 길에 호되게 당했던 만큼 다시 걸어갈 호기를 부리지는 않았다. 감천동을 구경하고 가는 네 명의 일본인 청년이 버스 안에 있었다. 나는 그들 옆에 섰다. 버스는 구불구불한 길을 따라 묘기를 부리듯 언덕을 내려갔다. 신입 버스기사 연수 중이었는지 운전대를 잡은 기사님이 조수석에 앉은 분에게 연신 운전에 대해 설명하고 있었다. 길은 험하지만 차가 많지 않아 편하게 밟아도 된다, 하지만 비 오는 날엔 정말 조심해야 한다, 뭐 이런 내용이었다. 일본인들은 버스가 코너를 돌 때마다 "스게, 스게(스고이의 줄임말로 대단하다는 뜻)"를 연발했다. 하긴 일본에서도 이 정도 험한 길을 이렇게 능수능란하게 운전할 수 있는 버스기사님은 거의 없을 것이다. 괜스레 어깨가 으쓱 올라갔다. 다시는 한국을 무시하지 마라. 국뽕에 거하게 취한 채 토성역에서 내렸다.

토성역 인근은 지금으로 치면 광화문쯤 되었던 것 같다. 부산이 임시 수도 역할을 하는 동안 구도심이었던 이곳으로 온갖 관공서가

부산의 대표적인 관광지로 발돋움한 감천동. 이국적인 풍경은 동시에 전쟁도 누르지 못한 삶의 의지를 보여준다.

이사를 왔기 때문이다. 그 당시에 있었던 많은 건물이 지금은 사라졌지만, 일부는 기념관으로 개보수해 보존되어 있기도 하다. 나는 그중 가장 대표적인 곳으로 발걸음을 옮겼다.

　그 '가장 대표적인' 건물은 큰길가 뒤편, 조용한 주택가 사이에 위치해 있었다. 언뜻 보면 근대 문화유적이라기 보다 방배동 서래마을에 있는 잘 사는 가정집 느낌이었다. 1926년 지어진 경상남도 도지사 관사다. 이승만 대통령은 임시 수도 시절 이 건물을 대통령 관저로 사용했다. 전쟁 이후에는 다시 도지사 관사로 활용되다가 경남도청이 창원으로 이전함에 따라 1984년 임시 수도 기념관으로 새롭게 문을 열었다.

고즈넉한 분위기를 자아내는 이 목조 기와 주택은 들어가기 전부터 나의 눈길을 사로잡았다. 탱크, 철조망 등 전쟁을 상징하는 각종 형태의 벽면에 여러 편의 만화가 걸려 있었던 것이다. 1955년부터 1980년까지 《동아일보》에 시사 풍자만화인 『고바우 영감』을 연재했던 고 김성환 화백의 작품이었다.[16] 그는 한국전쟁 당시 종군 화가로 활약했는데 임시 수도 기념관 앞에는 그가 그 당시 그린 작품 수십 점이 전시되어 있었다.

그림들은 몇 십 분을 '순삭'할 만큼 흥미진진했다. 김성환 화백은 한 컷의 작품마다 일기 형태의 설명도 붙여 놓았다. 그림이었지만 전쟁 당시의 공포와 참상이 내게도 전해지는 것만 같았다. 수많은 작품 속에서도 특히 서울이 북한군의 손아귀에 넘어갔던 3개월 동안의 장면들은 닭살이 돋을 정도로 실감 났다. 이승만 정권의 한강 다리 폭파로 남겨진 사람들은 북한군 치하에서 숱한 인민재판을 겪으며 하루하루 목숨을 구걸해야 했다. 서울 곳곳에는 시체가 산더미처럼 쌓였다. 어떤 그림에서는 서울 시내 보도블록 곳곳이 부풀어 오른 모습이 묘사되어 있었는데, 시신을 매장할 곳이 없어 보도블록 밑에다가 묻어 둔 것이었다. 청량리에 북한군이 입성하고 돈암동 일대가 인공기로 가득 도배된 그림을 보면서는 온몸의 털이 쭈뼛 서는 것만 같았다. 초등학교 시절 정릉에 살아서 익숙한 지역이 많이 나왔던 탓이다. 나중에 알고 보니 김성환 화백 역시 정릉에 살았다고 한다.

그림들을 하나하나 다 살펴본 탓에 입구로 가기 전부터 꽤 많은 시간이 흘렀다. 날씨가 쌀쌀하기도 해 얼른 기념관 안으로 들어갔

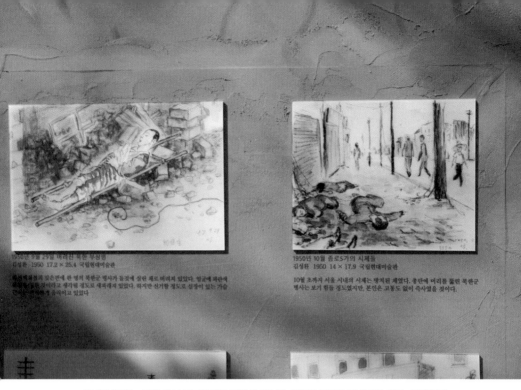

기념관 앞에는 전쟁 당시 종군화가로 활약한 김성환 화백의 작품이 전시되어 있다. 간단하지만 전쟁의 공포와 참상을 사실적으로 전달하고 있다.

다. 신발을 슬리퍼로 갈아 신고 문을 열자 안내 직원이 나를 맞아 주셨다. 1층부터 다 보고 2층으로 올라가면 된다며 관람 방향을 알려 주셨다. 사진을 촬영해도 되느냐고 여쭸더니 흔쾌히 허락하셨다. 응접실과 서재에는 그 시절 사용했던 것 같은 의자와 테이블 등이 보존되어 있었다. 사치스럽다거나 호화롭다는 생각이 들지는 않았다. 시대극의 한 장면 같기도 했다. 실제로 사용했던 화장실 역시 인상적이었다. 도자기로 만들어진 소변기와 좌변기에는 청색 도류루 화려한 그림이 그려져 있었다. 물론 재래식이었다. '옛날 좋은 집'의 화장실은 이런 모습이라는 걸 처음 알았다. 주방에도 거실에도 수십 년의 시간이 멈춰져 있었다. 분명 전쟁 당시 이곳은 끊임없이 오가는 정부 관료들로 분주했을 것이다. 대부분의 중대한 의사결정도 이곳에서 내려졌다. 나는 서재에 앉아 있는 이승만의 밀랍 인형을 보면서 문득 의문이 생겼다. 그는 여기에 앉아 어떤 생각을 했을까? 정말 국가와 국민의 안위를 걱정했을까, 아니면 자신이 쥐고 있는 권력의 행방에 대해 고민했을까? 전쟁 당시 그리고 전쟁 이후 그가 보여 준 모습을 바탕으로 추론해 보면 분명 후자였을 것이다.

국회와의 전쟁, 부산 정치 파동

북한과 싸우기도 버거운 와중에 이승만 대통령은 국회와의 전쟁을 선포했다. 목적은 단 하나, 자신이 쥐고 있는 권력의 연장이었다. 사실 이 대통령이 국회와 사이가 좋았던 적은 거의 없다. 특히 무소속이 많이 입성한 제2대 국회와는 처음부터 앙숙이었다. 1950년 5월 30일 선거로 선출된 제2대 국회에는 무소속 의원이 126명이었는데 이는 전체 재적 의원 210명 중 60%에 달하는 비율이었다. 여당 격이었던 대한국민당은 24석을 획득하는 데 그쳤다. 전체의 11.4%였다.

이것은 중도파 민족주의 진영이 대거 선거에 참여한 데서 기인했다. 대표적인 인물은 조봉암. 그는 제2대 국회에서 국회부의장에 선출되며 훗날 이승만의 최대 정적으로 떠올랐다. 조선일보 사장을 역임하고 김규식과 함께 좌우합작 운동을 벌였던 안재홍이나 '삼균주의'로 익숙한 조소앙 역시 국회에 입성했다. 특히 조소앙은 서울 성북구에서 미군정 경무부장을 지낸 조병옥이라는 거물을 여유 있게 누르고 전국 최다 득표를 기록했다. 조소앙의 동생 조시원, 여운

임시수도 기념관 내부. 이승만 전 대통령 밀랍 인형이 보인다. 이 공간은 실제로 임시수도 당시 대통령의 집무실이었다.

형의 동생 여운홍도 이 선거에서 당선되었다. 누구도 예상하지 못한 결과였다. 이때까지만 해도 정부가 미국이나 유엔의 눈치를 보기도 했거니와 아직 부정선거에 대한 노하우가 부족했던 점도 있었던 것 같다.

제2대 국회는 제법 일을 잘했다. 1950년 9월, 서울 수복 이후 정부가 원칙도 절차도 없이 부역자를 처벌한다는 명목으로 폭력을 행사하자 '부역행위특별처리법'을 제정해 이를 지지하려 노력했다. 부역자를 처벌하더라도 피치 못할 사정으로 부역을 해야 했거나 경미한 자는 처벌을 감경 또는 면제하라는 것이 요지였다. 처벌을 할 경우에는 반드시 절차에 따르도록 했다. 비상사태를 빙자해 재판을 거치지 않고 자의적으로 처벌하는 행위를 규제하기 위해 '사형(私刑) 금지법'을 제정하기도 했다.

거창 양민 학살이라든지 군 수뇌부의 부정부패로 5~10만여 명의 장정이 굶거나 얼어 죽은 국민방위군 사건에 대해서도 사사건건 문제 제기를 하고 나섰다. 독립운동가이자 초대 부통령을 지냈던 이시영 선생은 이 사건에 대해 항의하는 차원에서 부통령직을 사임했다. 이승만의 입장에선 이들이 눈엣가시가 아닐 수 없었다.

그러나 이승만의 더 큰 고민은 다른 데 있었다. 바로 제헌헌법이었다. 제헌헌법상 대통령과 부통령은 국회에서 선출하도록 되어있었던 규정이 문제였다. 제헌국회야 본인에게 우호적인 인물이 많이 등원했기 때문에 문제가 없었지만 중도파 민족주의자들이 대거 진출한 제2대 국회에서 본인이 대통령으로 선출될 가능성은 매우 희박했다. 국회의원들이 대신 대통령을 뽑는 간선제 대신, 국민들이 직접 대통령을 뽑는 직선제만이 그가 대통령직을 연임할 수 있는 유일한 길이었다. 직선제냐 간선제냐 하는 것은 비단 이승만 정부 때만이 아니라 우리 정치사에서 두고두고 논쟁이 되는 중요한 사안이다.

이승만은 우선 지지 세력 규합을 꾀했다. 1951년 8월 15일에 열린 광복절 기념식에서 운을 뗐다.

"일반 국민이 정당의 의미를 철저히 알기 전에는 정당 제도를 실시하는 것이 이르다고 생각되었던 것입니다. 정당의 제도는 각각 국가의

토성역 인근에 위치한 임시수도 기념관. 전쟁 당시 대통령관저로 활용되었다. 내부는 임시수도 당시의 모습을 재현하고 있다.

복리를 위해서 주장하는 정견으로 되는 것이오, 정권을 잡기 위해서 사당(私黨)을 만드는 것은 아닙니다. 그러나 지금은 시기가 와서 전국에 큰 정당을 조직해서 농민과 노동자들을 토대로 삼아 일반 국민이 나라의 복리와 자기들의 공동 복리를 보호하기 위해 정당한 정당을 만들 때가 왔다는 것입니다."[17]

"일반 국민이 정당의 의미를 알기 전에는 정당 제도를 실시하는 것이 이르다"는 발언은 국민을 바라보는 이승만의 시선이 어땠는지 단적으로 보여 준다. 다른 맥락에서도 이 대통령은 정당에 대해 호의적이지 않았다. 정당이 조선 시대 당쟁을 연상시킨다는 것이다. 그는 특정 계파의 수장이 아닌 국부(國父)임을 자처해 왔다. 반대파와 협상하고 타협하는 일 자체를 달갑지 않아 했다. 애당초 이승만은 자유민주주의보다는 왕정에 어울리는 사람이었다. 그래서 자신의 주요 지지 세력이던 한민당과도 얼마 안 가 척을 졌다.

그런데 "정당을 만들어야겠다"고 하니 이승만의 측근들로서도 뜬금포일 수밖에 없었다. 하지만 나는 이 부분에서 그가 정치력만큼은 정말 뛰어난 인물이라고 느꼈다. 무소속이 많은 제2대 국회 구성상 다음 대통령 선거에서 본인이 선출되기는 어려우니, 지금부터 정당을 만들어 본인을 뽑아 줄 의원들을 모아 놓아야겠다는 심산이었다. 전쟁 통에 수백만 명이 죽어 가는 와중에도 연임을 위한 '빌드 업'을 해 놓고 있었던 것이다.

이승만 대통령은 공화민정회를 이끌고 있는 오위영 의원에게 새로운 정당을 만들자고 제안했다. 공화민정회는 무소속 의원들이 만들어 놓은 공화구락부와 친이승만계였던 신정동지회가 결합해 구성한 국회 내 교섭단체였다. 이들은 성향이 달랐음에도 신익희, 김성수 등이 이끌고 있는 민주국민당을 견제해야 한다는 명분으로 힘을 합치고 있었다. 이승만은 오위영에게 신당에 참여할 의원들을 알아보라고 요청하는 한편, 경남 함안을 지역구로 두고 있는 무소속 양우정 의원에게는 국회 밖에서 힘을 쓸 신당을 만들라고 지시했다. 이범석과 함께 조선민족청년단을 만드는 일에 참여했던 그에게 노동단체, 청년단체, 여성단체 등을 규합하는 임무가 주어졌다. 특히 주중대사로 나가 있던 이범석이 8월 말 돌아오면서 민족청년단계는 신생 정당의 운전대를 잡게 되었다.

하지만 두 집단은 결코 융화될 수 없는 가치를 가지고 있었다. 민족청년단계를 주축으로 한 원외, 즉 국회 밖 단체들은 이승만을 지지하는 정당을 만들어야 한다고 주장했지만 공화민정회 측은 "위인설관식의 정당은 안 된다"고 반대했다. 누군가를 자리에 앉히기 위해 필요도 없는 정당을 만들 수는 없다는 것이었다. 원외 측은 대통령중심제, 대통령직선제를 주장했지만 공화민정회 측에서 내각책임제를 강력히 주장했던 것도 두 집단 간의 결합을 어렵게 했다. 많은 사람은 이들이 하나의 정당을 만들려고 하다가 내분이 생겨 둘로 나뉜 것으로 알고 있지만, 사실 이 두 집단은 이승만의 요청을 받았을 뿐 성격도 방향도 다른 집단이었다. 결과는 당연히 결별이었다.

1951년 11월 말, 공화민정회 소속 70여 명의 국회의원들은 신생 정당의 명칭을 자유당으로 확정했다. 이때까지는 별다른 문제가 없었다. 그런데 12월 10일, 원외 이승만 추종 그룹이 당초 통일노동당으로 하려던 당명을 자유당으로 바꿔 버렸다. 통일노동당이 공산당 냄새가 난다는 것이 그 이유였다. 동명의 정당이 이미 있었음을 그들이 몰랐을 리 없다. 같은 이름의 정당이 두 개가 들어서니 국회는 속된 말로 아사리판이 되었다. 이 경우 상식적으로 먼저 명칭을 사용했고 국회의원 수도 압도적으로 많은 전자가 자유당 명칭을 사용하는 게 맞겠지만 이 시절엔 상식이고 뭐고 없었다. 12월 14일 국회의원들이 공보처에 정당 등록을 하러 갔는데 받아들여지지 않았다. 원외 측은 3일 뒤 이승만을 대표자로 한 자유당 등록 서류를 공보처에 접수시켰다.

이로써 1951년 12월 23일, 국회 안에 두 개의 자유당이 탄생했다. 사람들은 공화민정회가 주축이 된 자유당을 원내자유당, 민족청년계가 중심이 된 친이승만계 자유당을 원외자유당이라고 불렀다. 여기서 원내, 원외는 국회 안이냐 밖이냐를 의미하는 용어로 오늘날의 정치권에서도 통용되고 있다. 국회의원이 있으면 원내정당이라고 하고, 국회의원이 없으면 원외정당이라고 한다. 원외자유당에도 물론 국회의원이 있긴 했지만 초창기에는 양우정 등 두세 명에 불과해 편의상 원외자유당으로 불렸다.

비슷한 시기에 자유당이 두 개나 생겨 버리니 일반인들로서는 어리둥절하지 않을 수 없었다. 이승만은 "내가 아는 자유당은 하나뿐"이라며 노골적으로 원외자유당을 밀었다. 사당화가 될 우려가 있어 정당정치를 반대한다더니, 그 표본을 본인이 직접 보여 준 꼴이다. 이로써 원내자유당과의 관계 역시 돌아올 수 없는 강을 건넜다.

본인에 우호적인 정당을 만들기는 했지만 이승만 대통령의 입장에서는 도무지 각이 나오지 않았다. 원외자유당은 세력이 매우 작았고, 당초 손을 내밀었던 원내자유당은 사사건건 이승만 정부의 실책을 비판하고 나섰다. 국회에서 대통령을 선출하는 간선제로는 재선이 불가능하다고 판단한 그는 1952년 1월 18일, 직선제 헌법개정안을 내놓았다. 결과는 찬성 19표, 반대 143표, 기권 1표. 정부가 제출한 헌법개정안이 이렇게 처참히 깨진 사례는 아마 세계적으로도 드물 것이다. 그만큼 정부와 국회 간 갈등의 골은 깊어져 있었다. 물론 국회의원들이 마냥 정의롭기 때문만은 아니었다. 본인들의 대통령 선출 권한을 빼앗기고 싶지 않았던 이유도 어느 정도 작용했다.

'빌드 업의 신' 이승만은 여기서 무너지지 않았다. 국회의원들이 특권 의식에 빠져 있다며 매국노로 몰아붙이기 시작했다. '민의는 국회만 반영하는 것이 아니다'는 논리였다. 개헌안 부결이 무기명 투표로 진행되었던 탓에 누구 하나를 찾아서 족칠 수 없으니, 국회 전체와 싸우겠다는 발상이었다.

그는 곧장 일본에 있던 문봉제를 호출했다. 문봉제가 누구인가. 흔히 서북청년단이라고도 부르는 서북청년회의 부회장을 지낸 인물이었다. 이승만은 양우정에게도 '민의를 대변하는' 임무를 맡겼다.

문봉제와 양우정은 원외자유당과 대한청년단, 대한부인회 등을 동원하는 한편 새로운 행동대를 기획하기도 했다. 백골단, 땃벌떼, 민중자결단 같은 단체들이었다. 말이 좋아 단체지, 사실상 깡패 집단이었다. 특히 벌 중에서 사납기로 소문난 땅벌에서 이름을 가져온 땃벌떼는 국회의원들에게 큰 위협이 되었다. 그들은 해골바가지가 그려진 포스터를 온 동네에 붙이고 다니는가 하면, 온갖 종류의 군중대회를 열어 "민의를 배신하고 직선제 개헌안을 부결시킨 국회의원을 소환하자"고 선동했다.[18] 당시 헌법에는 당선된 국회의원을 끌어내리는 의원소환제가 없었음에도 막무가내였다. 국회의원의 축사 자리에 우르르 몰려가 정부 측 개헌안을 반대한 것을 번복하라고 따지기도 했다. 이승만 대통령은 여기에 발맞춰 '국회의원 소환 담화'를 발표했다. "민중이 직접 선거한다는 안건을 국회가 부결한 것은 유권자의 권리를 빼앗는 것"이라며 "헌법상 국회의원을 소환하는 조건이 없다고 하나 소환하지 말라는 조건도 없다"고 협박했다. 이렇게 둘 중 하나는 죽는 싸움이 시작되었다.

원내자유당과 민국당이 주축이 된 국회의원 123명은 4월 17

일, 새로운 헌법개정안을 국회에 제출했다. 대통령은 상징적인 존재에 머물고, 국무총리가 행정 수반이 되는 내각책임제로 권력 구조를 바꿔야 한다는 것이 주요 요지였다. 내각책임제하에서는 의회 다수당이 총리와 장관을 구성해 정부를 이끌어 나가도록 되어 있다. 일본이나 영국이 대표적으로 의원내각제를 채택하고 있다. 123명은 비록 턱걸이였지만, 개헌을 통과시킬 수 있는 의결정족수를 넘은 것이었기에 이승만 대통령에게는 대단히 위협적이었다.

이쯤 되면 궁지에 몰릴 법도 한데 이승만은 위기를 기회로 전환하는 데 탁월한 능력을 가지고 있었다. 의결정족수를 무너뜨리기 위한 물밑작업에 들어가는 한편 본인이 그토록 외면해 왔던 지방자치제도를 활용하기 시작했다. 이전까지 정부는 지방자치제도가 전시 상황에서 비현실적이라며 거듭 반대해 왔다.

선거의 단위가 낮아질수록, 그러니까 국회의원 선거보다는 지방의원 선거가 수준이 떨어지고 감시도 덜한 법이다. 그러한 이유에서인지 1952년 4월 25일 최초로 실시된 시·읍·면의회의원 선거와 그다음 달 10일 서울·경기·강원을 제외한 지역에서 실시된 도의원 선거에서 이승만의 원외자유당과 국민회, 대한청년단 등은 의석을 싹쓸이했다. 그들이 충성스러운 나팔수가 되었음은 물론이다. 정부는 이들을 동원해 국회를 더욱 압박하기에 이르렀다.

이승만 대통령은 이미 한 차례 부결된 바 있던 대통령직선제 개헌안을 세부 내용만 조금 바꾼 뒤 다시 국회에 제출했다. 5월 14일의 일이다. 이로써 국회에서는 국회의원들이 발의한 내각책임제 개헌안과 대통령이 발의한 대통령직선제 개헌안이 공존하게 되었다.

물과 기름처럼 섞일 수 없는 성격의 것이었기에 어느 개헌안이 통과되느냐에 따라 세력의 균형추는 완전히 무너질 예정이었다.

5월 24일, 오늘날 행정안전부에 해당하는 내무부 장관에 이범석이 임명되었다. 앞서 언급했듯 그는 민족청년단을 이끈 독립운동가인 동시에 이승만의 든든한 한 축이었다. 그는 다음 날 0시를 기해 부산과 영호남 일부 지역에 계엄령을 선포했다. 이렇게 부산 정치 파동이 막을 열었다. 전방에 있던 군부대가 동원되었다. 무장 공비들을 소탕해야 한다는 것이 명분이었지만 사실 그 타깃은 국회의원들이었다. 계엄사령관에는 만주국에서 군인을 지냈던 원용덕이 임명되었다. 계엄사령부는 이때 이종찬 육군참모총장에게도 병력 지원을 요청했는데 그는 군이 이승만 대통령의 비호 세력으로 전락해선 안 된다는 이유로 이를 거절했다. 이종찬 장군은 이 일이 있고 얼마 뒤 옷을 벗어야 했다.

26일 새벽에는 정헌주, 이석기, 장홍염, 양병일 등 4명의 국회의원이 잠을 자다가 불시에 연행되는 일이 발생했다. 이 소식은 다른 의원들에게 삽시간에 퍼져 나갔다. 제아무리 나는 새도 떨어뜨리는 권력이라고 해도 눈앞의 주먹에는 쫄릴 수밖에 없다. 이미 동료의 체포 소식을 들은 의원들은 국회 통근버스를 이용해 다 같이 출근하자고 의견을 모았다. 동래에서 20여 명을 태운 버스는 시내를 더 돌아 총 47명의 의원을 태우고 국회의사당으로 쓰이던 무덕관 쪽으로 향했다. 그런데 정부청사 경내에 진입한 버스가 무덕관 쪽으로 가기 위해 좌회전을 하던 순간, 헌병들이 버스를 가로막았다. 국회에서 약 50m쯤 떨어진 곳이었다. 곧이어 헌병 대위 하나가 버스로 접근하더니 "검문을 해야겠다"며 내릴 것을 요청했다. '국제공산당 사건'에 연루된 8명이 의원을 찾고 있으니 협조해 달라는 것이었다. 가뜩이나 계엄령 선포로 불안감을 느끼던 의원들은 동료 의원을 내줄 수 없다는 생각에 검문을 거부하고 차 문을 걸어 잠갔다. 대치는 한동안 계속되었다.

문을 깨부수고 들어가 의원들을 연행했으면 독재 정권이라고 비난은 할지언정 헛웃음이 나오지는 않았을 것이다. 하지만 이승만 정부의 대응은 상상을 초월했다. 잠시 뒤 크레인이 달린 견인 차량이 나타나더니 버스를 밧줄에 매달아 번쩍 들어 올렸다. 그러고는 50여 명의 의원이 탄 버스를 통째로 영남지구 계엄사령부로 끌고 갔다. 오후 1시가 되기 전이었다.

이날 버스에 타 있던 사람들 중 이용설, 임흥순, 서범석, 김의준 의원이 헌병대 유치장에 갇혔다. 정부는 이날 새벽 연행된 의원들과 다른 지역에서 체포한 의원을 합쳐 총 10명을 국제공산당 사건으로 구속했다. 김일성으로부터 정치자금을 받아 장면을 대통령에 앉히려는 음모를 꾸몄다는 내용이었다. 잡혀간 의원들도 그리고 장면 전 총리도 어리둥절할 내용이었다. 본인들도 이승만과 같은 반공주의자였으니 말이다.

물론 상당수의 의원이 장면의 의지와 상관없이 그를 새 대통령으로 추대하려 했던 것은 사실이다. 그러나 그것은 엄연히 합법적인 틀 안에서 이뤄진 정치 행위였다. 북한과는 하등의 연관성도 없는 일이었다. 하지만 이승만 대통령은 그런 장면에게 엄청난 질투를 느꼈던 것 같다. 신익희 국회의장과 조봉암 국회부의장이 의원 강제 연행에 대해 강력 항의하자 "그놈들이 오늘 국회에서 장면이를 대통령으로 선출한다지"라며 분노를 감추지 못했다. 전날에는 장면을 지지하는 가톨릭계 언론인 경향신문사가 괴한들에게 습격을 당하는 일이 발생했는데, 그 사건도 부산 정치 파동과 무관하지 않을 것이다.

발췌개헌과 사사오입개헌

부산 정치 파동의 파장은 엄청났다. 국회는 28일 부산지구 계엄령 해제를 결의했다. 29일에는 김성수 부통령이 "대한민국 최고 집정자가 그래도 완전히 사직을 파멸하려는 반역 행동에까지 나오리라고는 차마 예기치 못했다"며 부통령직을 사임했다. 다음 달 7일에는 트리그브 리(Trygve Halvdan Lie) 유엔 사무총장이 항의 각서를 보내오기도 했다.

무엇보다 뚜껑이 열린 건 미국이었다. 유엔의 깃발 아래 동방의 작은 나라를 도와주기 위해 참전했던 많은 나라로부터 엄청난 항의가 쏟아졌다. 그도 그럴 것이 자신들은 민주주의 가치를 수호하기 위해 어디 붙어 있는지도 몰랐던 나라에 자국의 젊은이들을 희생시키면서까지 돕고 있는데 정작 그 나라에서 자유민주주의 가치를 크게 훼손하는 일이 벌어지고 있으니 말이다. 참전을 주도한 미국으로서도 머쓱해질 일이었다.

실제로 이승만은 안하무인 태도로 여러 차례 미국을 곤란하게 만들었다. 제3차 세계대전을 피하기 위해 소련과 서로 조심하고 있는 와중에 북진 통일을 주장한다든지, 인천상륙작전 이후 압록강과 두만강까지 전선이 올라갔을 때 뜬금없이 이북 5도에 도지사를 임명한다든지 하는 행위들이 그랬다. 정전협정이 한창 뜨겁게 달아올라 있던 1953년 6월 18일에는 반공포로 2만 7,092명을 갑자기 석방시킨 사건도 있었다. 이것은 미국뿐만 아니라 유엔도 묵과할 수 없는 만행이었다.[20] 당초 이승만 대통령은 서신 한 장으로 한국군의 작전지휘권을 유엔군 사령관에게 넘긴 상태였는데, 정전협정에서 가장 중요한 반공포로 석방 문제를 유엔군 사령관에게 일언반구조차 않고 강행했기 때문이다. 이것은 한미 동맹의 신뢰를 근간부터 흔드는 일이었다.

여러 사건을 바탕으로 이승만을 신뢰할 수 없다고 판단한 미국은 이승만을 제거하기 위한 계획을 세웠다. 계엄군 투입 명령을 거절했던 이종찬 육군참모총장과 이용문 장군 그리고 박정희를 비롯한 일부 영관급 장교들이 이 계획에 투입되었다. 하지만 계획은 실행되지 못했다. 1953년과 1954년에도 이승만 제거 계획이 수립되었지만 번번이 수포로 돌아갔다. 뚜렷한 대안이 없었기 때문이다. 박사는커녕 대학생조차 거의 없던 시절, 국민들에게 이승만은 박사의 대명사나 마찬가지였다. 그만큼 대중적 인지도를 갖춘 인물이 없었다. 장면은 강단이 부족했고 신익희는 잘 알려지지 않았다. 쉽게 말해 네임드가 없었단 뜻이다.

더욱이 이승만만큼 강력하게 반공 드라이브를 걸 지도자가 마땅치 않았다. 미국은 반공과 민주주의 사이에서 오도 가도 못하는 상황에 놓였다. 어쩌면 이승만 대통령 본인이 가장 잘 알고 있었는지도 모른다.

부산 정치 파동을 거치며 결국 국회와 정부는 절충안을 내기에 이르렀다. 더 이상 정치 혼란이 계속되어선 안 된다는 미국과 유엔의 입장이 반영된 것이었다. 사실상 미국의 패배였다. 절충안은 국회에서 제출한 내각책임제와 이승만 대통령이 요구한 대통령직선제에서 각각 주요 내용을 뽑아 만들어졌다. 여기저기에서 발췌했다고 해서 발췌개헌안이라고 명명되었다. 물론 여기서도 내각책임제적 요소는 국회를 상·하원격인 민의원·참의원 양원제로 만든다는 것뿐이었는데, 그마저도 이승만은 임기가 끝날 때까지 지키지 않았다.

발췌개헌안은 6월 21일 국회에 상정되었다. 그런데 다시 한 번 웃픈 상황이 연출되었다. 하도 의원들을 잡아가고 협박하니 정작 투표에 참여할 정족수가 모자랐던 것이다. 의결정족수 미달로 발췌개헌안 투표가 미뤄지는 나날이 계속되었다. 급기야 7월 1일에는 장택상 총리가 의원들의 신분 보장을 언명하는가 하면, 그다음 날에는 이승만 대통령이 직접 "국회의원들이 공격이나 체포를 당할까 봐 걱정하는 모양인데 그런 일은 없을 것"이라는 담화를 발표했다. 3일에는 투표를 위해 국제공산당 사건으로 잡혀갔던 의원들을 풀어 줬다. 그 결과 4일 발췌개헌안에 대한 기립 표결이 진행되었다. 재적의원 183명 중 166명이 찬성하고 3명이 반대해 발췌개헌안은 결국 통과되었다.

개헌안이 통과되자 그 이후 상황은 일사천리로 진행되었다. 정부는 상대방이 선거운동 할 수 있는 물리적 여유를 허용하지 않았다. 7월 15일 정·부통령 선거법이 국회를 통과하자마자 정부는 "8월 5일 정·부통령 선거를 실시하겠다"고 발표했다. 26일까지 후보자 등록을 받은 뒤 보름이 채 되지 않는 기간 동안 선거운동을 진행한 끝에 대통령에 이승만, 부통령에 함태영이 당선되었다. 함태영은 감사원의 전신인 심계원장을 지낸 인물이었지만 국민들에게는 이름조차 생소한 인물이었다. 이승만은 그 와중에도 이범석이 자신을 위협하는 라이벌이 될 것을 염려해 '듣보잡'이었던 함태영을 부통령 후보로 내세웠던 것이다.

국민들이 직접 대통령을 뽑을 수 있는 권리는 이렇게 시트콤 같은 상황 속에서 탄생했다. 아마 다른 나라에서 이 내용을 가지고 드라마를 만든다면 '현실성 없는 막장 드라마'라는 힐난을 들을 것이다.

우리는 '국민'이나 '분권', '지방자치'와 같이 관념적으로나 명분상 긍정적인 의미를 내포하는 단어들이 들어가면 으레 "좋은 거겠지"하고 가치판단을 내리는 경우가 많다. 이승만 대통령은 그걸 정확히 파악한 정치인이었다. 그 관념들을 무기로 야당과 싸웠다. 그의 메시지는 국민들에게 적잖은 영향을 끼쳤다. 정말 '정치력 만렙'이라고 해도 손색없을 인물이었다.

그가 추진해 도입한 제도들은 오늘날 대한민국 민주주의의 근간이 되었다. 결과만 놓고 보면 분명한 사실이다. 하지만 그는 제도를 도입하는 과정에서 민주주의를 철저히 무시하고 짓밟았다. 제아무리 훌륭한 제도라고 하더라도 도입 과정에서 민주적 절차가 결여된다면 결코 긍정적으로 평가받을 수 없다. 민주주의는 결과이기 이전에 과정이다. 민주주의를 말한다는 이유만으로 그 정치인이 민주주의자로 평가받을 수 있는 것은 아니다. 메시지가 실체를 담보하는 것은 아니기 때문이다. 우리가 거창한 대의명분에 앞서 생활 속 민주주의 원칙을 지키기 위해 노력해야 하는 이유이기도 하다. 이 대목에서 나는 요즘 말로만 민주주의를 외치는 정치인이 많은 것 같아 씁쓸했다. 적어도 내가 지난 몇 년간 국회에서 보고 들은 정치인들 중 태반은 민주주의와 거리가 멀었다.

유엔(UN)탕

부산 임시 수도 대통령 관저를 나와 마당을 한 바퀴 둘러봤다. 뒤에는 지은 지 얼마 안 되어 보이는 아파트 단지가 서 있었다. 전쟁의 기억을 간직하고 있는 목조 주택과 근래에 올라간 고급 아파트의 대비가 낯설게 다가왔다. 잘 관리된 정원수들이 내어 주는 길을 따라 걷다 보니 바로 옆에 웬 건물 하나가 눈에 들어왔다. 관리사무소인 줄 알았는데 전시관이었다. 이 건물은 원래 부산고등검찰청 검사장의 관사였다. 그러다가 검찰청사가 이전함에 따라 2002년 리모델링을 거쳐 전시관으로 탈바꿈했다. 대통령 관저가 당시 대통령의 모습을 그대로 보여 주고 있었다면 이 전시관은 전쟁 당시 피란민들의 삶을 생생하게 재현하고 있었다. 특히 남포동에 올 때마다 즐겨 먹던 밀면이나 국제시장 같이 부산을 대표하는 음식, 지역의 유래가 소개된 것이 인상적이었다. 그중 하나를 옮겨 적는다.

꿀꿀이죽과 부산 밀면

임시 수도의 정부는 사회 안정을 위해 굶주림에 지친 피란민에게 최소한의 먹거리를 제공해야 했다. 하지만 UN과 미국의 원조를 바탕으로 한 식량 배급은 하루 1인당 2홉으로 턱없이 부족했다. 이때 등장한 것이 꿀꿀이죽이었다. '유엔탕'이라고도 불리는 이 음식은 미군 부대에서 버리는 음식 찌꺼기를 수거해 다시 끓여 만든 것이다. 꿀꿀이죽에는 햄과 소시지 등 육류까지 들어갔다. 영양 결핍에 직면했던 피란민들은 이를 소중한 영양 음식으로 여겼다.

월남한 북한 피란민들은 부산에서 냉면 장사를 하는 일이 많았다. 북한의 냉면은 부산의 음식 문화에도 변화를 가져왔으며, 밀가루가 혼합된 밀면으로 재탄생하기도 했다. (중략) 밀면은 오늘날까지 부산의 대표 음식으로 이어지고 있다.

전쟁 때라고는 해도 꿀꿀이죽이 먹고 싶어 먹는 사람은 없다. 그런데 우리는 흔히 벼랑 끝에 몰린 사람들이 하는 선택들을 당연한 것으로 치부하는 경향이 있다. 예를 들어 온갖 동물의 배설물로 오염된 호수의 물을 마시는 아프리카 아이들을 보면서 그들은 개의치 않을 거라고 생각하는 것처럼 말이다. 하지만 그들도 안다. 마시면 안 되는 물이란 걸 알지만 마땅한 대안이 없어 마실 뿐이다.

누군들 남의 무덤 위에 누울 자리를 만들고, 외국 군대가 버린 음식물 쓰레기를 주워다가 끓여 먹고 싶었겠나. 하지만 그 혹독한 전쟁을 참고 견디기 위해서는 다른 방법이 없었다. 그렇다고 전쟁이 끝난 뒤 그들에게 금은보화나 전리품이 주어진 것도 아니다. 고

(위, 아래) 전시관 내부. 대통령관저와 달리 전쟁 당시 서민들의 삶을 보여주고 있다. 밀면이
나 국제시장과 관련한 콘텐츠들도 마련되어 있다.

향에 돌아간 그들의 눈앞에 펼쳐진 것은 초토화된 옛 삶의 터전뿐이었다. 죽은 사람은 말할 것도 없고 살아 있는 사람의 삶마저 비참하게 만드는 전쟁의 비인간성에 등골이 서늘해지는 것 같았다. 다른 한편으로는 몇 번의 의사결정만으로 수백만 명의 목숨을 빼앗고, 또 그보다 훨씬 많은 사람의 삶을 짓밟은 위정자들의 그릇된 탐욕과 부패와 무능함에 분노를 느끼지 않을 수 없었다. 우리가 '아차' 하는 순간 그때로 다시 돌아갈 수도 있다는 생각을 하니 소름이 끼치는 것 같았다. 이래서 우리는 소수의 엘리트들에게만 우리 일상을 맡겨선 안 된다. 소수의 의사결정은 언제나 극단으로 치달을 가능성을 내포하기 때문이다. 요즘처럼 다수가 의사결정을 내리는 시스템이 고대부터 있어 왔다면 인류사에서 전쟁은 압도적으로 많이 줄어들었을 것이다. 물론 예외적인 경우도 간혹 있긴 했지만.

전쟁 생각에 착잡한 마음을 접어 두고 임시 수도 기념관에서 나와 왼편의 계단으로 내려갔다. 동네랑 어울리지 않게 거대하고 세련된 건물 하나가 눈에 들어왔다. 동아대학교 부민캠퍼스였다. 과거에 경남도청이자 전쟁 당시에는 임시 수도 정부청사였던 건물이 캠퍼스 안에 있다고 들었다.

나는 그 건물이 여느 문화재처럼 멀찌감치 보존되어 있을 줄 알았다. 그러나 석당박물관이라는 이름으로 버젓이 운영 중이었다. 부산에서 가장 많은 국가 지정문화재를 보유하는 곳이기도 하다. 방명록에 간단히 집 주소를 적고 안으로 들어갔다. 2층에는 도자기나 그림 같이 정말 박물관에서 볼 법한 작품들이 전시 중이었다. 결

동아대학교 부민캠퍼스의 전경. 앞의 건물이 과거 임시수도 정부청사였던 석당박물관이다. 대대적인 리모델링을 했던 탓에 과거의 흔적을 찾아보기는 어려웠다.

례일지도 모르겠지만 내가 온 목적은 그게 아니었기에 과감히 생략하고 3층으로 올라갔다. 3층에는 부산 임시 수도 시절의 정치적 사료보다는 그 당시 건물에 쓰던 벽돌과 석재, 기와 등이 전시 중이었다. 리모델링하면서 보존을 위해 남겨 둔 것이다. 그때 느꼈다. "아, 무덕관은 흔적도 없이 사라졌겠구나". 아니나 다를까 무덕관을 철거하면서 남겨 둔 기와 등이 전시되어 있었다. 설명도 지붕이 대량식 구조네, 킹포스트 구조네 하는 것들이었는데 건축학에는 일자무식인 내가 이해하기엔 무척이나 어려웠다.

박물관을 나와 정면에 섰다. 일자로 길게 뻗은 건물 앞에는 나무가 하나 서 있었고 그 아래를 동그랗게 잔디밭이 감싸고 있었다.

차가 돌아나가도록 유도하기 위해 만들어 둔 것 같았다. 누구에게 물어보지는 못했지만, 여러 사진을 종합해 봤을 때 국회의원들이 탄 통근버스가 통째로 끌려간 장소가 바로 이 자리였을 것이다. 요즘 시대에 그런 일이 벌어졌으면 당장 주말마다 광화문 광장은 엄청난 인파로 가득 찰 게 분명하다. 많은 사람이 우리나라 정치가 여전히 후진적이라고 여긴다. 하지만 부산 정치 파동이 벌어진 시절의 한국 정치와 지금의 한국 정치를 비교해 보면 국민의 눈높이를 따라잡지 못하고 있을 뿐, 분명 끊임없이 발전하고 있다.

토성역 일대 답사를 마치고 부산역으로 친구를 데리러 갔다. 고등학교 시절부터 절친인 병주가 "답사에 동행하겠다"며 부산에 곧 도착한다고 연락해 왔다. 그는 원래 체대를 준비해서 학창 시절 별명이 '체대'였는데 느닷없이 영상을 전공하더니 지금은 온라인에서 이름 날리는 PD가 되었다. 서로 집안 형편도, 비밀도 많이 알고 있어 가끔 "누구 하나 입 열면 다 죽는다"고 농담을 주고받곤 한다. 냉전 시기 핵 균형을 유지한 미국과 소련이 이런 입장이었을 것 같다.

시간이 조금 남는 데다가 약속 장소도 부산역이라서 멀지 않아 가는 길에 잠시 국제시장에 들렀다. 온갖 잡동사니들까지 다 팔고 있는 국제시장을 걷다 보면 현기증이 날 것 같으면서도 북적대는 분위기에 활력을 얻곤 한다. 특히 시장 안에 있는 음반 매장에 가서 동방신기와 JYJ의 위상을 확인하는 것은 거의 습관이 되었다. 불과 몇 년 전만 해도 포스터도 걸려 있고 앨범도 제법 많이 진열되어 있었는데 요즘에는 방탄소년단이나 트와이스에 비교가 안 되는 것 같아 서글픈 마음이다. 물론 일본에서는 여전히 최고의 아이돌이다.

'도떼기시장'이란 이름으로도 유명한 국제시장은 해방 이후 귀환한 동포들이 생계를 위해 좌판을 늘어놓은 데서 출발했다. 일본인들이 남기고 간 가재도구 등도 매물로 나왔다. 1948년 목조건축물이 지어지고 '자유시장'이라는 이름이 붙으며 시장의 외관을 갖춘 국제시장에는 청과, 양곡, 잡화는 물론 미군 부대에서 흘러나온 통조림이나 초콜릿 등도 판매될 정도로 온갖 물건이 모여들었다. 특히 한국전쟁은 국제시장이 한층 더 커지고 중요해지는 계기가 되었다. 생활 물자의 부족으로 수요는 공급을 크게 초과했고 신고 있던 헌 신발을 내놓아도 금방 팔릴 정도로 장사가 잘되었다. 원조 물자나 밀수품의 유통도 활발했다. 1953년 1월에는 대화재가 발생해 엄청난 재산 피해를 입히기도 했지만 살고자 하는 사람들의 희망을 꺾지는 못했다. 불에 탄 시장은 상인들의 억척스런 노력으로 금세 복구되었다. 곳곳에서 묻어나는 삶에 대한 의지와 애환을 느끼며 불만 가득했던 나의 삶에 감사함을 느꼈다.

부산역에서 병주를 만난 나는 숙소에다가 짐을 풀고 바로 자갈치시장으로 갔다. 먹장어를 먹을 계획에 시장으로 들어서니 집집마다 사장님들이 여기로 오라고 난리였다. 그중 한 사장님이 "산낙지 서비스"라고 하셔서 그리로 들어갔다. 그런데 정작 들어가서 산낙지 안 주시냐고 여쭤 보니깐 그게 당황하셨다. 뒤통수를 맞은 느낌이었다. 2차로는 호텔 인근에서 치맥을 먹으며 그간의 시절들을 회상했다. 그렇게 부산의 밤이 지나갔다.

다음 날 느지막이 일어나 함께 점심을 먹고 영도로 향했다. 영도다리를 보기 위해서였다. 영도다리는 매일 2시면 차량 통행을 잠시 멈추고 다리를 들어 올린다. 내항에 있던 배들은 그때 하나같이 외항으로 빠져나간다.

2016년 4월 총선을 앞두고 김무성 당시 새누리당 대표가 '옥새 파동'을 일으키고 부산으로 왔다가 영도다리 위에서 바람을 쐬는 모습이 언론에 대대적으로 보도된 적이 있었다. 바닷바람 맞으며 무엇인가 고뇌하는 그의 모습을 본 뒤로 나는 영도대교 하면 그 장면이 떠오르는 것을 억누를 수가 없다. 한편으로는 그가 당 대표 시절 조금만 더 소신을 보여 줬더라면 지금과는 위상이 많이 달랐을 텐데 하는 아쉬움도 있다.

나 같은 '정치충'들에게는 김무성을 떠올리게 하는 곳이겠지만, 많은 사람에게 이곳은 잃어버린 가족을 찾으며 발을 동동 굴렀던 가슴 아픈 장소다. 전화는커녕 편지도 제대로 주고받을 수 없었던 시절이었기 때문에 사람들은 가족을 잃어버리면 그대로 생이별을 하는 경우가 부지기수였다. 그들은 가족과 잠시 헤어지게 될 제면 "영도다리에서 만나자"며 만남을 기약하곤 했다. 그때는 제아무리 임시 수도였다고 한들 부산에 영도다리 말고는 변변한 랜드마크가 없었다. 영도다리는 항상 잃어버린 가족들을 찾는 피란민들로 인산인해를 이뤘다. 그들을 대상으로 하는 점집도 성행해 한때는 다리 아래에 70여 곳에 이르는 점집이 들어서기도 했다. 가족과 생이별해 찾지도 못하는 그 애타는 마음은 이루 말할 수 없었을 것이다.

비단 부산뿐만이 아니다. 통신이 제대로 마련되지 않았던 시절

영도다리는 과거 가족을 잃은 피란민들의 만남의 광장이었다. 그러한 이유로 근처에서 점집이 성행하기도 했다. 전쟁은 떠난 사람에게도 남은 사람에게도 비극을 안겨줄 뿐이다.

이니 피난길에 부모님 손 까딱 잘못 놓쳤다가 이산가족이 되는 것은 부지기수였다. 전두환 정권 시절인 1983년, KBS는 이처럼 남한 내에서도 서로 연락이 안 되는 이산가족이 많다는 사실에서 착안해 〈이산가족을 찾습니다〉라는 특별 생방송을 기획했다. 방송이 시작되자마자 전국의 이산가족들이 KBS가 있는 여의도로 몰려들었다. 제작진도 깜짝 놀란 반응이었다. 가족의 이름을 적은 피켓이 KBS 인근과 여의도광장을 뒤덮었다. 이에 KBS는 11월까지 453시간 45분을 방송했고, 그 덕에 1만 189명의 이산가족이 가족을 되찾는 쾌거를 이뤘다.[21] 이때 이 방송의 주제곡이 그 유명한 〈누가 이 사람을 모르시나요〉다. 방송 보고 여의도로 달려가서 가족을 찾은 사람만 해도 1만 명에 달했다는 건 그만큼 한국전쟁이 얼마나 혼란스럽고 급박했는지를 증명한다.

국민들은 가족도 잃어버렸는데, 대통령은 권력을 잃어버리지 않기 위해 고군분투했다. 발췌개헌으로 대통령직선제의 문을 연 그에게 남은 관문은 단 하나, 연임 제한이었다. 제헌헌법에서 규정한 우리나라 대통령의 임기는 4년이었고 연임은 1회까지만 허용되었다. 미군정의 도움으로 정부를 꾸리다 보니 아무래도 미국의 제도와 가치가 상당 부분 반영되었다. 하지만 영원히 권력을 잡고 싶었던 80세의 이승만은 초대 대통령에 한해서 중임 제한을 철폐하는 개헌 작업에 돌입했다. 첫 번째 능선은 1954년에 벌어질 민의원 선거였다. 이 선거는 오늘날의 국회의원 총선이다.

자유당의 일부 인사들이 의원들의 집을 찾아다니며 개헌에 찬성하는 서명 날인을 받고 다녔다. 초대 대통령에 한해 영구 집권을 허용하고, 국민들에게 의원 소환권을 부여하며, 정부가 국회 해산권을 갖도록 하는 등의 내용이었다.[22] 선거를 한 달 앞둔 4월 6일에는 이승만 대통령이 직접 "개헌 조건부로 입후보하게 하라"는 담화를 발표하기도 했다. 개헌에 찬성하는 사람만 국회의원 공천을 주겠다는 뜻이었다. 나는 이런 의원들을 속된 말로 '딸랑이'라고 부른다. 당 나팔수 노릇하는 사람이 공천 잘 받는 것은 예나 지금이나 그다지 다를 바 없지만, 그래도 대통령이 대놓고 자신의 영구 집권에 찬성하는 사람에게만 공천권을 주라고 지시한 것은 문제가 아닐 수 없었다.

더욱이 이때의 총선은 '곤봉선거'라고 불릴 만큼 상대 진영에 대한 폭력이 극에 달했다.[23] 한때 이승만의 최측근이었던 허정은 경찰이 대놓고 선거운동원을 구타했다. 이에 굴하지 않으려 했으나 투표일 며칠 전 경찰서에 끌려갔다 온 선거운동원이 사망하면서 포기하지 않을 수 없었다. 대통령이 초창기 자유당 창당 작업을 맡겼던 오위영 의원 역시 심한 탄압으로 선거운동 중간에 손을 놓았다. 강력한 라이벌 조봉암은 행정기관의 방해로 선거 등록조차 해 보지 못했다. 선거 결과는 당연히 자유당의 압승이었다. 그들은 203명의 당선자 중 무려 114명을 배출해 냈다.[24]

남은 능선은 개헌이었다. 마지막 관문이기도 했다. 당시 헌법개정안이 통과되려면 136명의 의원이 필요했기 때문에 자유당 114명만으로는 부족했다. 일부 무소속 의원들을 억지로 입당시키기도 했다. 대표적인 인물이 SBS 드라마 〈야인시대〉에서 "사딸라"라는 유행어로 유명한 종로의 김두한 의원이었다.

얼추 인원을 확보했다고 판단한 자유당은 3선 개헌안을 표결에 부쳤다. 1954년 11월 27일 진행된 투표의 결과는 찬성 135표, 반대 60표, 기권 6표, 무효 1표. 재적의원이 203명이었으니 개헌 통과선인 2/3에 1표가 모자라는 상황이었다. 부결된 것이다. 삼선 개헌을 반대했던 김영삼과 현석호, 민관식 등의 의원들은 자축연을 크게 열기도 했다.

보통의 정치인이라면 인정하고 포기했겠지만 이승만은 보통 사람이 아니었다. 부결로 선포된 다음 날 최순주 국회부의장이 "203명의 3분의 2는 135.333…인데 0.333…은 한 사람이 될 수 없으므로 버려야 한다. 결국 203명의 3분의 2는 135명이 타당하다"는 논리를 펴고 개헌안의 가결을 선포한 것이다. 전날 스스로 했던 부결 선언을 번복했다. 그들은 이름도 특이한 '개헌안부결번복가결동의안'을 상정해 통과시켰다. 그 유명한 사사오입개헌이다. 대통령과 여당의 수뇌부가 말도 안 되는 소리를 늘어놓자 자유당 의원들 안에서도 반대가 들끓었다. 김두한 의원을 필두로 손권배, 김재곤, 김재황, 도진희, 민관식, 성원경, 신정호, 현석호, 황남팔 의원 등이 탈당했다. '정치입갤'을 자유당으로 했던 김영삼 의원이 본격적인 야당의 길을 걷게 된 것도 이때부터다.

사사오입개헌으로 이승만 대통령은 영구 집권의 길을 텄다. 개정된 헌법에는 국무총리제 폐지 조항도 포함되어 대통령의 권력은 한층 강해졌다. 물론 그 전에도 그는 부통령이나 국무총리 등의 자리를 장식으로밖에 여기지 않았지만 말이다.

헌법의 수호신들

영도대교에는 오후 2시에 가까워지자 점점 더 많은 사람이 모여들었다. 다리 상판의 일부를 번쩍 들어 올리는 도개식을 보기 위해서다. 우리나라에서는 영도대교가 유일한 도개교이다. 지금 봐도 신기한 장면인데 1930년대를 살았던 사람들이 봤을 땐 오죽했을까 싶었다. 1934년 11월 23일 도개 개통식에 5만 명의 인파가 몰렸다고 하니 대충은 짐작할 수 있을 것 같기도 했다. 그 당시 부산의 인구는 16만 명이었다.

2시가 되자 신호음이 울리며 회전축을 중심으로 다리가 번쩍 올라갔다. 사람들은 너나 할 것 없이 스마트폰을 들고 영상이나 사진을 찍었고, 아래에서 대기하던 배들은 순서대로 다리 밑을 지나갔다. 부산에 가기 며칠 전, 러시아의 한 화물선이 광안대교를 들이받고 도망가다가 잡힌 일이 있었는데, 그가 영도대교를 알았더라면 하는 생각에 피식 웃음이 나왔다. 원래 올리는 모습만 보고 다른 곳으로 이동하려고 했는데 다리의 경관에 매료되어 다리가 다시 내려가는 15분까지 자리를 지켰다.

영도뿐 아니라 부산 어디인들 매력적이지 않은 곳이 없지만 서도, 그중에서 토성동과 보수동·남포동·광복동 일대에는 한국전쟁으로 숱한 눈물을 흘려야 했던 할아버지, 할머니 세대의 슬픈 사연이 서려 있어 많은 생각을 하게 한다.

한국전쟁 기간을 포함해 1960년 4·19혁명으로 물러날 때까지 이승만 대통령은 그 시절 유일한 권력자였다. 그는 개인의 캐릭터와 시대적 상황이 결합되어 거의 안하무인으로 권력을 휘둘렀다. 그의 행동은 독재가 아니라 기행에 가까웠다. 하지만 정도의 차이만 있을 뿐 많은 권력자는 본질적으로 이 대통령과 다르지 않다.

대부분의 권력자들은 자리에 오래 앉고 싶어 하고, 자신에 대한 비판은 듣지 않으려 한다. 요즘에도 상대방의 목소리를 듣겠노라 말은 하지만 마상 권력을 잡고 나면 온갖 수단 방법을 가리지 않고 정적을 제거한다. 총칼을 앞세운 폭력이 아닌 다른 방법을 수반할 뿐이다.

선거제도는 그들에게 명분을 제공하는 좋은 장치였다. 그래서 발췌개헌·사사오입개헌에서 볼 수 있었던 것처럼 권력자들은 자신의 권력 연장을 위해 선거제도를 손질해 왔다. 한때 우리나라에서 실시된 적이 있는 중선거구제도 여당 당선자를 늘리기 위한 목적에서 도입되었다. 한 선거구에서 한 명의 국회의원만 뽑는 소선거구제하에서는 야당의 정치인만 당선될 수도 있으니 2~3명을 선발하게 하면 안전빵으로 한 명은 들어갈 수 있지 않겠느냐는 계산이었다. 비례대표제도 다르지 않다. 요즘이야 각 분야 전문가들이 국회에 진출할 수 있도록 돕고, 소선거구제하에서 국회에 진입하기 어려운 소수 정당에 기회를 준다는 측면에서 비례대표제가 긍정적으로 평가되기도 하지만 사실 여당의 의석을 안정적으로 확보하기 위한 방편으로 마련된 것이었다. 이처럼 권력자들은 유·불리에 따라 선거제도를 구미에 맞게 바꾸고 그것을 민의라는 이름으로 포장했다.

2018년과 2019년, 정치권에서는 선거제 개편의 바람이 불었다. 그중에서도 연동형 비례대표제는 단연 핵심적인 이슈였다. 그간의 소선거구제가 민의를 제대로 반영하지 못하고 있으니 이번 기회에 바꿔야 한다는 목소리가 여기저기서 터져 나왔다. 실제로 소선거구제는 1등을 제외한 나머지 표를 모두 사표(死票)로 만듦으로써 전체 득표율을 크게 왜곡해 왔다. A라는 정당에서 낸 후보들이 전체 선거구에서 모두 40%의 득표율로 1등을 한다면, A 정당은 전체 유권자 중 40%의 선택을 받았음에도 국회의원 지역구 의석 100%를 차지할 수 있는 것이 지금의 제도다. 물론 극단적인 가정이지만 현행 선거제도로 인해 거대 양당이 큰 혜택을 누리고 있는 것은 사실이다.

연동형 비례대표제는 소선거구제로 인해 발생하는 사표, 즉 민의를 보완하자는 취지다. 정당이 후보자들의 전체 득표수에 비해 지역구 의석을 많이 가져갔으면 비례대표를 줄이고, 안타깝게 패배한 후보들이 많아 지역구 의석이 별로 없다면 그만큼 비례대표를 가져가게 한다. 이 경우 지역 기반이 없는 정당도 국회에 진출할 수 있는 문이 열린다. 정당은 지역 내 조직 관리보다 정책 개발에 힘쓰지 않을 수 없다. 그래야 전국적인 인지도를 확보할 수 있기 때문이다.

그동안 거대 정당들은 연동형 비례대표제를 반대하거나 미온적인 입장을 보여 왔다. 사실 그들로서는 연동형 비례대표제를 반대하는 것이 합리적인 선택이다. 의석 감소가 뻔히 보이는 제도를 굳이 나서서 도입할 이유가 없다. 연동형 비례대표제를 강력히 주장하고 있는 소수 정당들 역시 본인들이 다수당이 된다면 입장이 달라질 것이다. 정당은 결코 이타적인 집단이 아니다.

선거제도는 각 정당 간의 이해관계가 복잡하게 얽힌 문제이기 때문에 합의하는 것이 결코 쉽지 않다. 연동형 비례대표제 도입을 확정한다고 하더라도 세부적인 사안들은 난항을 겪게 될 것이다. 자칫 민의를 제대로 반영한다는 본래의 취지는 사라지고 각 정당 간 밥그릇 싸움의 장이 될 수도 있다.

하지만 희망은 있다. 정치인이 선거라는 배를 운항하는 선장이라면, 국민은 그 배를 띄우는 바다다. 지독히 탐욕스러운 정치인이 제아무리 자기에게 유리하게 제도를 만든다 해도 결과가 꼭 그들이 원하는 대로 전개되는 것은 아니다. 역사가 수차례 입증한 사실이다.

그동안 숱한 권력자들이 헌법 유린과 선거제도 개편으로 질려야 질 수 없는 구조를 만들었다. 그때마다 국민은 투표로 그들을 단죄했다. 4·19혁명은 그 대표적인 사례였다. 이승만 대통령은 발췌개헌과 사사오입개헌으로 영구 집권의 발판을 마련했음에도 그의 권력은 개헌 후 10년을 가지 못했다. 오히려 총선마다 허물어지는 여당의 세만 확인했다. 쌓여 가는 불안감과 권력에 대한 집착은 1960년 3월 15일 실시된 정·부통령 선거에서 사상 최악의 부정선거로 나타났고, 국민들이 용인할 수 있는 선을 넘은 결과는 혁명과 대통령 자신의 외로운 망명이었다.

나는 이 대목에서 과연 자유민주주의를 수호한 주역이 누구인가를 다시 생각해 봤다. 우리 역사는 권력자들의 흥망성쇠로 반복되었다. 그들은 초창기엔 명성과 비전으로, 아니면 힘으로라도 국민들로부터 많은 인기를 구가했다. 중반에는 제도를 정비해 무너지지 않을 것만 같은 성을 쌓았다. 하지만 마지막에는 항상 그들이 만든 제도가 부메랑이 되어 되돌아갔다. 제아무리 치밀한 전략과 계산으로 유리한 제도를 만들었다고 한들 민심의 파도를 막아 낼 수는 없었던 것이다.

반복되는 역사에서 우리는 확인할 수 있다. 헌법의 가치를 지켜온 수호신은 결코 명성이 드높은 정치인이나 학식이 풍부한 헌법학자가 아니라 무명의 국민들이었다는 것을. 대한민국의 주권은 국민에게 있고, 모든 권력은 국민으로부터 나온다.

3부 제주

살암시민 살아진다

출륙 금지의 섬

"나는 어멍 죽은 거, 물에 떠 댕기는 거… 그런 거만 생각허멍 살았주. 나 어린 나이에 어떤 가슴으로 어멍 아방 식개(제사)를 하고, 소분(벌초)을 댕겨져신지. 우리 어멍, 아방, 할망, 할으방… 아직도 피 묻은 옷 입엉 이시카부덴(입고 있을까 봐), 저승 갈 때 입는 옷 새로 지어당 산 앞에서 태워 드리고 해 나서. 우리 어멍네 이런 내 마음 다 알아점실 건가…."

"우리 부모네 4·3 때 경(그렇게) 억울하게 죽지만 않아시믄, 학교 공부도 하고, 누구한테 지지 않고 살아질꺼 닮아(살고 있었을 것 같아). 그 4·3만 아니여시믄 나는 지금 텔레비전에 나오는 사람들처럼 말도 잘하고, 어디 관공서에 이신 사람들처럼 당당하게 경 살아저실 거 닮아(그렇게 살고 있을 것 같아)."

열 살 때까지 신발 한번 신어 보지 못하고 고아로 살았다는 할

4.3추념식에서 소개된 유가족 할머니의 사연은 자리에 참석한 사람들로 하여금 4.3이 끝나지 않은 비극임을 되새기게 해주었다.

머니의 사연을 듣고, 혼자 있는데도 왈칵 눈물이 났다. 국가란 무엇인가, 이념이란 무엇인가와 같은 거대한 담론을 떠올리고 자시고 할 것도 없었다. 무너진 한 가정과 그로 인해 평생 고단했을 한 사람의 삶 앞에서 그저 착잡한 심정이었을 뿐이다.

일곱 살에 4·3사건으로 조부모와 부모, 형제를 모두 잃은 김연옥 할머니는 제주를 떠나 10년 동안 서울, 대구, 부산을 헤매다가 열여덟 살이 되어 다시 제주로 내려왔다. 제주에서 살아야 자신이 누구의 딸인지 잊지 않고 살 수 있을 것 같다는 생각에서였다. 가족의 시신이 바다에 버려져 찾을 수 없었기에 헛묘를 짓고 제사를 지냈다. 할머니는 4·3사건 이후로 물고기라고는 멸치조차 먹지 못한

4.3평화공원 내 각명비에는 동네별로 희생된 사람들의 이름이 각인되어 있다. 많은 도민들이 희생된 가족의 이름 앞에서 눈물을 훔치고 있었다.

다고 한다. 부모 형제가 물고기에 뜯어 먹혔다는 생각 때문이다.

제71주년 제주 4·3 희생자추념식에서 손녀 정향신 씨가 들려준 김연옥 할머니의 지난한 인생사는 비단 나뿐만 아니라 그 자리에 참석한 많은 사람을 울렸다. 그저 재수가 없던 한두 명의 이야기가 아니라 제주도민이라면 상당수가 겪었을 일이라는 사실에 모골이 송연해졌다. 그 슬픔의 총량이 가늠조차 되지 않았다.

추념식 행사가 끝나갈 무렵 나는 행사장 아래로 내려가면서 더 많은 유가족과 마주하게 되었다. 대부분이 백발의 노인이었던 그들은 마을별로 희생자의 이름과 나이가 새겨진 각명비에 술을 올리며 연신 눈물을 훔치고 있었다. 목 놓아 울고 있는 어르신도 곳곳에서 보였다. 이미 71번이나 되풀이 된 날이지만 유년 시절의 슬픔과 비참함이 지금까지도 바래지지 않은 것 같았다. 비석 앞에 놓인 무수한 수의 국화꽃들은 4·3이 여전히 끝나지 않은 현재진행형임을 말해 줬다.

사실 제주 4·3사건을 이 책에 다루냐 마냐 하는 것은 처음부터 큰 고민거리 중 하나였다. "이미 너무 많은 사람이 이야기한 것 아니냐"는 주변 사람들의 의견 때문이었다. 정치인이고 교수고 할 것 없이 4·3에 대해 목소리를 내왔는데, 내가 이야기한들 무슨 차별성이 있을 것이며 오히려 전문성만 떨어지지 않겠냐는 조언들이었다.

하지만 4월 3일 본 제주도민들의 눈물 앞에서, 나는 미약하나마 목소리를 보태야겠다고 결심했다. 4·3에 대해 수십 년 연구해온 언론인, 학자들에 비해 전문성은 떨어지겠지만 피해자와 유가족들을 위로하고 응원하고자 하는 마음만큼은 똑같다고 본다. 그리고 나의 언어로 4·3을 이야기하는 것이 또래 친구들에게 한국 정치사를 쉽고 재미있게 전달해 주자는 이 책의 취지에 부합하다고 생각했다. 그것은 내가 4·3 피해자와 유가족들을 위해 할 수 있는 가장 의미 있는 일이기도 하다.

여러모로 이번 제주도행을 앞두고 설렘과 걱정이 교차했다. 고등학교 1학년 때 수학여행으로 갔던 이후 처음 가는 제주도였다. 그 사이 정권이 3번이나 바뀌었다. 무엇보다 운전이 문제였다. 면허 딴 이래 6년 동안 운전대를 딱 세 번 잡아봤는데, 혼자서 운전하는 것은 이번이 처음이었다. 이 나이 먹도록 그동안 뭘 했나 하는 후회가 밀려왔다. 하지만 이때가 아니면 또 1년을 더 기다려야 했다. 페이스북에 "연락이 안 되면 제주경찰서에 전화 좀 넣어 달라"고 우스갯소리를 남겼다.

15년 만에 찾은 제주도는 낯설기만 했다. 렌터카가 주차된 곳까지 찾아가는 것부터 문제였다. 캐리어를 질질 끌며 김포공항을 나와 수십 분을 헤맨 끝에야 주차장을 찾았다. 알고 보니 공항에서 주차장까지 정기적으로 운행하는 셔틀버스가 있었다.

우여곡절 끝에 차에 탄 나는 짐을 실은 뒤 시동을 걸었다. 조심스레 엑셀을 밟았다. 하지만 차가 좀처럼 움직이지 않았다. "주차장이라고 내가 너무 살살 밟았나?" 하는 생각에 조금 더 세게 엑셀을 밟았더니 차가 조금씩 앞으로 나가기 시작했다. 그런데 웬걸, 웽하는 굉음과 함께 경보음이 울리는 것이다. 사이드 브레이크를 올린 채 달렸다는 것을 인지한 건 그때였다. 멘붕에 빠졌다. 드라마에서 종종 사이드 브레이크를 내리지 않고 차를 모는 초보 운전자들을 보면 한심하다고만 생각했는데, 정작 내가 그러고 있으니. 이렇게 운전을 하는데 과연 5일 동안 무사히 운행을 마칠 수 있을까? 눈앞이 노래지면서 아무것도 보이지 않았다. 내비게이션에 가고자하는 주소를 입력하고 시키는 대로만 운전을 시작했다.

나는 제주공항에서 완전 반대편에 있는 서귀포시 대천동으로 첫 목적지를 정했다. 오자마자 답사를 하기에는 시간이 허락하지 않았다. 과거 그 근처에 시아준수가 호텔을 지어 언젠가 한 번은 가 보리라 마음먹었던 곳이기도 해서 겸사겸사 가 보기로 결정했다. 무엇보다 그 말 많던 강정마을 해군기지를 눈으로 직접 보고 싶었다.

서귀포까지는 중산간도로를 타고 제주도를 가로질러 갔다. 한라산의 어깨를 넘어가는 길은 그것만을 위해서라도 제주에 올 수 있을 만큼 매력적인 경험이었다. 나는 80km 이상의 속도로 달리는 와중에도 종종 중산간도로의 경치에 시선을 빼앗겼다. 때마침 미세먼지도 하나 없어 제주의 온갖 오름과 검푸른 바다가 더욱 선명한 대비를 이뤘다.

별 탈 없이 대천동에 들어선 나는 곧장 해군기지 위치를 검색하고 찾아갔다. 지도를 볼 것도 없었다. 바다로 나가니 바로 해군기지를 포함한 항구가 한 눈에 들어왔다. 만 사이에 툭 튀어나온 방파제를 기점으로 한 쪽에는 민간이 사용하는 서귀포강정크루즈터미널이, 다른 한 쪽은 해군이 사용하는 기지가 위치해 있다. 근처 언덕에 자리 잡은 연대(조선시대 왜구의 침입을 방어하기 위해 해안에 설치한 시설. 봉수 내지는 해안초소와 비슷한 역할을 한다)에 올라 항구들을 바라봤다. 예상한 것보다 별거 없다는 생각이 들었다. 해군기지가 만들어지는 과정에서 겪었던 갈등에 비하면 정말 단순한 광경이었다.

숱한 논쟁에도 불구하고 정부가 강정마을에 해군기지를 강행할 수밖에 없었던 것은 그만큼 제주도가 지정학적으로 중요한 자리에 위치해 있기 때문이다. 만약 이어도에서 무력 충돌이 발생할 경우 507km나 떨어진 부산에서는 약 13시간이 소요되어 중국의 영파(398km·10시간)나 일본 나가사키의 사세보(450km·11시간)에서 출발하는 배보다 신속하게 대응하기 어렵다. 게다가 부산항, 광양항 등은 민간 선박들의 통행량이 상당해 군함이 활동하기에는 불리한 점이 많다. 국제관계학, 지정학과 같이 어려운 내용들을 차치하고 지도만 봐도 한반도의 관문으로서 제주도가 차지하는 위상이 얼마나 중요한지를 쉽게 알 수 있다.

　같은 이유로 제주도는 제국주의의 먹잇감이 되기도 했다. 태평양전쟁이 한창이던 당시의 일본은 제주도를 전초기지로 삼았다. 어떤 책에선가 모슬포 인근 알뜨르 비행장에서 그 현장을 확인할 수 있다고 읽었던 게 떠올랐다. 나는 망설임 없이 그곳으로 향했다. 강정마을에서는 차로 약 50분 소요되는 거리였다.

　시간이 어느덧 5시를 향해 가고 있었다. 해가 지면 알뜨르 비행장의 모습을 제대로 볼 수 없을 것 같아 차를 있는 힘껏 밟고 달렸다. 걱정과는 달리 모슬포로 가는 차는 많지 않아 막히지 않고 내 페이스에 맞출 수 있었다. 하지만 예상치도 못한 게 내 발길을 붙잡았다. 바로 산방산과 용머리해안의 풍광이었다. 언덕을 넘어가는데 그 너머로 불쑥 튀어나오는 산방산은 가던 길을 멈추라고 나를 유혹했다. 산방산 아래를 시계 방향으로 돌아가니 오른쪽으로는 깎아지른 종상화산의 하얀 벽면이, 왼쪽으로는 보는 눈이 시릴 정도로 새파란 바다가 펼쳐졌다. 국내에서 아름다운 해안도로로 손꼽히는 사계리해안길은 말 그대로 명불허전이었다. 간간이 나지막한 집들이 보이긴 했지만, 눈에 아파트 없는 자연을 담는 건 정말 오랜만이라는 생각이 들었다.

　몇 번이고 발길을 멈췄던 탓에 예정보다 조금 늦은 시간에 알뜨르 비행장 아래 송악산에 도착했다. 제주 최남단의 오름이기도 한

산방산의 아름다운 풍광에 시선을 빼앗겨 몇 번이고 차를 멈추었다. 제주도는 아름다운 자연 경관 못지않게 지정학적으로도 중요한 곳에 위치했던 탓에 큰 홍역을 치러야만 했다.

송악산은 화산 폭발로 흘러내린 뜨거운 용암 행렬이 찬 바닷물과 만나 급격히 냉각되는 지점에 멈춰서면서 만들어졌다. 그때 수증기가 폭발적으로 팽창해 잘게 부수어진 화산재가 쌓여 나갔는데 그 층리가 바다의 침식작용으로 훤히 드러나 있었다. 나는 억겁의 세월이 만들어 낸 층리면을 보면서 인간의 시간이 자연의 시간 앞에서 얼마나 찰나인지를 새삼 다시 깨달았다.

주차장에 차를 세우고 잠시 송악산을 둘러보기로 했다. 관광객들은 대부분 둘레길을 따라 경치를 즐기기 위해 올라갔고, 나는 해안을 따라 내려갔다. 동굴 진지에 가 보기 위해서다.

일제는 태평양전쟁이 막바지에 다다르고 패색이 짙어지자 제주

전역을 요새화했다. 최후의 방어선으로 삼기 위함이었다. 1944년 연합군이 필리핀에 상륙하면서 일본으로서는 제주도를 사수하는 것이 자국 본토를 지키기 위한 초미의 과제가 되었다. 제주도에 주둔하는 일본군의 수가 무려 6만 명을 넘었다. 그들은 제주 남단 모슬포 곳곳에 고사포 진지를 구축했다. 해안 절벽에는 굴을 파 소형 어뢰정을 숨겨 놓고 자국으로 향하는 연합군의 공격에 대비했다. 그렇게 판 15개의 인공 동굴이 송악산 밑 곳곳에 뚫려 있다. 동굴 진지들의 너비는 대체로 3~4m, 그 길이도 무려 20여 m나 된다. 그 안으로는 'ㅡ' 자, 'H' 자, 'ㄷ' 자 등 다양한 형태로 굴이 파여 있는데, 이 긴 굴들을 파기 위해 제주도민들이 강제 노역에 동원되었음은 물론이다. 딱 보기에도 흉물스럽게 뚫려 있는 굴들이었다. 학창 시절 수학여행 왔을 때에는 전혀 눈에 들어오지 않았다. 아는 만

아직까지 남아 있는 격납고들과 그 너머로 보이는 산방산이 이질적인 느낌을 주었다.

송악산 아래에 뚫려 있는 해안동굴들은 일제가 소형 어뢰정을 숨겨놓고 연합군의 공격에 대비하기 위해 만들어둔 것이다.

큼 보인다는 건 이런 걸 두고 하는 말일 것이다.

알뜨르 비행장은 멀지 않은 언덕 너머에 있었다. 무밭이 넓게 펼쳐진 이 들판에 불쑥불쑥 튀어나온 아치형 콘크리트 구조물, 이것은 일제가 1943년 제로센[1]을 보관하기 위해 지었던 격납고다. 언뜻 보면 그저 농기계를 보관하기 위한 창고처럼 보였지만 자살 폭격기로 유명한 카미카제 특공대의 훈련병들을 양성하던 곳이라는 이야기를 들으니 섬뜩한 기분이 들었다. 격납고의 수도 무려 19기에 달했다. 태평양전쟁이 한창이던 1945년에는 38기까지 지어졌다. 1930년대에는 중국 폭격을 위한 기지로 활용되기도 했다. 특히 중일전쟁이 한창이던 1937년에는 60만 ㎡이던 비행장을 130만 ㎡로 확장했을 정도다. 난징(南京)을 폭격한 비행기들이 여기에서 출격하기도 했다.

알뜨르는 '아래의 넓은 벌판'을 뜻하는 제주도 사투리다. 이 너른 벌판이 카미카제 특공대의 훈련장이었다는 생각을 하니 섬뜩했다.

나는 '알뜨르 비행장'이라고 하니 개화기 시절에 무슨 알프스, 나뚜루같이 프랑스어를 차용해 지은 이름인 줄 알았다. 그런데 알고 보니 알뜨르는 '아래에 있는 넓은 벌판'을 뜻하는 제주도 사투리였다. 그 반대로 '위에 있는 벌판'은 웃뜨르다. 이 알뜨르 비행장은 오늘날까지도 그때의 모습과 크게 달라지지 않아서 불시착이나 구조비행 기능이 가능하다.

발을 자칫 잘못 디디면 발목까지 푹푹 빠지는 무밭을 지나 가장 앞에 보이는 격납고로 갔다. 2010년 온게임넷 스타리그 결승전을 보러 가기 위해 김포공항에 있던 대한항공 격납고에 가 본 나로서는 작게만 느껴지는 격납고였다. 소형 비행기 한 대가 딱 들어갈 만

한 크기였다. 어찌나 튼튼하게 만들었는지 70년도 더 지난 지금도 거푸집 자국이 선명히 보일 정도였다.

맨 앞 격납고에는 제로센의 모양을 본뜬 비행기 구조물이 전시되어 있었고, 많은 사람이 문구를 적은 리본을 묶어 둔 것이 보였다. 일본에 대한 비속어도 간혹 보였지만 대부분은 평화를 기원하는 염원을 담은 것들이었다. 나는 불현듯 이곳에 놓여 있던 카미카제 비행기에 올라탄 조종사들은 어떤 심경이었을까 궁금해졌다. 전투기를 몰았던 일본인들이라고 그것이 마냥 영광되게 여겨지진 않았을 것이다. 대부분은 두려움과 후회를 느꼈을 것이다. 다만 당시 제국주의에 눈 먼 국가와 사회 분위기가 그들을 전장으로 내몰았을 뿐이라고 생각한다. 왜 인류는 수천 년의 역사를 거듭 반복하면서도 정치인들의 탐욕과 싸움에 평범한 사람들이 희생되는 전쟁을 막

제로센 모양을 본뜬 조형물에 수많은 사람들이 평화의 메시지를 담은 리본을 묶어두었다.

제주에는 4.3유적이 아닌 곳이 없다. 알뜨르 비행장 옆에 있는 섯알오름도 대표적인 4.3유적이다. 한국전쟁이 발발하자 1950년 8월 20일 '예비검속'이라는 명분으로 대대적인 양민학살이 자행되었다.

지 못하는 것일까. 분노와 무기력이 교차했다. 어쩌면 그런 기억들을 간직함으로써 지금까지도 메시지를 전해 주고 있기 때문에 제주도가 평화의 섬으로 상징되는 것이 아닌가 싶었다.

제주도에 대한 외지인들의 핍박은 비단 이 시기만의 일은 아니다. 조선시대에도 제주도는 조정의 가혹한 수탈과 왜적의 침입에 시달린 고단한 섬이었다. 동시에 빠져나갈 수 없는 출륙 금지(出陸禁止)의 섬이었다.[2]

조선의 중앙 조정은 제주에 귤, 전복, 말, 해조류 등 다양한 진상품을 요구했다. 노역과 군역, 공납의 폐단은 섬이라고 비껴가지 않았다. 오히려 좁은 땅에 요구하는 게 많다 보니 사람들의 삶은 육지 이상으로 고되었다. 중간 관리들의 수탈 역시 견디기 어려운 일이었다. 왜구의 침입이나 태풍에도 속수무책이었다. 사람들은 이런 고된 현실을 피해 육지로 도망갔다. 더러는 해적질을 하기도 했다.

바쳐야 할 게 많은데 사람들이 점점 빠져나가자 조정은 1629년 (인조 7년) 특단의 대책을 내렸다. 바로 출륙 금지령이다. 이로 인해 관청의 허락 없이는 그 어떤 누구도 섬을 떠날 수 없었다. 이것은 유배 온 왕족도 피하지 못했다. 출륙 금지령이 해제된 1825년(순조 25년)까지 약 200년간 제주도민들은 철저히 외부와 격리된 채 살아야 했다. 어쩌면 4·3사건의 이면에는 이런 제주도민들의 응어리진 한이 내재되어 있는지도 모른다. 역사에는 갑툭튀란 없는 법이다.

너븐숭이로 가는 길

이튿날, 밝자마자 나는 렌터카 업체로 가 새 차를 빌렸다. 전날처럼 소형으로 빌리고 싶었지만 늦게 예약한 탓에 중형으로 빌릴 수밖에 없었다. 앞머리가 짧았으면 좋으련만, 아직 차폭에 대한 감각이 부족해 독일 차라도 긁을까 봐 괜히 걱정이 되었다. 프린트해 간 '초보 운전' 문구를 뒷 유리에 붙였다. 친구들이 '초보 운전'을 거꾸로 붙여 놓으면 미친놈인 줄 알고 뒤차가 알아서 피해 간다는 팁을 줬는데 차마 그렇게까지 할 용기가 나지는 않았다. 목적지인 4·3평화공원까지는 약 40분, 추념식이 시작하는 10시에 딱 맞춰가기에는 다소 빠듯한 시간이었다. 그쪽으로 가는 차도 꽤 많은 모양인지 제주시 외곽인데도 불구하고 교통량이 엄청났다.

한참 길을 달리고 있는데 갑자기 사이렌이 울렸다. 라디오 뉴스에서 4·3사건을 추모하기 위해 제주 전역에 약 1분간 울린다는 이야기가 흘러나왔다. 섬 전체에 울려 퍼진 사이렌은 4·3이 특정 누군가의 이야기가 아니라 제주도민 모두가 안고 있는 슬픔이라는 것을 방증했다. 운전 중인 나는 묵념을 할 수는 없었지만 그 사이렌을 더욱 크게 듣고 싶어서 차 문을 활짝 내렸다. 소리와 함께 봄바람이 차 안으로 들어왔다. 벚꽃 핀 길, 선선한 봄바람과 사이렌이 다소 이질적으로 느껴졌다. 벚꽃이 만개한 아름다운 시절, 1948년에도 자연은 이렇게 찬연했을 것이다. 자연과 역사의 상반되는 장면이 제주 4·3을 더욱 마음 아프게 만들었다.

4·3평화공원에 도착해 곧장 위령광장으로 향했다. 추념식은 이미 진행 중이었다. 이낙연 국무총리의 추념사가 끝나고 원희룡 제주도지사가 추념사를 읽고 있었다. 맨 뒷자리에 있어서 현장에서는 볼 수 없었지만 나중에 뉴스를 통해 확인하니 배우 유아인도 이 자리에 있었다고 한다. 제주에 다른 일정이 있어서 겸사겸사 온 것은 아닐 텐데, 그가 여러모로 멋진 배우라는 생각이 들었다.

추념식에는 만 명이 넘는 인원이 참석했다. 맨 앞자리가 보이지 않을 정도로 광장은 가득 찼다. 나처럼 4·3 희생자들을 추모하기 위해 먼 길을 온 젊은 사람도 많았지만, 참석자의 대부분은 어르신들이었다. 그 시절 막 학교에 들어간 소년소녀들은 이제 백발의 노인이 되어 이념의 소용돌이 속에서 희생된 부모 형제를 그리워하고 있었다. 그 힘든 삶을 어떻게 견뎌 냈을까? 살다 보면 살아지는 것일까? 나는 추념식이 끝나는 시간까지 복잡한 심정을 정리할 수 없었다. 수십 마리의 까마귀가 하늘을 배회하며 깍깍 울어 댔다.

위령광장 뒤편에 마련된 행방불명인표석으로 갔다. 푸른 하늘 아래 3,896명의 이름이 각각의 푯돌에 새겨져 있었다. 이들은 대부분 4·3사건으로 체포되어 육지 각 지역 형무소에 수감되었다가 돌아오지 못했다. 정부가 한국전쟁이 발발하자 형무소 수감자들을 총살해 암매장했기 때문이다. 특히 북한군이 남하하던 1950년 7월 전후로 해서 많은 학살이 발생했다. 그중 대전형무소에서는 무려 재소자 7,000여 명이 산으로 끌려가 며칠 사이에 집단 학살을 당했다. 대부분 제주 4·3사건, 보도연맹 사건으로 끌려온 민간인들이었고 여순 사건으로 잡혀 온 좌익 사상범들도 적지 않았다. 이들은 이렇게 이름만 남아 가족의 품으로 돌아갔다.

우리가 행방불명인표석을 세우고, 봉분만 쌓은 헛묘를 지으면서까지 희생된 사람들을 추모하는 것은 비단 희생자와 유가족에 대한 위로의 의미만 있는 게 아니다. 앞으로 살아갈 사람들에게도 큰 교훈을 준다. 우리가 이들을 두고두고 기억하지 않는다면 언젠가 비슷한 일이 반복될 때 같은 실수를 범할 수 있기 때문이다. 사라졌다고 잊는다면 그 누구도 죽음에 책임지려 하지 않을 것이고 목숨 걸고 지키려 하지도 않을 것이다. 전쟁이든 대형 참사든, 우리가 희생자들을 기억하고 그 교훈을 계속되새겨야 하는 이유다.

4·3평화기념관[3]에 들어서자 긴 동굴에 들어서는 기분이었다. 기념관 측은 오랫동안 지하에 묻혀 있던 역사적 진실을 찾아가는

행방불명인표석. 시신을 수습하지 못한 희생자 3,942명의 표석이 설치되어 있다. 우리가 표석을 세우고 헛묘를 쌓는 것은 이러한 역사가 반복되지 않기를 바라는 염원도 담겨져 있다.

과정을 나타내기 위해 이렇게 입구를 동굴 형태로 구성했다고 설명했다. 터널을 지나자 뻥 뚫린 원형 천장 아래 하얗고 커다란 비석이 누워 있었다. 비문이 없는 이 백비는 4·3이 아직 역사의 평가가 끝나지 않았음을 의미한다. "4·3이 진정 해결되는 날, 비로소 비문이 새겨질 것이며 누워 있는 비석 역시 바로 세워질 것"이라는 해설사 선생님의 설명에 비로소 고개가 끄덕여졌다. 많은 기념관이 영혼 없이 역사적 사실들을 늘어놓는 데 반해 이 4·3평화기념관은 곳곳에서 이와 같은 진정성이 묻어났다.

기념관은 내가 4·3에 대해 공부했던 시간이 허무할 정도로 4·3사건의 배경과 전개, 결과와 미래에 대해 자세하고 생생하게 다루

위령광장 뒤편에 마련된 위령비

고 있었다. 그래서 이곳에서 한두 시간만 둘러본다면 4·3을 전반적으로 파악하는 데 손색이 없어 보였다. 무엇보다 정부가 발표한 4·3사건 진상보고서를 토대로 상설전시실을 연출했기 때문에 객관적으로 역사에 다가갈 수 있었다.

개인적으로 가장 인상적이었던 것은 민간인 학살을 다룬 제4관 '초토화와 학살'이었다. 원통형 공간의 벽면을 따라 4·3 당시의 학살을 고발하는 조형물이 설치되었고, 그 앞에는 피해자의 고무신과 탄피 등이 놓여 있었다. 특히 2층에는 세계 각국의 학살 사건들도 함께 다룸으로써 제주 4·3이 제주도민만의 사건이 아닌 인류사적 비극임을 강조했고, 같은 맥락에서 다른 나라에서 벌어진 학살 사건에도 우리가 목소리를 내야 함을 말해 줬다. 맞는 말이다. 그런데 예나 지금이나 전 인류적인 입장을 고려하기보다는 특정 이념, 특

(위) 위령광장의 조형물 (아래) 4.3평화공원 입구에 마련된 조형물. 1949년 1월 군인의 토벌작전을 피해 젖먹이 딸과 피신하던 도중 총에 맞아 희생된 당시 봉개동 주민 변병생 모녀를 모티브로 만들어졌다.

4.3평화기념관 입구에 놓인 백비에는 아무 내용도 각인되어 있지 않다. 4.3이 역사의 평가가 끝나지 않은 사건임을 의미한다.

정 정당의 눈으로만 사안들을 바라보는 것 같아 씁쓸했다. 하긴 애당초 인류애, 평화와 같은 보편적인 가치들이 존중되었다면 4·3사건이라든지 아우슈비츠 학살 같은 비극은 없었을 것이다. 이런 걸 보완해 나가는 게 불완전한 평화를 물려받은 우리 또래의 역할이 아닐까? 우린 평화의 대가를 전부 치른 것이 아니라 아직 할부금을 갚아 나가고 있는 셈이다.

아침 일찍 일어나 계속 돌아다녔더니 슬슬 허기가 졌다. 전시관을 나와 너븐숭이에 가기에 앞서 함덕해변 인근의 한 카레집에서 점심식사를 하기로 했다. 돌문어 카레가 유명하다길래 그 맛이 궁금했다. 나는 원래 카레라고 하면 일요일 아침마다, 그것도 당근도 억지로 먹어야 하는 요리라는 생각에 별로 좋아하지 않았다. 하지만 조천읍에서 먹었던 돌문어 카레는 가족, 친구들을 데리고 다시 오고 싶을 정도로 맛이 일품이었다. 삿포로 살 적에 먹었던 스프카레와 어깨를 견줄 만했다. 내가 발걸음하는 세상이 넓어질수록 카레는 오뚜기카레만 있는 게 아니라는 사실을 깨닫게 된다. 물론 카레만 그런 것은 아닐 것이다. 그래서 견문이 중요한 거다.

함덕해변은 '인생 해변'이었다. 나는 조천읍 일대의 매력에 흠뻑 빠졌다. 하늘은 파랗고 바다는 투명해 경계선이 사라진 것만 같았다. 현무암들을 이은 아치형 다리를 걷는데 멀리 봐도 훤히 바닥이 들여다보이는 게 그저 신기하기만 했다. 함덕해수욕장의 바다는 경사도가 5°에 불과해 아무리 걸어가도 어른 허리 정도밖에 물이 차지 않는다고 한다.

함덕해변을 비롯한 조천읍은 지상낙원이라고 할 수 있을 만큼 아름다웠다. 하지만 이곳 역시 4·3의 참화를 피하지는 못했다. 조천읍 중에서도 특히 동쪽 끝에 자리한 해안 마을 북촌리에서는 이틀 동안 무려 400명이 넘는 주민들이 학살당했다. 이때 살아남은 남자는 단 4명에 불과했다.[4] 제주도에서 단일 사건으로는 가장 큰 규모의 희생이었다.

북촌리 학살 사건은 무장대의 습격에서 비롯되었다. 1949년 1월 17일 아침, 제주에 토벌군으로 와 있던 2연대 3대대 병력이 월정에 주둔 중인 중대본부를 시찰하고 돌아가던 길에 무장대의 습격을 받았다. 이 사건으로 군인 2명이 숨졌다. 이를 본 마을 원로들은 숙의 끝에 군인들의 시신을 방치하지 않고 들것에 실어 함덕에 있는 대대본부로 운반했다. 하지만 협조에 대한 보답은 총살이었다. 눈이 뒤집힌 군인들은 스스로 찾아간 10명의 노인 중 경찰가족이었던 이군찬 씨를 제외하고는 모두 총살해 버렸다. 그리고 바로 2개 소대의 병력이 북촌마을을 덮쳤다. 이들은 주민들이 숨어 있을 만한 곳을 샅샅이 뒤지며 집집마다 불을 질렀다. 주민들에게는 북촌 국민학교로의 집결 명령이 떨어졌다. 마을은 삽시간에 불바다가 되었다.

군인들은 사방으로 기관총을 설치하고 사람들의 도주를 차단했다. 마침 도착한 대대장과 휘하 장교들이 타고 온 앰뷸런스 안에서 집결한 주민들을 처리할 방법을 논의했다. 풀어 주느냐 마느냐가 아니라 어떻게 죽이느냐는 것이었다. 모아 놓고 기관총으로 집중사격을 가하자는 등 여러 방안이 나왔지만, 결국 채택된 방법은 소수 단위로 끌고 가 각각 총살시키는 것이었다. "사병들이 적을 사살해 본 경험이 없는 군인이 대부분이니, 적을 사살하는 경험을 쌓게 해 주자"는 한 장교의 제안을 받아들인 것이다.[5] 그때부터 군인들은 군경 가족을 골라내고 나머지 주민들을 모두 학교 동쪽 당팟과 서쪽 너븐숭이 일대로 차례차례 끌고 가 총살하기 시작했다. 마을에는 대낮부터 늦은 시간까지 콩 볶는 것 같은 소리가 끊이지 않았다.

4·3사건 기간 동안 북촌리에서는 330여 가구 1500여 명의 마을 인구 중 500여 명이 토벌대의 보복 학살로 희생되었다. 리 단위로는 그 피해의 정도가 가장 컸다.[6] 주민들은 1960년 4·19혁명 이후 국회 '양민학살사건 진상조사특별위원회'에 대대적인 문제 제기를 했으나 5·16군사정변이 발발하며 무산되었다. 북촌리 학살 사

건이 다시 세상의 빛을 볼 수 있었던 것은 소설 한 편 덕분이었다. 바로 제주 출신 소설가 현기영 작가의 『순이 삼촌』이다. 북촌리 학살 사건을 배경으로 한 이 소설은 엄혹한 군사독재 시절 4·3에 대한 대중의 관심을 환기한 기념비적인 작품이다. 북촌리 학살 사건에서 기적적으로 살아남았지만, 평생 그 트라우마를 안고 지내야 했던 '순이 삼촌'이 후유증을 이겨 내지 못해 끝내 자살하고 마는 비극적인 이야기다. 이 소설은 1978년 『창작과 비평』에 발표되면서 침묵을 강요당해 왔던 4·3사건에 대해 세간의 관심을 불러일으켰다. 현기영 작가가 이 소설을 썼다는 이유로 군 정보기관에 연행되어 심한 고초를 겪었음은 물론이다.

나는 너븐숭이4·3기념관에 도착하자마자 '순이 삼촌 문학비'가 있는 옴팡밭[7]으로 뛰어갔다. 조금이라도 빨리 그 현장을 확인하고 싶었다. 옴팡밭은 북촌리 학살 사건이 실제로 자행된 현장이다. 정부는 2008년, 수백 명의 주민이 스러져 간 이곳을 매입해 '순이 삼촌 문학비'를 세웠다. 그만큼 소설 『순이 삼촌』의 문학적 가치뿐 아니라 역사적 가치도 인정한 것이다. 굳이 4·3사건과 관련한 답사가 아니라 평범한 제주도 여행이라 하더라도, 그 안에서 의미를 찾고 싶다면 이곳에 오는 것을 추천한다. 그 어떤 박물관이나 기념관도 역사의 현장을 따라갈 수는 없는 법이기 때문이다.

북촌리와 연고가 없는 사람들도 같은 마음이었는지 내가 옴팡밭에 도착했을 때에는 이미 꽤나 많은 사람으로 북적이는 상태였다. 답사를 온 학생들과 관광버스를 대절해 찾아온 노동조합원들.

너븐숭이4.3기념관 인근에 설치된 순이삼촌 문학비. 북촌리 학살사건으로 스러져 간 사람들을 형상화했다.

그리고 나처럼 개인 자격으로 온 청년들이 눈에 띄었다. 타인들이 이렇게 기억하고 찾아오는 것만으로도 북촌리 주민들에게 조금이나마 위로가 되었으면 좋겠다는 생각이 들었다.

옴팡밭은 원래 북촌리 주민들이 밭일을 하고 돌아갈 때 휴식을 취하던 장소였다. 그런데 1949년 1월, 그날의 학살이 있은 이후로는 기억하고 싶지 않은 참혹한 학살의 현장이 되었다. 뽑힌 무처럼 널브러진 시신들이 산더미처럼 쌓였다. 온 가족이 죽거나 체포되어 미처 수습하지 못한 시신은 산짐승과 까마귀에게 뜯겨 처참한 형태로 썩어 나갔다.

'순이 삼촌'이라는 글씨가 크게 새겨진 문학비는 옴팡밭의 한

너븐숭이4.3기념관의 전경. 북촌리 학살사건은 제주4.3사건 전체를 통틀어 단일 사건 중 가장 많은 희생자를 낳은 비극적인 사건이었다.

편에 서 있었고 그 앞에는 여러 개의 기다란 장대석이 어지러이 놓여 있었다. 소설 『순이 삼촌』의 문장들을 담은 장대석들은 학살로 스러져 간 북촌리 주민들을 상징하는 것이었다. 마치 평화기념관 안의 백비처럼, 천편일률적이지 않고 상징적인 메시지가 담긴 장대석에서 진심이 묻어났다. 4·3사건과 관련한 시설들이 비교적 최근에 지어졌기 때문에 가능한 것 같았다.[8] 기존의 추모비라고 하면 대개 뾰족한 첨탑 모양으로 세워지곤 하기 때문이다. 장대석에 각인된 『순이 삼촌』의 구절들을 읽어 나가며 내가 서 있는 2019년과 학살이 벌어진 1949년이 오버랩되는 것만 같았다. 여전히 끝나지 않은 일이기에 더욱 그랬다.

"마당에 하얗게 깔려 있던 것도 싸락눈이었다. 그 시간이면 이 집 저

집에서 그 청승맞은 곡성이 터지고 거기에 맞춰 개 짖는 소리가 밤하늘로 치솟아 오르곤 했다. 한날한시에 이 집 저 집에서 제사가 시작되는 것이었다. 이날 우리 집 할아버지 제사는 고모의 울음소리부터 시작되곤 했다. 이어 큰어머니가 부엌일을 보다 말고 나와 울음을 터뜨리면 당숙모가 그 뒤를 따랐다. 아, 한날한시에 이 집 저 집에서 터져나오던 곡소리, 음력 섣달 열여드렛날…."

온 마을이 같은 날 제사를 지낸다는 사실 못지않게 가슴을 쓰라리게 하는 것은 너븐숭이 4·3기념관 바로 앞에 있었던 애기무덤이었다. 당시 희생된 아이들을 가매장했던 것이 그대로 애기무덤으로 남아 지금까지 내려왔다. 봉분을 쌓지 않고 현무암을 동그랗게 둘러싼 애기무덤에는 사탕이며 장난감들이 놓여 있었다. 누군가가 놓고

간 곰 인형 앞에서 나도 모르게 눈물이 고였다. 그 아이가 살아생전 곰 인형을 한 번도 가져 보지 못했을 것이라는 생각이 들어서다. 희생된 아이들의 나이는 고작 두 살, 세 살, 네 살이었다. 심지어 아직 이름을 갖지도 못한 때에 죽어 이달군자(子), 이기복자(子)로 희생자 각명비에 새겨진 아이도 있었다. 이 아기들이 무장대의 활동을 도와주기는커녕 남로당이니 공산주의니 하는 것들을 알 리도 만무했다. 걸음마도 떼지 않은 갓난아기들의 무덤을 보며 그 누가 4·3사건을 공산주의자들의 무장 폭동이라고 주장할 수 있을까. 설령 4·3이 무장 폭동을 진압하기 위한 정당한 작전이었다고 해도, 아기들까지 이렇게 희생되었어야 하는 이유가 있었던 것일까.

(좌, 우) 희생된 아이들을 가매장한 곳은 애기무덤이 되었다. 사람들은 이름 지어지기도 전에 희생된 아이들을 추모하며 만화, 사탕 등을 올려놓았다.

미·소공동위원회와 좌우합작 운동

제주 4·3사건은 해방 후 정국으로 거슬러 올라간다. 해방 직후의 제주도는 혼돈 그 자체였다. 나라를 되찾자 타지로 떠났던 사람들이 속속 귀국했다. 1944년 21만 명이던 인구는 1946년 27만 명으로 치솟았다. 그러나 변변한 산업 기반이 없던 제주는 그들을 먹여 살릴 여력이 없었다. 거기에 보리 흉년과 콜레라가 연달아 덮쳤다. 1946년 여름 제주도를 휩쓴 콜레라로 사망한 사람의 수만 해도 369명에 이르렀다.[9]

이런 상황에서 미군정은 8월 1일 전라남도로부터 제주를 분리시키는 악수를 뒀다. 제주도(島)는 제주도(道)가 되었다. 자력 기반이 무너진 상황에서 승격되자 제주도민들의 삶은 더욱 고달파졌다. 하지만 미군정은 이런 사정을 크게 고려하지 않았던 것 같다. 치안 유지를 위해 외지로부터 경찰들을 충원하는가 하면 친일 경력자들도 재기용했다. 당시 제주도민들로부터 신뢰를 얻고 있던 인민위원회와 갈등이 생기기 시작한 것도 이 시점부터다.

인민위원회는 여운형 선생이 수립한 조선건국준비위원회(건준)의 지방 지부다. 조선총독부는 태평양전쟁 패망으로 철수하게 된 상황에서 일본인의 생명과 재산을 보호하는 것이 시급한 과제로 등장하자 여운형을 만나 교섭을 벌였다. 여운형은 총독부와의 교섭에서 모든 정치·경제범의 석방, 3개월분의 식량 확보, 조선인의 정치 활동 보장 등의 조건으로 건준을 발족시키고 국내 치안을 유지했다.

건준은 권력의 공백기를 제법 잘 수습해 나갔다. 지역과 직장별로 치안대를 조직하는 한편, 식량대책위원회를 설치해 식량 확보에 힘썼다. 1945년 8월 말에는 지역 지부가 145개까지 확대되었다. 건준의 중앙지도부는 9월 6일 이승만을 주석, 여운형을 부주석으로 하는 조선인민공화국(인공)의 수립을 선포했다.[10] 이에 따라 건준의 지역 지부도 인민위원회로 개편되었다. 제주도도 마찬가지였다. 하지만 미군정은 인민위원회를 공산주의자들의 조직망으로 보고 인정하지 않았다.[11] 12월에는 인민위원회 자체를 불법화하며 탄압했다. 여기에 친일 경찰들이 미군정 경찰로 옷을 갈아입고 동원되니 미군정과 제주도민들의 갈등이 심화된 것은 당연한 것인지도 모르겠다.

비슷한 시기, 모스크바에서는 우리나라의 입장은 배제된 채 한반도의 운명을 결정할 회의가 진행되고 있었다. 그 유명한 모스크바 3상회의다. 미국과 영국, 소련의 외무장관들은 제2차 세계대전 이후 세계 각 지역의 질서에 대한 의견을 나눴고 한국에 대해서는 미·소공동위원회를 설치, 신탁통치를 논의하기로 했다. 이 당시 국내에는 '신탁통치를 논의한다'는 것이 '신탁통치를 한다'고 전해져 찬탁·반탁운동이 크게 일기도 했다.

모스크바 3상회의의 결정에 따라 미국과 소련은 1946년 1월 16일에 예비회담을 거친 뒤, 3월 20일 덕수궁에서 제1차 미·소공동위원회를 개최했다. 이들은 정부 수립 과정에서 한국 내 어떤 세력을 협의 대상자로 선정하느냐를 두고 격한 논쟁을 벌였다. 소련은 모스크바 3상회의의 결정을 지지하는 세력만 포함해야 한다는 입장이었고, 미국은 한국인 대부분이 모스크바 협정에 원칙적으로 반대하고 있으니 이것만 가지고 협의 대상에서 제외해서는 안 된다는 입장이었다.

이것은 특별히 소련이 국제사회의 합의를 중시한다거나 미국이 한국인들의 입장을 존중해서가 아니다. 그렇게 하는 게 자신들에게 유리했기 때문이다. 좌·우익 모두 처음에는 3상회의 결정에 크게 반발했다. 하지만 좌익은 1946년 1월부터 돌연 3상회의 결정에 대해 '총체적 지지'로 방향을 선회했다. 만일 임시정부 구성에서 찬탁 세력만 참여시킨다면 소련에게 우호적인 좌익이 대거 합류할 것은 불 보듯 뻔했다.

난항을 거듭하던 공동위원회는 반탁투쟁을 했더라도 향후 그러한 활동을 하지 않겠다고 서약하면 과거의 활동은 불문에 부치겠다는 내용으로 합의하며 '공동성명 5호'를 발표했다. 그러나 서약이 곧 신탁통치를 받아들이겠다는 의미인지를 두고 이견을 좁히지 못했다. 결국 미·소공동위원회는 5월 6일 무기한 휴회를 선언하게 되었다.

판이 깨지자 여운형과 김규식을 중심으로 좌우합작 운동이 전개되었다. 지금처럼 중요한 기회를 놓치지 말고 좌우 세력이 조금씩 양보해 대통합의 기틀을 만들자는 취지였다. 특히 좌우합작위원회는 우익을 대표하는 남조선대한국민대표민주의원(민주의원)과 좌익을 대표하는 민주주의민족전선(민전)에서 각각 5명씩 대표를 파견해 운영함으로써 어느 정도 명분을 갖춰 나가기도 했다. 재미있는 점은 이 좌우합작위원회를 지원한 것이 미군정이라는 사실인데,

미군정의 입장에서는 본인들에게 우호적인 세력들을 확대해 향후 있을 소련과의 회담에서 유리한 고지를 선점할 필요가 있었기 때문이다.

여운형과 김규식은 여러모로 좋은 지도자였다. 여운형은 당시 그 어느 독립 운동가들보다 이념적 스펙트럼이 넓었다. 그는 해방 전 소련의 레닌과 트로츠키, 중국의 쑨원 등과도 의견을 나눴고 북한의 김일성과도 가까운 사이였다. 동시에 미국을 비롯한 우익 진영 인사들과도 나쁘지 않은 관계를 유지했다. 왼쪽으로는 김일성, 박헌영에서부터 오른쪽으로 이승만, 김구까지, 이 모든 인물들과 독대할 수 있는 정치인은 여운형이 유일했다.[12]

김규식은 미국이 인정한 엘리트였다. 그는 미국 로어노크 대학 (Roanoke College)을 졸업하고 귀국해 흥화학교, 광화신숙 등에서 영어를 가르치며 교육구국운동을 전개했다. 일제의 간섭이 심해지자 상하이 망명길에 올랐고, 이후 군사학교를 설립할 목적으로 몽골 울란바토르로 가 활동하는가 하면 독립운동 자금을 모으기 위해 러시아 학교에서 영어를 가르치기도 했다. 한국의 독립을 호소하기 위해 한국대표단 수석대표 파리강화회의에 참석했으나 열강들의 차가운 외면을 받았다.

둘은 해방 후 한반도에서 없어선 안 될 인물이었고, 그렇게 일찍 죽어서도 안 될 인물이었다. 미국과 소련 사이에서 좌우 세력을 중재하고 갈등을 봉합할 수 있는 것은 이들밖에 없었기 때문이었다. 박헌영은 극단적인 인물이었고 김구는 자기 고집이 너무 셌다.

이승만은 제1차 미·소공동위원회 결렬 직후 전국을 돌아다니며 남한만의 단독정부 수립을 주장해 물의를 빚고 있었다. 그 유명한 정읍 발언이 나온 것도 이때다. 미국 입장에서는 온건한 중재자인 김규식이 필요했고, 그런 김규식에게는 대중성과 포용력을 갖춘 여운형이 필요했다. 이들의 행보에 양쪽의 좌우익들이 자칫 주도권을 빼앗길까 위협을 느끼는 것은 당연한 결과였다.

그러나 정치권에서는 여운형, 김규식과 같은 인물들이 힘을 쓰기 어렵다. 세력이 없는 이유에서다. 대다수 국민의 정치 지형은 중간에서 좌우로 확산되지만, 정치권의 정치 지형은 양극단에서 가운데로 수렴한다. 땅따먹기를 할 때 양쪽 끝의 스타팅 포인트에서 가운데로 영토를 확장해 나가는 것과 같다. 확실한 지지 기반을 바탕으로 정치를 하는 것이 수월하기 때문이다. 중도층 정치인들은 작은 실수로도 지지율이 썰물처럼 빠져나가곤 하는데, 그런 모습을 볼 때마다 정치인들은 본인들의 포지션에 대해 고민하지 않을 수 없는 게 현실이다.

정치도 사회와 같아서 중간층이 무너지면 전체가 무너진다. 극단의 이념은 종교와 다를 바 없다. 논리나 상식이 통하지 않는다. 맹목적이고 충성심 높은 지지 기반을 형성한다. 그런 정치는 갈등의 조정자가 아닌 양산자가 된다.

지금도 해방 후와 다르지 않다. 극단적인 세력, 맹목적인 지지층들이 보여 주는 이중성, 위선, '내로남불'도 같은 맥락에서 나온다. 이들은 어떤 의혹이나 문제가 불거져도 "상황이 달라졌다", "아군에 총질하는 것이냐", "지금 그런 말할 때가 아니다"라는 주장으로 자신들의 잘못을 정당화한다. 종교화된 정치는 합리적 이성보다 진영을 앞세운다. 피해는 고스란히 국민 몫이다. 나는 정치의 비극이 이처럼 국민들의 정치 지형과 정치권의 정치 지형 간 불일치에서 기인한다고 생각한다.

여운형, 김규식이 해방 정국에서 느꼈던 감정 역시 비슷했으리라 본다. 거기에 이권이 엮이니 갈등이 격화될 수밖에 없었다. 특히 좌익 내부의 노선 갈등이 심했다. 이와 같은 갈등은 정판사(精版社) 위폐 사건이 발생하며 폭발하기 시작했다. 정판사는 소공동에 있던 인쇄소로, 조선은행의 지폐를 인쇄하던 인쇄소였다. 조선공산당은 정판사가 있던 건물에 함께 입주해 기관지인 《해방일보》를 발행하고 있었다. 그러던 어느 날 수도경찰청장 장택상이 "조선공산당 인사들이 정판사에서 위조지폐를 찍어 유포한 사실이 드러났다"[13]고 발표했다. 남한 내 경제 교란을 위해 조선공산당이 위조지폐를 찍어 냈다고 했지만, 이들이 인쇄했다는 위조지폐는 단 한 장도 발견되지 않았다.[14] 정판사에서 일하고 있던 16명의 조선공산당원이 연루되었다.

사건의 진위 여부를 떠나 이 일을 계기로 미군정은 조선공산당에 대한 탄압을 본격화했다. 《해방일보》 등 좌익계 신문은 정간당했고, 정판사는 우익 측 천주교계에 불하되어 《경향신문》을 창간하는 계기가 되었다. 박헌영을 비롯한 조선공산당 간부들에게는 체포령이 떨어졌다.

조선공산당도 당하고만 있지는 않았다. 정판사 사건에 대항하며 1946년 9월 총파업을 일으켰고, 다음 달에는 대구에서 '10월 사건'을 주도했다. 이들의 노선은 점점 미군정과 경찰에 대한 전면전의 모습을 띠었다.

비슷한 시기, 조선공산당은 '공산당'이라는 이름을 버리고 대중정당으로 변신을 꾀했다. 동유럽의 많은 공산당이 '노동당'으로 리뉴얼하던 시기였다.[15] 북한 지역에서는 북조선노동당이, 남한에서는 우리가 흔히 남로당이라고 부르는 남조선노동당이 창당을 준비했다. 박헌영은 미군정에 대한 반대를 강화해 남로당의 주도권을 잡고자 했다. 여운형을 중심으로 한 세력은 박헌영계의 비민주적 조직 운영을 비판하며 대립했다. 그러나 게임은 북조선공산당이 박헌영계의 손을 들어 주면서 종결되었다. 남한 내 좌익이 여운형과 박헌영으로 양분되어 있던 상황에서, 여운형이 더 이상 좌익을 대표한다고 볼 수 없게 되었다.

여운형은 여기에 1946년 10월 7일 좌우합작위원회가 내놓은 '좌우합작 7원칙' 중 과도입법기구의 설치 문제를 놓고 김규식과도 갈등하게 되었다. 미군정 입장에서는 북한이 이미 북조선 임시인민위원회를 수립한 상황에서 이에 대응할 과도입법기구를 만들어야 했다. 하지만 여운형 입장에서는 이것이 미군정을 지지하는 우익에게 힘을 실어 줄 것이 뻔했다. 결과적으로 이 안은 여운형의 동의 없이 채택되어 좌우합작위원회의 공동합의문으로 발표되었고, 남조선과도입법의원은 1946년 12월 12일 중앙청 제1회의실에서 개원했다. 좌우합작 운동은 과도입법의원 성립을 계기로 힘이 쭉 빠지게 된다. 미군정은 소기의 목적을 달성했기에 더 이상 골머리를 앓아 가며 좌우합작에 열을 올릴 필요가 없었다.

1947년에 들어서자 미국과 소련은 다시 미·소공동위원회를 개최했다. 국내 각 정치 세력은 여기에 활발하게 참여했다. 전년도부터 적극적이었던 좌익은 물론 한국민주당과 같은 일부 우익들도 "통일정부 수립을 위해 공동위원회 참가는 불가피하다. 신탁 문제는 임시정부 수립 뒤 민족 총의로 반대해야 한다"고 입장을 밝혔다.[16] 그동안 반탁운동을 주도해 오던 이승만과 김구는 6월 23일 군중을 동원해 미·소공동위원회가 열리고 있던 덕수궁을 포위하고 이들을 압박하기도 했다.[17] 하지만 두 우익 지도자의 반대와 상관없이 제2차 미·소공동위원회도 결렬되었다. 제1차 때와 마찬가지로 협의 대상의 범위를 설정하는 것이 뜨거운 감자였다. 더욱이 공동위원회 결렬 직후 여운형이 암살되면서 국내의 좌우합작 운동은 사실상 막을 내렸다.

미·소공동위원회가 거듭 결렬되고 좌우합작 운동도 사실상 종지부를 찍으면서, 미국은 한국에 대한 신탁통치를 포기하고 이 문제를 UN에 이관시켜 버렸다. UN은 같은 해 11월 14일, 한국 문제를 의제로 채택하고 '인구 비례에 따른 남북한 총선거 실시'를 결정했다.[18] 그 과정을 감시하기 위해 중국·호주·캐나다·프랑스·인도·필리핀·시리아·엘살바도르·우크라이나공화국 등 9개국으로 구성된 유엔한국임시위원단(UNTCOK)을 꾸렸다. 참고로 여기 포함된 중국은 공산당이 이끄는 중화인민공화국이 아니라 자유주의 진영의 중화민국, 즉 오늘날의 대만이다.

이와 같은 UN의 결정에 소련 측은 크게 반발했다. 그 당시 남한의 인구가 북한의 약 2배에 달했기 때문이다. '인구 비례에 따른 총선'을 실시한다면 남한이 북한보다 2배 많은 의석을 가져갈 것이 뻔했다. 북한의 대주주인 소련이 거품 물고 반대하니 UN도 어쩔 도리가 없었다. 1948년 1월, UN한국임시위원단의 방북마저 거절당하자 미국은 결국 '선거가 가능한 지역 내에서 총선 실시' 카드를 꺼내 들었다. 이는 곧 남한만의 단독선거를 의미했다. 이승만을 비롯한 한 우익 진영은 쾌재를 불렀다. 선거 예정일은 동년 5월 10일. 분단의 확정이었다.

전국적으로 남한만의 단독선거를 규탄하는 시위가 들불처럼 번졌다. 제주도의 반대는 그 어느 지역보다 격렬했다. 그러나 이것이 5·10 선거에서만 기인한다고 보기는 어렵다. 해방 후 제주도민과 미군정 사이의 갈등은 곪을 대로 곪은 상태였다. 어쩌면 일제강점기부터 누적되어 온 핍박의 산물일지도 모른다. 그렇지만 그 직접적 계기는 이보다 1년 전, 그러니까 1947년 3월 1일부터 시작되었다.

1947년 3월 1일, 제28주년 3·1운동을 기념하기 위해 제주와 애월, 조천 등지의 주민 3만여 명이 제주북초등학교로 모여들었다. 남로당 제주도당도 숟가락을 얹기 위해 총동원령을 내려 대열에 합류했다. 군중은 "3·1절 만세" 등을 외치며 제주의 중심지인 관덕정으로 이동, 평화로운 집회를 계속했다.

그러나 오후 2시가 조금 넘어 사건이 발생하고 만다. 기마경찰 한 명이 어린아이를 쳤는데, 아무런 조치를 취하지 않고 유유히 떠나 버린 것이다. 이 장면을 목격한 군중들은 사과를 요구하며 경찰서로 몰려갔다. 성난 사람들이 돌을 던지며 우르르 몰려오자 당황한 경찰은 공포탄이 아닌 실탄을 발포했다. 이 과정에서 초등학생을 포함한 6명의 도민이 목숨을 잃었다.

'3·1절 발포 사건'에 대한 경찰의 대응은 사과가 아닌 처벌이었다. 경찰은 이를 경찰서 습격 사건으로 규정하고 이튿날부터 기념행사를 준비한 도민과 학생들을 체포했다. 오늘날의 경찰청에 해당하는 경무부에 긴급 지원을 요청하기도 했다. 이에 육지의 경찰들이 속속들이 제주로 들어왔다.

3월 10일에는 제주도청 직원들이 여기에 항의하며 파업에 들어갔다. 그들은 '제주도청 3·1대책위원회'를 구성하고 제주도 민정장관인 스타우트(Thurman A. Stout) 소령, 주한 미군사령관 하지(John R. Hodge) 중장에게 6개 항의 요구 조건을 내걸었다.[19] 이 파업에 공무원들은 물론 학교, 은행, 회사, 운수업체, 통신기관 등 156개 기관과 단체가 참여했다. 현직 경찰관까지 동참했다. 제주도에 있는 전체 직장의 95% 이상으로 전무후무한 규모의 민관 총파업이었다.[20] 업무의 대부분이 마비될 수밖에 없었다.

파업이 이 정도 규모라면, 제아무리 도민들이 경찰이나 미군정과 갈등을 겪고 있다고 해도, 특정 조직에 의해 일어났다고 보기 어렵다. 그동안 쌓여 왔던 제주도민들의 울분이 '3·1절 발포 사건'을 계기로 폭발적으로 분출되었다고 보는 게 타당하다. 남로당의 선동으로 없던 분노가 이 정도 크기로 분출되지는 않는다.

하지만 당시 미군정의 생각은 달랐다. 미극동군사령부는 총파업을 "남한에 대한 좌익의 조직적 전술"로 판단했다. 미군 방첩대 (CIC) 역시 같은 이유로 "제주도의 총파업이 남한 전역으로 번지는 시금석이 될 수 있다"고 예의주시했다.[21] 미군정의 눈에 제주도는 좌익의 근거지였다. 제주도민의 70% 정도가 좌익정당과 연관이 있을 것으로 봤다. 그래서 제주도를 한 단어로 정의했다. 'Red Island.'

비록 5년이라는 짧은 시간이었지만, 정치권에서 숱한 논쟁들을 지켜보며 내가 느낀 것은 어느 한 원인이 곧 하나의 결과로 직결되지는 않는다는 것이다. 세상은 그렇게 단순하지 않다. 복잡하게 얽히고설킨 원인과 이해관계들이 무수한 작용을 거치면서 결과가 된다. 그렇기 때문에 우리는 어떠한 대안이나 계획을 마련할 때 복잡하게 꼬인 원인들 중 가장 핵심적인 게 무엇인지를 파악하면서 동시에 다른 요소들도 고려해야 한다. 원인과 진단이 정확해야 제대로 된 해결책을 마련할 수 있는 법이다.

하지만 1947년의 제주는 그렇지 못했다. 도민과 미군정, 경찰 모두 감정적으로 격양되어 있는 상태에서 남로당 제주도당까지 가세하며 갈등이 극으로 치달았다. 사람은 이념에 눈이 멀면 단순해진다. 문제가 발생했을 때 원인을 파악하고 그에 맞는 해결책을 내려 하기보다는, 상대방을 적폐로 치부하고 청산함으로써 사안을 마무리 지으려 한다. 그게 간편하기 때문이다. 우리는 그 장면을 냉전시기 세계 곳곳에서 반복된 학살과 정치 보복을 통해 눈으로 확인할 수 있었다. 방향만 달랐을 뿐 양극단의 주체들이 보여 준 물리적

제주도의 광화문이라 할 수 있는 관덕정. 이 곳에서 일어난 3.1절 발포사건은 제주4.3사건
의 도화선이 되었다.

폭력은 크게 다르지 않았다.

경무부장이던 조병옥의 처방 역시 같았다. 사건의 해결을 위해
3월 14일, 제주도에 들어온 그는 초강경 대응을 주문했다. 다음 날
바로 전남과 전북에서 응원경찰 222명이 파견되었고, 다시 사흘 뒤
에는 경기도에서 응원경찰 99명이 파견되어 총파업 강경 대응에 나
섰다.[22] 응원경찰은 특정 지역의 경찰력만으로는 사안에 대응하기
어려울 때 타 지역에서 병력 지원을 받는 것을 의미한다. 응원경찰
이 증파되고 대대적인 검거 바람이 불었다. 닷새 만에 200여 명이
잡혀 들어갔고, 한 달 만에 500명을 넘었다. 4·3사건이 본격화한
이듬해 4월까지 그 수는 2,500여 명에 이르렀다.

행정력이 수용할 수 있는 선 이상으로 사람들을 잡아들이다 보
니 유치장이 부족해졌다. 그것도 적당히 부족한 수준이 아니었다.

3.3평 한 방에 35명이 수감될 정도였다. 사람들은 앉을 자리조차 없어 일어선 채로 수감 생활을 했다. 출근길 지하철 9호선 같은 곳에서 수감 생활을 한다면 그런 꼴일 것이다.

조병옥 하나도 빡센데 여기에 유해진이 신임 제주도지사로 가세했다. 조병옥과 마찬가지로 극우반공주의자인 유해진 도지사는 부임 전 "극좌와 극우를 배제한 행정을 추진하겠다"고 밝혔으나, 실제로는 극단적인 우익강화정책을 폈다. 정치사회계 인사들을 마구잡이로 체포했고 좌익뿐 아니라 중도 및 온건 단체에 대한 탄압의 수위도 높아졌다. 오죽했으면 미군정에서 특별 감찰을 나온 스티븐슨(Samuel J. Stevenson) 대위가 "극우 단체의 테러와 경찰의 좌익 탄압이 제주도민을 좌익으로 기울도록 하고 있다"며 "본토 출신 경찰마저 좌익을 동정하는 감정을 불러일으키도록 하고 있다"고 비판할 정도였다.[23] 이에 특별 감찰실의 넬슨(Lawrence A. Nelson) 중령이 1948년 3월 상부에 유해진 도지사의 경질을 건의했으나 결국 받아들여지지 않았다. 유해진의 존속이 두 달 여 남은 5·10 선거의 성공에 도움이 되리라 판단했기 때문이다.

나는 미국이 6·25전쟁 당시 우리나라를 지켜 주고 이후 다시 설 수 있게 해 준 고마운 나라라고 생각한다. 그들은 예나 지금이나 이성적이고 합리적인 국가다. 그러나 1947년과 1948년, 미군정이 제주도에서 보여 준 모습은 지나치게 경직된 것이었다. 그들의 강경일변도 탄압 작전은 좌익과는 무관한 사람마저 '반공'에 반감을 갖게 했다. 미군정은 4·3 직전까지 약 4개월간 진행된 감찰에서 이

3·1절 발포사건에 대한 조병옥 경무부장의 처방은 강경대응이었다. 대대적인 검거로 3.3평 짜리 유치장 한 칸에 35명이 수감될 정도였다.

러한 분위기를 탐지했지만 전략을 선회하거나 조정하지 않았다. 남한 면적의 2%도 안 되는 이 작은 섬이 뭐길래 미군정은 이토록 무리를 해 가면서까지 좌익들을 몰아넣었던 것일까? 그것은 미국에게 있어 남한에서 실시되는 5·10 선거가 그만큼 중요했기 때문이다.

소련을 봉쇄하라

동아시아에 있는 가난하고 작은 나라의 선거에 미국이 이토록 큰 관심을 쏟은 것은 한반도 땅이 그들이 추진해 온 봉쇄 전략의 연장선상에 놓여 있었기 때문이다. 전후 흔들리던 연합국 간 협조 체제는 1947년 미국의 외교관 조지 케넌(George F. Kennan)이 창안

한 대(對)소련 봉쇄 전략이 본격화하면서 종지부를 찍었다. 미국의 입장에서는 나날이 세력을 확장해 나가고 있는 소련을 보고만 있을 수 없었다.

그러나 초기의 봉쇄 전략은 훗날 격화된 냉전과는 사뭇 양상이 다르다. 케넌은 군사적 압박이 아닌, 경제성장을 바탕으로 한 자신감이 소련과 공산주의의 팽창을 억제할 수 있다고 판단했다. '등 따시고 배부르면' 공산주의 따위는 생각하지 않을 것이라고 본 것이다.[24] 따라서 제2차 세계대전으로 무너진 세계를 재건하는 것이 핵심 과제가 되었다. 문제는 돈이었다. 이때까지만 해도 미국은 전 세계를 먹여 살릴 수 있을 만큼의 초강대국이 아니었다. 그래서 지역별로 거점 국가를 지정하고 그들의 성장이 낙수 효과를 일으켜 주변국을 먹여 살리는 데 도움이 되는 방식을 취했다. 서유럽의 영국과 중부유럽의 독일이 그 대상이 되었다. 사람들이 흔히 '마셜 플랜'으로 기억하는 유럽부흥계획(ERP)이다.

같은 시기, 아시아에서는 일본에 대해 역코스(Reverse Course) 정책이 취해졌다. 미국은 원자폭탄 두 방으로 폐허가 된 일본의 경제 재건과 재무장을 도와 소련의 팽창을 막고자 했다. 자기들이 두들겨 패놓고 이제 와서 다시 키워 주겠다는 꼴이 썩 내키지는 않겠지만 미국으로서는 일본 외의 선택지가 없었다. 비록 패망했어도 일본만큼 산업화가 진전된 국가가 없었다. 더욱이 '태평양의 안위'를 위해서도 일본은 중요한 나라였다. 태평양을 자기들 앞바다로 만들기 위해서는 그 경계선이 캘리포니아를 중심으로 하는 아메리카 대륙 서쪽이 아니라 일본 본토·오키나와·필리핀을 연결하는 아시아 대륙 동쪽이 되어야 했다. 일본마저 소련의 통제에 들어갈 경우 태평양에서 절대적인 지위를 잃게 되는 것은 불 보듯 뻔했다.

원래 전후 동아시아에서 미국에게 가장 중요한 우방은 중국이었다. 그래서 장제스가 이끌고 있는 국민당 군대를 지원했다. 하지만 정작 장제스는 자국민에게 신뢰를 잃고 있었다. 미국은 1946년과 1947년에 특사를 파견해 중국 내 이런 분위기를 일찌감치 감지했다. 중국이 머지않아 공산화될 가능성도 고려해야 했다. 자연스럽게 아시아의 축은 일본으로 전환되었고, 그 앞에 놓인 한반도는 소련 봉쇄의 1차 방어선이 되었다.

미국의 애당초 계획은 한반도에서 신탁통치 기간을 거친 뒤 자유민주주의 국가를 수립하는 것이었다. 소련과 경쟁하더라도 이길 자신이 있었다. 물론 소련도 같은 생각이었다. 그러나 한국인들, 특히 미국의 핵심 지지 기반인 우익들마저 신탁통치를 반대하자 '인구 비례에 따른 남북한 총선거' 카드를 던졌고, 그 카드가 소련의 완강한 반대에 부딪치자 남한에서만이라도 미국식 민주주의가 이식된 단독정부를 수립하고자 한 것이다. 그런 점에서 5·10 선거는 미국의 '마지막 자존심'이었다. 선거의 결과가 좋지 못할 경우 자유민주주의 체제의 우월성을 보여 주는 것은 고사하고 한반도가 공산주의자들의 손에 넘어가는 꼴을 보지 말란 법도 없었다. 미국이 관리했던 지역을 소련에게 내어 준다는 것은 그들에게 있을 수 없는 일이었다. 그럴 경우 일본의 안위도, 태평양에서 패권도 장담할 수 없게 된다. 이 와중에 제주도에서 5·10 선거 반대를 주요 기치로 하는 4·3사건이 발생한 것이다.

제주도 내의 긴장이 고조되는 가운데 1948년 3월, 3건의 중요한 사건이 발생했다. 경찰에 의해 고문을 받던 조천중학원 2학년생 김용철 군과 양은하 씨가 사망하고, 박행구 씨가 총살을 당한 것이다. 심지어 김용철 군의 고문치사 소식을 듣고 조천지서 앞으로 몰려가 진상 규명을 요구했던 조천중학원 학생들마저 붙잡혀 들어갔다. 이 사건으로 민심은 극도로 악화되었다. 이 사건은 남로당이 무장투쟁을 일으키는 명분을 주기도 했다.

4월 3일 새벽 2시, 350여 명의 무장대는 "탄압이면 항쟁이다"라며 단독선거와 단독정부를 반대하는 호소문을 발표하고 한라산에서 봉화를 피워 올렸다. 이어 11개 경찰지서 및 우익 단체 간부들의 집과 사무실을 습격했다. 4·3사건의 시발점이다. 이때 무장대의 습격으로 경찰과 경찰 가족, 일반인 12명이 사망하고 29명이 부상을 입거나 행방불명되었다. 무장대 측에서는 2명이 죽고 1명이 생포되었다.[25]

미군정은 사건이 발생하자 전남에서 약 100명의 응원경찰을 급파하는 한편 '제주비상경비사령부'를 설치했다. 제주 서남부 모슬포에 주둔 중이던 국방경비대 9연대에게는 사태를 진압하라는 명령이 떨어졌다. 그러나 그에 앞서 무장대와 접촉해 항복할 기회를 주도록 했다. 9연대의 김익렬 연대장 역시 이 사건이 경찰과 서북청년회 등 극우 세력의 횡포로 인해 야기된 것으로 보고 있었다. 그는 무장대 총책임자인 김달삼과 협상에 들어갔다.

김익렬 중령은 어질고 합리적인 군인이었다. 그는 신변의 위협을 무릅쓰고 비무장 상태로 무장대의 본진에 들어가 김달삼과 협상에 들어갔다. 색안경을 낀 사람이었다면 할 수 없는 일이었다. 다행히 김달삼도 김익렬과 대화가 통하는 사람이었다. 산사람으로 보기 어렵게, 아니 당시로서는 보기 드물게 '마카오 곤색 양복'을 입고 '럭키스트라이크 담배'를 권했던 그는 "하루에도 수없이 많이 나오는 전투 희생자를 견딜 수 없어서" 전폭적인 항복을 선언했다.[26] 이 둘은 '72시간 동안 전투를 중지하고, 그사이 무장 해제와 하산이 이뤄지면 책임을 묻지 않겠다'는 내용을 골자로 평화 협상을 성사시켰다.

협상이 어렵지 않게 타결된 것은 애당초 양쪽 모두 의지가 있었기 때문이다. 상호 간의 신뢰도 있었던 것으로 보인다. 김익렬 중령은 협상 담보로 무장대가 자신의 가족을 일주일 동안 감시할 수 있도록 했다. 인질로 내어 준 셈이다. 그러나 약속은 지켜지지 못했다. 상부는 협상 결과를 뒤엎고 총공세를 명령했다. "이제는 반란군의 근거지를 알았으니 공격을 개시하라"는 것이 요지였다. 김익렬 중령은 일종의 미끼였다. 그가 "평화롭게 해결하는 것만이 유일한 방법"이라고 항변했으나 역부족이었다.

협상은 5월 1일 제주 오라리 연미마을에서 의문의 방화 사건이 발생하며 결국 파기되었다. 경찰은 이 사건이 좌익 폭도들에 의해 발생했다고 주장했다. 반면 김익렬 연대장은 우익 단체 청년들의 만행이라고 판단하고 구성원 박 모 씨를 검거했다. 이제는 김익렬도 물러서지 않았다. 나흘 뒤에는 긴급대책 회의가 열린 가운데 조병옥 경무부장과 김익렬 연대장이 몸싸움을 벌이는 사태까지 벌어졌다. 하지만 결국 김익렬 중령은 해임되었고 그 자리에는 박진경 중령이 앉았다.[27] 박 중령은 취임사에서 "제주도 폭동을 진압하기 위해서는 제주도민 30만 명을 희생시켜도 무방하다"고 천명했다. 당시 제주도의 인구는 30만 명 정도였다.

제주도에서의 5·10 선거

남한에서만 실시된 5·10 선거는 결과적으로 성공했다. 당시엔 요즘처럼 일정 연령 이상 국민 모두에게 선거권이 주어지는 것이 아니라 선거인으로 등록한 사람에게만 선거권이 주어졌는데, 유권자 중 79.7%가 선거인으로 등록했고 그들의 투표율은 무려 95.2%에 이르렀다. 미군정은, 특히 하지 중장은 '압도적 성과'에 고무되었다. 유권자들에게 등록과 투표를 강제했다는 논란이 일기는 했지만 어찌되었든 명목상의 지표는 성공이었다.

그러나 제주도만큼은 예외였다. 유권자 수 대비 선거인으로 등록한 사람의 비율은 타 지역보다 10~20%가량 낮은 69.8%에 불과했고, 투표율은 86.6%를 기록했다. 86.6%라고 하니 높은 듯 보이지만 사실 이것은 선거가 정상적으로 진행된 남제주군[29] 선거구에만 해당하는 것이다. 북제주군 갑 선거구와 을 선거구는 투표율이 절반에도 못 미쳐 당시 선거법에 따라 무효 처리되었다. 전국에서 유일하게 제주도에서만 두 개의 선거구가 무효가 된 것이다.

제주도에서 선거가 망한 것은 무장대 때문이었다. 그들은 5월 7일부터 10일까지 선거사무소를 집중 공격하는가 하면, 선거관리 공무원을 납치·살해하는 일도 서슴지 않았다. 주민들은 "선거기간

입산하라"는 무장대의 지시에 강제적으로 또는 자발적으로 산으로 올라가 선거가 끝난 뒤에 내려왔다. 이들이 이토록 단독선거를 반대한 것은 그것이 한민족의 염원이거나 한반도의 평화를 해쳐서가 아니다. 선거의 성패가 자신들의 이해관계와도 어느 정도 결부되어 있었기 때문이다. 만일 남한에서 단독정부가 들어선다면 그것은 우파 정부일 것이고, 그렇게 될 경우 남로당의 존립 기반은 무너지게 될 것이 명확했다.

미군은 사태의 심각성을 인지하고 제주도에서만큼은 적극적으로 선거에 개입했다. 공무원들이 투표함을 옮기기 어려웠던 중산간 마을에는 미군이 직접 투표함을 싣고 들어가 선거를 치르기도 했다.[30] 이렇게 각고의 노력을 기울였는데 선거구의 2/3가 무효화되었으니, 미군정 입장에서는 제주도를 아니꼽게 보지 않을 수 없었다. 윌리엄 딘(William F. Dean) 군정장관은 "공산주의자들이 제주도에서 선거 저지를 위해 최대의 노력을 기울인 게 분명하다"고 상부에 보고했다. 이들은 6월 23일 재선거를 명령하는 한편 선거 소요에 대해서는 강력한 진압 작전에 돌입했다. 이를 위해 기존 제9연대와 제5연대를 합쳐 경비대를 재편성했다. 연대장에는 박진경이 선임되었다. "30만 명을 희생시켜도 무방하다"던 그 박진경이다.

'박진경 연대'의 토벌 작전은 정말 빡셌다. 6월 중순까지 무려 6,000명에 달하는 사람들이 체포되었다. 이들은 대부분 남로당 무장대가 아니라 평범한 사람들이었다. 사병들도 이건 아니다 싶었는지 5월 20일 밤에는 41명이 부대를 탈출하는 사건이 벌어졌다. 그럼에도 박진경은 "매일 군인 한 명이 폭도 한 명을 체포해야 한다"며 강경 작전을 멈추지 않았다. 결국 그는 문상길 중위를 비롯한 부하 네 명에게 암살당하고 말았다. "학살을 멈추기 위해" 직속상관을 살해한 문 중위는 결국 총살되었다.[31]

재선거마저 상황이 여의치 않아 무산되었다. 제주도에는 자잘한 소요 상태가 끊이지 않았다. 그럼에도 1948년 여름, 그러니까 7월부터 9월까지의 상황은 대체로 소강 국면에 접어들었다. 남과 북모두 각각의 정부를 수립하기에 여념이 없었던 덕분이다. 제주도에서 3개 중 2개의 선거구가 무효가 되었음에도 198명의 제헌의회는 정상적으로 항해를 시작했다. 이들은 삼권분립과 대통령중심제, 국회의 대통령 선출 등을 골자로 하는 제헌헌법을 만들었다. 그들은 이승만 박사를 초대 대통령으로 선출했다. 1948년 8월 15일, 드디어 대한민국 정부가 출범하게 되었다.

대한민국에서는 비슷한 시기에 '지하 선거'도 진행되었다. 북한 정권 수립을 위한 것이었다. 제주도에서도 무장대의 강요에 의해 백지에 이름을 쓰거나 지장을 찍는 형식으로 선거가 강요되었다. 도민들은 마지못해 한 선거였지만 이것이 빌미가 되어 훗날 엄청난 살육이 벌어졌다.

한편 김달삼을 포함한 무장대 6인은 1948년 8월 21일부터 해주에서 열리는 남조선인민대표자회의에 참석하기 위해 제주를 떠났다. 여기에 모인 '지하 선거 당선자' 1,002명은 곧 수립될 북한 정권에 대한 지지를 표명했다. 남로당 무장대가 지지한 것이지, 제주도민들이 지지한 것은 아니었음에도 이 일로 미군정은 일종의 결단을 내린 것 같다. 거대한 먹구름이 제주도 앞바다에 드리워졌다.

용눈이오름과 다랑쉬굴

셋째 날 아침. 눈을 뜨니 머리가 깨질 것만 같았다. 새벽 2시까지 과음을 한 탓이다. 성산일출봉 앞에 있는 작은 게스트하우스에서 머물렀는데, 함께 머문 사람들과 파티를 하고, 또 마치는 게 못내 아쉬워 자리를 옮기다 보니 4차까지 가 버렸다. 정치사회 쪽에 몸담지 않은, 처음 만나는 사람들과 이렇게 늦게까지 술을 마셔 본 것은 내 생애 처음이었다.

몇 년 전부터 제주도의 게스트하우스들이 투숙객을 위해 파티를 여는 것은 유명했다. 하지만 딱히 관심도 없었거니와 이제는 가도 나보다 열 살은 어린 대학 신입생들이나 올 것 같아서 생각조차 하지 않았다. 인싸들 자리에 나 같은 아싸들이 끼어 봤자 구석에서 술만 주구장창 마시고 있을 터였다. 그래도 "한 번쯤은 가 봐라", "나 같으면 매일 가겠다" 하는 친구들의 성화에 못 이긴 척 당일 오후에 예약을 하고 게스트하우스에 짐을 풀었다. 결과적으로는 제주도에서 했던 선택 중 가장 탁월한 선택이 되었다.

성산의 게스트하우스에서 만난 친구들은 정말 다행히 내 나이 또래였다. 적어도 이들 사이에서는 거리감을 느끼지 않아도 되니까 마음이 한결 놓였다. 공기업 NCS 시험을 함께 준비했던 스터디 모임도 있었고, 퇴사한 뒤 잠시 제주도에 들른 친구, 싱가포르 회사에서 일을 하다가 휴가를 내고 온 친구까지, 삶도 사람 수만큼 각양각

이름 없는 해변에서 바라본 성산
일출봉. 비현실적일 정도로 아름
다운 경관에 한 시간을 넘게 머물
렀다. 나는 이런 감동을 마주하고
자 계획 없이 여행을 다니곤 한다.

색이었다. 이들의 대화를 듣는 것만으로도 배움이 되는 시간이었다. 자기만의 익숙한 틀을 깨고 나가야 성장할 수 있다는 말이 실감되었다. 한편으로는 그동안 나에게 익숙한 세계, 예컨대 여의도에서 벗어나지 않고 같은 패턴으로 일상을 반복해 온 내 자신이 원망스러웠다.

과음으로 울렁거리는 속을 가라앉히고자 이들과 다 같이 모닝커피를 마시러 갔다. 성산일출봉이 정면으로 바라보이는 카페는 비록 앙드레 가뇽의 연주는 없었지만 그 자체로 훌륭한 관광지가 되었다. 하지만 조금 답답했다. 우리는 섭지코지로 갈지, 오후에 가기로 한 유채꽃 축제를 바로 보러 갈지를 놓고 고민했다. 그러다가 문득 카페에 오기 전, 인근 주차장에 차를 대면서 바다로 가는 길을 언뜻 본 게 떠올랐다. 근처에 해변이 있는 것 같으니 함께 가 보지 않겠느냐는 나의 제안에 다들 흔쾌히 동의해 줬다.

광치기해변의 바로 옆, 지도에는 이름조차 나와 있지도 않았던 그 해수욕장에서 우리는 1시간을 넘게 사진을 찍고 이야기를 나눴다. 다들 "제주도 여행 중 최고의 장소"라며 극찬을 아끼지 않았다. 모래사장은 새하얗게 빛났고 바다는 깨끗한 물만 담아 놓은 듯 새파랗게 출렁였다. 왼편에서는 성산일출봉이 마치 산을 가위로 오려다가 바다 위에 붙여 놓은 듯 비현실적인 장관을 자랑하고 있었다. 사람이라고는 우리 일행뿐이었다.

나는 여행을 갈 때 좀처럼 계획을 세우지 않는다. 배고프면 인근 식당으로 들어가고, 피곤하면 근처에 있는 숙소를 잡는다. 그래서 남들 다 가 보는 곳은 못 가 보는 경우가 많지만, 반대로 남들이 누리지 못하는 즐거움을 발견할 때도 많다. 물론 개인의 취향은 정치뿐만 아니라 일상에서도 정말 다양하기 때문에, 누군가에게는 인스타그램에서 본 맛집이나 명소를 들르는 게 더 중요할 수도 있다. 자기한테 맞는 삶의 방식을 찾아 나가는 것 또한 여행이 아닌가 하는 생각이 들었다.

의외의 장소에서 한껏 업 된 텐션은 유채꽃 축제로 이어졌다. 4월 초의 제주도에서는 벚꽃과 유채꽃이 파도처럼 일렁였다. 난 노인네도 아니고 무슨 꽃을 보러 가나 싶었는데 막상 가시리 유채꽃 축제장에 도착하고 나니 사람들이 왜 꽃구경을 다니는지 이해할 수 있었다. 무엇보다 제주도에서 운전한 지 불과 3일 만에 차들로 북적이는 좁은 도로를 비집고 다닐 수 있게 되었다는 점에서 뿌듯함이 밀려왔다. 일행은 연신 셔터를 눌러 댔고 나도 거기에 숟가락 얹어서 단체 사진 몇 장을 건졌다. 하지만 이내 이들과 작별해야 했다. 배준호 선배를 데리러 공항에 가야 했기 때문이다. 아쉬움을 뒤로한 채 "서울에서 다 같이 한 번 모이자"는 공약을 던지고 서로의 SNS를 등록했다. 그리고 공항으로 향했다.

정의당에서 부대표를 지냈던 배준호 선배는 청년정치크루를 처음부터 지켜봐 준 고마운 사람이다. 「취업준비생보호법」을 만들고 이 정책을 정치권에 제안할 방법이 없어 막막해 하던 2016년, 나는 정치인들에게 다짜고짜 메일을 보냈는데 유일하게 그로부터 "한 번 찾아오라"는 답장이 왔다. 아쉽게도 당내 상황상 제대로 반영되지는 않았지만 정치권에서 목소리를 들어 준다는 것만으로도 큰 의미를 가졌던 그 시절의 고마움은 아직도 가지고 있다.

　내가 배 선배를 인간적으로 좋아하는 것은 그가 당리당략에 얽매이지 않고 유연한 생각을 보여 줘서다. 그래서 우리는 매번 술자리를 가질 때마다 여야 할 것 없이 잘못한 것은 잘못했다, 잘한 것은 잘했다고 숨김없이 털어놓는다. 나야 정당 밖에서 독고다이로 활동하는 사람이라 그럴 수 있다 쳐도, 당에서 부대표까지 지낸 사람이 그러기엔 쉽지 않을 텐데 유쾌하게 이야기를 풀어 나가는 것을 보면 이 형도 보통 사람은 아니다.

　그가 이번에 제주도에 오는 것은 순전히 나를 보기 위해서다. 제주도에 오기 전날 페이스북에 "제주도에 가니 오실 분은 오시라"고 했는데 정말로 날짜를 잡고 제주도로 와 줬다. 그것도 목요일 저녁에 와서 금요일 정오에 돌아가는, 20시간이 채 안 되는 일정으로 말이다. 귀한 시간을 내서 와주는 사람에게 의미 있는 시간을 선물하고 싶었다. 어디를 구경시켜 주면 좋을까 고민하던 끝에 내가 고른 곳은 바로 용눈이오름과 다랑쉬굴이었다.

　내가 여행을 갈 때 고려하는 것은 크게 자연환경과 인문환경이다. 전자는 말 그대로 빼어난 자연 경치를 가진 곳이고, 후자는 역사적으로나 사회적으로 의미가 있는 곳을 뜻한다. 강원도 같은 경우는 대개 인문학적인 요소보다 바다나 산같이 자연환경적인 요소를 즐기기 위해 방문하는 사람이 많다. 반대로 광주나 인천은 그곳에 담겨 있는 이야기를 위해 찾는 경우가 대부분이다. 제주도에는 이 두 가지 요소를 갖춘 곳이 많지만 다랑쉬오름과 용눈이오름이 있는 구좌읍 일대는 그중에서도 단연 최고다.

공항에서 배준호 선배를 태운 뒤 곧장 한 시간여를 달렸다. 용눈이오름에 도착한 것은 해질녘이었다. 해가 넘어가는 자리에 낮은 산 하나만 있었어도 이미 어둑어둑해졌을 것이다. 배 선배는 제주도에 자주 왔다고 하더니 차 장면으로 용눈이오름의 경관이 펼쳐지자 복식으로 "우와" 하는 감탄사를 내뱉었다. 나 역시도 경치를 오래 즐기고 싶어 최대한 속도를 늦춘 채 달렸다.

오름은 산봉우리나 산을 뜻하는 제주도 말이다. 한라산이 생성될 때 함께 만들어진 이 기생화산들은 제주도에 무려 300개가 넘게 있다. 제주도의 경우 단일 섬으로서는 가장 많은 기생화산을 품고 있다. 오름은 제주도 사람들의 삶이기도 했다. 가족이 죽으면 오름에 묻고 돌로 산담을 둘렀다. 그렇게 나무 한 그루 없는 매끈한 오름들 곳곳에 직사각형 도장을 찍은 듯 산담이 그려져 있다.

용이 누워 있는 모양이기도 하고 하늘에서 내려다보면 화구의 모습이 용의 눈 같다고 해서 이름 붙여진 용눈이오름은 오르기 쉬우면서도 빼어난 경치를 자랑해 '오름 입문자'들에게 적격이라고 한다. 입구에 주차장도 마련되어 있어 운전만 가능하다면 접근성도 나쁘지 않은 편이다. 사실 처음에는 오름 정상을 걷고 있는 사람들을 보며 "저길 언제 가" 하고 생각했다. 용눈이오름의 높이는 무려 해발 274m에 이른다. 그런데 신기하게도 능선을 따라 걷다 보니 금세 한 바퀴를 돌게 되었다. 그만큼 빼어난 경치에 시간을 잊었거나 보이는 것만큼 크지는 않다는 방증일 것이다.

용눈이오름의 매력은 무엇보다 파도처럼 굽이치는 능선에 있

풀이 자라나기 전의 용눈이오름은 하늘과 경계를 만들어내며 비현실적인 풍경을 자아낸다.

다. 마치 경기 전 서로 어깨동무하고 결의를 다지는 세 명의 축구선수처럼 분화구 3개가 붙어서 만들어졌기 때문이다. 더욱이 가운데는 밀가루 반죽을 주먹으로 친 것처럼 푹 들어가 있는데, 그 덕분에 어느 한쪽 정상에 올라서도 사방을 다 조망할 수 있었다. 제주도 사람들은 이처럼 오름 가운데가 움푹 들어간 것을 굼부리라고 부른다. 오름 아래쪽에서 능선 위를 걷고 있는 사람들을 올려다보면 마치 하늘과 땅의 경계를 줄타기하고 있는 것처럼 보인다. 내륙에서는 절대 볼 수 없는 이 모습에 연신 감탄을 토했다.

그런데 용눈이오름에 오르면 도저히 외면하려야 외면할 수 없는 자연의 작품이 하나 눈에 들어온다. 바로 맞은편에 자리 잡고 있는 다랑쉬오름이다. 다랑쉬오름은 웅장하면서도 우아한 자태를 자랑해 '오름의 여왕'으로 불릴 정도다. 중학교 때 영어 교과서에서 호주의 하스스톤인지 무슨 스톤인지 하는 커다란 암벽의 모습이 빼어나네 하던 기억이 떠올랐다. 아마 그 무슨 스톤 하는 것도 이 다랑쉬오름에는 비하지 못할 것이다. 나는 특히 유홍준 교수가 『나의 문화유산답사기 7(제주편)』를 통해 극찬을 아끼지 않았던 탓에 '제주도에 가면 한 번쯤 올라야지' 하고 벼르고 있었다. 그런데 시간이 이렇게 늦어 버려서 다랑쉬오름 산책은 다음으로 기회를 미룰 수밖에 없었다. 물론 용눈이오름 하나만 올랐어도 구좌읍의 매력에 푹 빠지기엔 충분한 시간이었다.

제주도의 여느 지역들처럼, 다랑쉬오름 일대도 수려한 자연에 반비례해 4·3과 관련한 아픈 역사를 갖고 있다. 다랑쉬오름 아래 다랑쉬마을에는 10여 가구 40여 명의 사람이 살고 있었다. 농사지을 땅이 없어 중산간인 이 지역까지 밀려온 사람들은 피, 메밀, 조 등을 일구며 먹고살았다. 그러다가 중산간마을에 대한 소개령이 떨어지며 해안 마을로 강제 이주하게 되었다. 경찰들은 이내 이 마을의 가옥들을 부수고 불을 질렀다. 폐촌이 된 다랑쉬마을은 그 뒤로 복구되지 못한 채 '잃어버린 마을'로 남았다. 다행히 다랑쉬마을을 옮기는 과정에서는 인명 피해가 발생하지 않았다. 그러나 다랑쉬마을 근처 다랑쉬굴에서 1992년 4월, 11구의 유해가 발굴되면서 세간의 주목을 받게 되었다. 무엇보다 4·3사건 당시 그들이 사용했던 솥, 항아리, 사발 등 생활도구들이 그대로 남아 있어 사람들의 마음을 아프게 했다. 토벌대는 굴 안에서 인기척이 감지되자 입구에 불을 지펴 그들을 질식사시켰다. 희생자들은 대부분 토벌대를 피해 숨어 다니던 인근 종달리, 하도리 사람들이었다.

71년 전 제주도 땅에서 안전한 곳은 없었다. 배를 타고 육지나 일본으로 넘어가려 해도 원체 경비가 삼엄해 엄두조차 낼 수 없었다. 그렇다면 '하늘로 솟거나' '땅으로 꺼져'야 했는데 날아갈 수는 없으니 사람들이 선택할 수 있는 것은 '땅으로 꺼지는' 수뿐이었다. 그래서 사람들은 폭포 뒤 동굴이나 땅굴 속으로 숨어 들어갔다. 이러한 사실을 군과 경찰이 몰랐을 리 없다. 더러는 고문을 참지 못해 동네 사람들이 은신해 있는 굴의 위치를 불기도 했다. 물론 그들도 대부분 굴을 찾은 뒤 총살되었다. 목시물굴·빌레못에서 그렇게 수십 명이 죽어 나갔고, 큰넓궤에서는 무려 120명 넘는 사람들이 2개월간 몸을 숨겼으나 끝내 발각되어 희생되었다.

나는 다랑쉬굴을 찾아가기 위해 내비게이션을 검색했지만 좀처럼 검색 결과가 나오지 않았다. 심지어 네이버 지도에도 위치만 표시되어 있을 뿐, 가는 길은 직선으로 대강 표시되어 있었다. 위치만 가늠한 채 포장도 안 된 흙길을 비집고 들어갔다. 우리는 풀숲을 헤치고 나가면서 연신 잘못 가는 거면 어쩌나 하는 걱정을 지울 수 없었다. 이런 데 길이 있나 싶을 정도로 험했고, 만일 잘못 들어선 거면 시간상 다랑쉬굴로 되돌아갈 수는 없었기 때문이다. 이미 해가 대부분 넘어가 어스레했다.

한가득 안고 있던 근심은 다랑쉬굴을 안내하는 작은 표지판을 보고 눈처럼 녹아내렸다. 하긴, 이렇게 험한 곳까지 숨어들어야 발각되지 않을 가능성을 기대할 수 있는 것 아닐까. 하지만 토벌군은

오름의 여왕으로 불리는 다랑쉬오름. 그 앞에 다랑쉬굴이 있다.

여기까지 찾아들었다.

"마음이 참 무겁네요."

콘크리트로 막힌 다랑쉬굴 입구를 바라보며 배준호 선배는 내게 딱 이 한마디만 했다. 연신 밝고 유쾌했던 그였기에 그 한마디가 내게 더 크게 다가왔다. 어른은커녕 아이조차 들어가기 어려울 것 같은 이 굴 속에 10명이 넘는 사람이 들어갔다니, 도대체 무엇이 그들의 삶을 이렇게 땅굴 속으로 밀어 넣었던 것일까? 분노를 좀처럼 지울 수가 없었다. 그들이 정말로 국가 전복을 꾀하고 적화통일을 염원했던 무장대였다면 이렇게 분노가 일지는 않았을 것이다. 그러나 빨갱이로 지목되어 섬멸당한 이들은 군경뿐만 아니라 무장대도 두려워하며 이리저리 도망 다녔던 양민들이었다. 1948년의 제주도에는 이념만 있을 뿐 사람은 없었다. 이념 갈등은 여순 사건이 발생하며 더욱 격화되었다.

여수에 주둔 중이던 국방경비대 제14연대가 제주도 파병을 거부하고 반란을 일으킨 것은 10월 19일의 일이다. 남로당 소속 김지회 중위·지창수 특무상사를 중심으로 한 이들은 "경찰 타도"와 "동족상잔의 제주도 출동 반대"를 외치며 여수·순천으로 진격했고 급기야 3일 만에 전남의 6개 군을 장악했다.

출병을 거부한 이들에게는 여러 가지 이유가 있었을 것이다. 불과 2년 전까지 같은 전남에 속했던 제주도민들에 대한 연민, 박진경 암살 사건을 시작으로 본격화된 숙군 작업에 대한 불안감, 당시 여수 지역에서 빚어졌던 군과 경찰 사이의 갈등까지. 그러나 이들이 남로당 소속이었다는 것만으로도 미군과 이승만 정부에는 다른 이유가 필요하지 않았다. 더욱이 주한 미군 철수를 앞둔 시점이었기 때문에 미군 입장에서는 '공산 잔당'의 뿌리를 확실히 뽑아 둘 필요가 있었고, 정부는 정부대로 미국에게 주한 미군 철수 이후 남한 내의 질서 유지 능력을 보여 줘야 했다. 결과적으로 여순 사건은 제주도에도 엄청난 쓰나미를 일으켰다.

여순 사건을 일주일 만에 진압한 미군과 정부의 시선은 자연스레 제주도로 쏠렸다. 그들은 제주도에서 남로당 무장대 세력을 완전히 제거하지 못하면 그 여파가 여순 사건처럼 내륙으로 다시 번질 수 있다고 내다봤다. 거기에 더해 당시는 UN총회 회기 중 대한민국 정부가 승인을 받을 수 있을지 여부도 불투명한 상황이었다.

이승만 대통령 입장에서는 하루 빨리 제주도에서의 소요사태를 마무리 짓고 싶었을 것이다.

정부는 결국 '엘리전' 카드를 선택했다. 한라산 자락 중산간마을을 초토화하기로 결정한 것이다. 이미 제주도에 주둔하고 있던 제9연대의 연대장 송요찬이 17일 "10월 20일 이후 해안선으로부터 5km를 벗어나는 내륙지역은 '적성 지역'으로 간주하겠다"며 포고문을 발표한 바 있었다. 5km이상 내륙으로 들어갈 시 폭도로 간주해 무조건 총살하겠다는 섬뜩한 경고였다. 이에 질세라 제주도의 무장대도 24일 선전포고와 함께 호소문을 발표하며 죽자고 달려들었다. 여기에 정부가 11월 17일, 제주도에 계엄령을 선포하면서 사태는 걷잡을 수 없는 지경에 이르렀다.[32]

중산간마을 '초토화 작전'

제주 4·3사건 진상 규명 및 희생자명예 회복위원회가 집계·발표한 4·3사건의 공식적인 희생자는 1만 4,231명이다. 하지만 온 마을이 초토화되고, 온 가족이 몰살당해 피해자 신고나 증언을 해 줄 수 없는 경우가 허다했다. 전문가들은 여러 자료와 인구 변동 통계 등을 감안해 약 3만 명 내외의 희생이 있었을 것으로 추정하고 있다.

4·3사건 희생자의 대부분은 1948년 10월부터 이듬해 3월까지 진행된 '초토화 작전' 기간에 발생했다. 1948년 9월 말까지 희생자 수가 1,000명 정도로 알려져 있는데, 그것은 '초토화 작전'이 이뤄지던 시기에 2만 명 넘게 희생당했다는 것을 의미하기도 한다. 그해

(위, 아래) 다랑쉬굴의 입구. 1992년 11구의 유해가 발굴되며 세간의 주목을 받았다. 토벌대는 굴 안에서 인기척이 감지되자 입구에 불을 피워 그들을 질식사시켰다.

겨울, 제주도는 지옥이었다.

　중산간마을에 대한 무차별 학살의 전제는 해당 지역 주민들이 한라산으로 숨어 들어간 무장대에게 도움과 편의를 제공한다는 것이었다. 그래서 국방경비대는 중산간마을을 대상으로 "태워 없애고, 굶겨 없애고, 죽여 없애는" '삼진작전(三盡作戰)'을 전개했다. 무장대에게 조금이라도 도움이 될 수 있는 것은 모조리 없애 버림으로써 말려 죽이겠다는 심산이었다.

　먼저 중산간마을에 살던 주민들에게 소개령이 내려졌다. 소개의 사전적 정의는 "공습이나 화재 따위에 대비해 한곳에 집중되어 있는 주민이나 시설물을 분산함"이지만, 이때에는 중산간마을을 싹 다 비우고 군경의 지배하에 있는 지역으로 주민들을 강제 이주시키는 형식으로 진행되었다. 무려 2만 명에 달하는 중산간 지역 주민들은 하루아침에 생활 터전을 상실했다. 제대로 된 이주시설도 마련되어 있을 리 만무했다. 소개되어 해안으로 내려온 사람들은 돌로 울타리를 두르고 가건물을 지어 생활해야 했다. 포로수용소랑 다를 바 없었다. 더욱이 한평생 살아온 삶의 터전을 버리고 간다는 것부터가 결코 쉬운 일이 아니었다. 많은 사람이 못 내려간다고 버티거나 동네에서 몰래 숨어 지내다가 총살당했다. 상당수가 노인이었다. 경비대를 피해 다닐 재간도 없었거니와 설마 자신과 같은 노인네를 무장대로 몰아 죽이겠느냐 하다가 목숨을 잃은 것이다. 이성이 통하는 시절이 아니었다.

　마을에 남아 있지도, 내려가지도 못하는 사람들은 산으로 피신했다. 눈에 띄면 총살을 면치 못했기에 이들은 동굴 안으로 몸을 숨겼다. 이부자리와 간단한 가재도구만 챙겨 간 동굴 안의 삶은 참담했을 것이다. 하지만 유독 눈이 많이 내렸던 겨울, 굴속은 많은 이들에게 소중한 은신처가 되어 줬다.

그런데 안타깝게도 이들의 피난은 대살(代殺)의 빌미가 되기도 했다. 소개령에 따라 해변 마을로 내려왔어도 가족 중 누군가가 없으면 '도피자 가족'이라며 '대신 살해'하는 일이 비일비재했다. 토벌대는 주민들을 집결시킨 후 호적을 일일이 대조하고 젊은 사람이 한둘 비면 "폭도로 산에 오른 게 분명하다"며 주민들에게 총질을 가했다. 12월 22일, 표선리에서는 그렇게 76명이 희생되었다. 당시 토벌대는 소개된 사람들을 표선국민학교에 모아 놓고 '가족 전부가 소개 온 집안'과 '그렇지 않은 집안'을 나눠 한 사람이라도 비는 집안은 모두 '버들못'으로 끌고 가 총살했다.

'도피자 가족'은 화풀이의 대상이 되기도 했다. 12월 3일엔 구좌면 세화리가 무장대의 습격을 받아 48명이 숨지고 마을 곳곳이 불에 탔는데, 이에 토벌대는 이틀 뒤 주민들을 불에 탄 공회당에 집결시켜 놓고 집 안에 청년이 사라진 '도피자 가족'을 끌어내 16명을 총살했다. 비단 가족 중 도피자가 없어도 무장대의 습격을 받으면 그 뒤에는 주민들에 대한 보복이 잇따랐다. "무장대와 내통해서 그들이 쳐들어왔다"는 논리였다. 주민들이 진짜로 무장대와 연관이 있든 없든 그것은 중요치 않았다. 말 그대로 무차별적 학살이었다. 사람 목숨이 가축들보다 못했던 시절이었다.

낮에는 토벌대가 제주도민들의 생사를 거머쥔 염라대왕이었다

(위, 아래) 낙선동에 남아 있는 4.3성. 군경은 중산간마을에 소개령을 내리고 해안마을에 전략촌을 설치했다. 무장대와의 연계를 차단하고 주민들을 효율적으로 감시, 통제하기 위한 방편이었다.

면, 밤에는 무장대가 저승사자처럼 다가왔다. 무장대는 특히 국방경비대가 주둔하던 마을을 집중적으로 공격했는데, 그 때문에 구좌면 세화리, 표선면 성읍리, 남원면 남원리 등지에 살던 주민들도 덩달아 극심한 고통을 겪어야 했다. 물론 토벌대에 의한 희생이 무장대에 의한 희생보다 7배 컸지만, 그래도 2,000명에 가까운 사람들이 무장대의 손에 목숨을 잃었고 그보다 더 많은 사람이 가족을 잃은 것 또한 사실이다.

무장대는 밤마다 찾아와 눈앞에서 총을 쳐들고 곡식과 옷을 내어놓으라고 하는가 하면, 때로는 토벌대 진입을 막기 위한 도로 파괴 작전에 주민들을 동원하기도 했다. 무장대의 협박에 따르지 않을 도리가 없었지만, 이것은 여지없이 토벌대의 학살의 빌미가 되었다. 무장대가 공격해 오기라도 하는 날이면 사태가 진정되고 이내 보복 학살이 자행되기도 했다. 토벌대와 무장대 간 죽고 죽이는 극한 대립 속에서 발생한 피해자는 대부분 무고한 양민들이었다.

한편 무장대가 한밤중 몰래 마을로 내려가 주민들에게 양식과 의복을 요구하는 것을 악용해 함정 토벌이 이뤄지기도 했다. 토벌대는 낡은 옷으로 변장한 뒤 민가로 가 '무장대 코스프레'를 했다. "무장대인데 좀 숨겨 달라"고 애원하거나 식량, 옷 등을 요구하는 식이었다. 이때 단호하게 거절하지 못하고 자의 반 타의 반으로 요구에 응했던 사람들은 곧바로 토벌대에게 총살당했다.

여기에 더해 자수를 위장해 사람들을 죽이는 일도 비일비재했다. 토벌대는 주민들을 모아 놓고 "과거 조금이라도 잘못한 사람은 자수하라. 자수하면 살려 주지만 나중에 발각되면 총살을 면하지 못한다"고 으름장을 내놓았다. 사람들은 긴가민가했어도 "이미 '관련자 명단'을 가지고 있다"는 협박에 응하지 않을 도리가 없었다. 애초에 자수를 요구하는 것 자체가 명단이 없다는 뜻이지만 겁에 질린 많은 주민이 순순히 과거의 '잘못'들을 자백했다. 주로 과거 건국준비위원회나 인민위원회 활동, '3·1절 발포 사건'에 항의해 집회에 참여했던 경험, 무장대에게 식량을 내어 준 사실 등이었다. 토벌대는 주민들에게 "토벌에 참여할 사람은 차에 타라"고 속인 뒤 제주읍 박성내라는 하천변에서 150명을 한꺼번에 죽였다. 1948년 12월 21일의 일이다. 희생자 유가족들은 이 일을 '자수 사건'이라고 부른다.

이 시기에 또 빼놓을 수 없는 것이 바로 서북청년회이다. 제주 4·3사건을 이야기할 때 서북청년회의 만행을 짚고 넘어가지 않을 수 없다. 보통 '서북청년단'으로 잘 알려진 이들은 한반도의 서북(西北), 즉 38선 위에서 월남해 내려온 청년들로 구성된 우익 청년단체이다. 공산주의가 싫어서 넘어온 사람들이었던 탓에 이들은 반공 색채가 대단히 짙었다. 그래서 우익 정치인과 친일 기업가들로부터 자금을 받으며 좌익 단체나 언론사, 노동조합 등에 대한 물리력 행사를 서슴지 않았다.

서북청년회는 4·3사건이 일어나기 전에도 이미 500명가량이 입도해 있었다. 3·1절 발포 사건이 발생한 이후 응원경찰들을 충원하면서 서북청년단도 함께 들여보낸 것이다. 하지만 이때는 민간인 자격이어서 정부 지원을 제대로 받을 수 없었다. 서청 단원들은 활동비 등을 벌기 위해 주로 엿장수를 하다가 그 세가 불어나자 이승만 사진과 태극기 등을 주민들에게 강매하기 시작했다. 이들의 패악질은 도민들의 엄청난 반발을 샀다. 4·3사건 발발의 주요 원인으로 꼽는 사람도 많다. 그러나 정부는 오히려 이들에게 힘을 실어 줬다.

4·3사건 발발 직후 500명이 그리고 1948년 말에는 1,000명 이상의 서청 단원이 제주로 파견되어 들어왔다.[33] 민간인이었던 이들은 경찰과 군인으로 토벌대에 속속 합류했다. 이들로만 구성된 특별 중대가 꾸려지기도 했다. 서청 특별 중대가 주둔했던 성산포, 구좌면 월정리, 한림면 한림리 등에서는 비명이 끊이지 않았다. 보초를 서던 순경조차 충격으로 입이 비뚤어질 정도였다.[34] 서청 단원들은 과거 자신들로부터 이승만 사진과 태극기 등을 구매하지 않았던 사람들은 모두 죽여 버렸다. 12월 말, 제주 주둔군이 제9연대에서 제2연대로 교체되며 서청의 위세는 더욱 높아졌다. 그들의 눈 밖에 나면 경찰이나 경찰 가족도 목숨을 부지하기 어려웠다. 그들에게는 대통령이라는 든든한 뒷배가 있었다. 이승만 대통령은 1949년 1월 21일, "미국의 원조를 받기 위해 악당을 가혹한 방법으로 탄압해 제주 사건을 발본색원하라"고 지시했다. 그에게 있어서 서북청년회는 '가장 신뢰할 수 있는 토벌대'였다.

서북청년회의 악행들을 살펴보면 공권력이냐 민간인이냐, 그것이 적법한 권한이었냐 아니냐를 따지기에 앞서 이들이 사람인가 아닌가 하는 의문이 든다. 할아버지와 손자를 마주 앉혀 놓고 서로 뺨을 때리게 하는가 하면, 부모를 쏘아 죽일 때 그들의 어린아이들에게 박수 치고 만세를 부르라고 강요하기도 했다. '남편이 입산했다'

는 이유만으로 임산부의 머리에 휘발유를 뿌리고 불을 붙인 뒤 산 채로 매장한 경우도 있었다. 평범하게 총으로 쏘아 죽이면 오히려 다행이었다.

가혹한 고문으로 악명을 떨치기도 했는데 서청의 만행에 오죽 하면 "이름을 빼앗기지 말라"는 말이 유행할 정도였다.[35] 우연히 이 들에게 잡혀가는 사람 눈에 띄거나 그 사람의 기억 속에 자기 이름 을 남기지 말라는 뜻이다. 가혹한 고문을 받다 보면 아무 이름이나 튀어나오는 법이기 때문이다.

미군 역시 이러한 사실들을 모르지 않았다. 오히려 군 병력을 서청 단원들로 보강하는 계획을 세우며 그들에 대한 신뢰를 아끼지 않았다. 미국이 6·25전쟁을 치르며 엄청난 수의 자국 청년들을 잃 으면서도 우리나라를 지켜 준 고마운 나라라는 사실에는 변함이 없 지만, 적어도 제주도에서 벌어졌던 제노사이드에서만큼은 미국 역 시 자유로울 수 없다.

이승만 정부와 미군을 등에 업었던 덕분에 서북청년회는 어마 어마한 수의 사람들을 죽이고도 그 누구도 처벌받지 않았다. 오히 려 희생자 유가족들이 '빨갱이 가족'의 굴레를 쓰고 숨죽이며 살아 야 했다. 1960년 4·19혁명 직후 제주 4·3사건과 관련한 가해자 처 벌이 대두되긴 했지만 이내 5·16군사정변이 발생하며 사안은 다시 덮이게 되었다.

어느 시기, 어느 나라나 개인 또는 집단 간 무력 분쟁은 있을 수 있다. 인간은 불완전한 존재이기 때문이다. 그렇기에 우리는 국가 와 정부를 세우고 무력을 중재한다. 갈등의 해결과 이를 통한 국민

안전 보장은 국가의 첫 번째 임무다. 그러나 1948년 제주도에서 국가는 그 역할을 전혀 하지 않았다. 오히려 민간단체에게 초법적 권한을 쥐어 주고 무고한 양민 학살을 재촉했다. 서북청년회는 그것이 국가를 위한 일이라고 확신했을 것이다. 나는 서북청년회 단원 중 그 누구도 이 야만의 역사에 대해 반성하거나 사과했다는 기록을 찾을 수 없었다.

이승만 정부는 극도로 경직된 반공 이데올로기에 사로잡혀 있었다. 국가가 하나의 신념을 맹신하고 일방적으로 특정 집단을 밀어줄 때 인간의 야만성은 고개를 든다. 국가의 보증은 그 집단으로 하여금 어떤 악행에도 정당성을 부여하고 심지어 그것이 정의라고 확신하게 한다. 오늘날에는 다만 그 방법이 총과 칼이 아니라 사회적 낙인과 '법의 탈을 쓴 마녀사냥'으로 이뤄질 뿐이다. 그래서 국가는 항상 이성적이고 합리적이어야 한다. 또한 우리는 균형 있는 정치인을 선출하기 위해 노력해야 한다. 그러지 않으면 '이승만과 서북청년회'는 좌우를 가리지 않고 언제든 다시 등장할 수 있다.

잃어버린 마을, 무명천 할머니

마지막 날, 나는 정오쯤 비행기를 타는 배준호 선배를 위해 제주국제공항과 가까우면서도 의미 있는 곳을 찾았다. 화북1동 4438. 행정구역싱으로는 더 이상 그 이름이 존재하지 않는 곳. 바로 '곤을동 잃어버린 마을'이다.

곤을동은 원래 67호의 가옥이 해안을 따라 오밀조밀 들어선 작지 않은 마을이었다. 그런데 1949년 1월 5일과 6일, 이틀에 걸쳐

군인들이 들이닥쳐서는 온 마을에 불을 질렀다. '서청 중대'가 1월 4일 화북리 남쪽 '횟선거리'에서 무장대의 습격을 받아 궤멸당했는데, 그중 유일하게 살아남은 병사가 "무장대가 곤을동으로 숨어 들어갔다"고 증언한 것이 화근이 되었다. 집은 모두 불에 탔고 주민들 중 젊은 사람 30여 명은 영문도 모른 채 해변으로 끌려가 총살당했다. 불바다가 된 마을은 이후 복구되지 못해 폐동되었고 지금은 그 터만 남아 '잃어버린 마을'로 남아 있다. 제주도에는 곤을동처럼 '잃어버린 마을'이 100여 개에 달한다. 대부분 '초토화 작전'의 대상이 되었던 중산간마을이다.[36]

곤을동의 첫인상은 야속하리만치 아름다웠다. 해변을 따라 노란 유채꽃들이 카펫을 깐 듯 한가득 펼쳐져 있었고 그 위로 자리 잡은 언덕에는 벚꽃을 포함한 온갖 꽃이 한껏 봄의 설렘을 드러냈다. 멀리서도 언덕을 따라 층층이 늘어선 울담(울타리 돌담)들이 눈에 들어왔다. 그 시절, 곤을동은 하얀 눈이 마을을 포근히 덮고 있었을 것이다.

우리는 올레길 18코스 해안산책로를 따라 곤을동을 빙 둘러봤다. 작은 하천을 하나 건너니 곤을동 조감도가 세워져 있었고 그 뒤로 당시의 원형을 거의 그대로 보존한 마을 터가 나타났다. 비록 집들은 모두 불타 없어졌지만 집을 둘러싸던 새까만 울담들은 여전히 그때의 모습을 간직하고 있었다. 아궁이를 사용했던 흔적, 마당으로 들어가는 출입문도 그대로였다. 우리는 울담 사이 좁은 길들을 걸어 다니며 71년 전 마을의 모습을 상상해 봤다. 아이들은 해변에서 물장난을 하고, 어른들은 언덕배기에서 그 모습을 흐뭇하게 바

'곤을동 잃어버린 마을'의 아름다운 풍경. 곤을동은 군인들에 의해 불에 타버린 후 사람들이 돌아오지 않아 그대로 방치된 채 터만 남았다. 제주에는 잃어버린 마을이 100여 곳에 달한다.

라보며 어망을 손질하고 있었을 것만 같았다. 실제로 근처에 뭐가 제법 많이 나오는지 해녀 어르신들이 물질을 하고 있었다. 부유하지도 그렇다고 부족하지도 않았을 것 같은 소박한 마을, 내가 상상한 곤을동은 그런 모습이었다.

 마을 하나가 통째로 없어진 자리에는 허망함만 남았다. 단지 '무장대가 숨어 들어갔다'는 의심 하나만으로 몇 백 년을 이어져 내려온 마을이 파괴되고 사라졌다. 설령 무장대가 진짜 이곳으로 숨어 들어왔다고 한들, 그게 온 마을을 불태우고 수십 명의 목숨을 앗아갈 명분이 되지는 못한다. 하물며 공산주의고 뭐고 남조선노동당이 뭐하는 데인지도 모르는데 졸지에 가족을 잃고 삶의 터전을 잃었으니 그 억울함과 비참함은 말로 표현할 수 없었을 것이다. 제주도에서 희생된 사람들 대부분은 먹고사는 게 가장 중요한 평범한 사람들이었다. 마음이 무거웠다.

4월 초였지만 바닷바람이 차가웠다. 곤을동에서 짧은 시간을 함께한 후 나는 배 선배를 공항에 바래다줬다. 나는 와 줘서 고맙다는 인사를, 그는 여기저기 좋은 구경 많이 시켜 줘서 고맙다는 인사를 나눈 뒤 악수를 하고 헤어졌다. 뭐 사실 그 뒤로도 하도 자주 만나서 이런 장면을 회상하는 것 자체가 머쓱하긴 하지만, 그래도 누군가가 나를 보기 위해 제주도까지 와 줬다는 것에 큰 힘이 되었다.

나는 제주도 답사의 마지막 행선지로 차를 몰았다. 한림읍 월령리. 이제는 고인이 되신 어느 할머니의 작은 집이다. 그에 앞서 협재의 어느 해변가에서 돈카츠로 점심을 때웠다. 이제는 더 이상 혼자 운전하며 여기저기 다니는 것이 어색하지 않았다. 제주에 있으면서 먹고 싶은 게 있으면 한 시간이라도 달려서 찾아가는, 그런 여유가 즐거웠다. 돈카츠는 맛도 맛이었지만 무엇보다 가게의 전망이 좋아 찾아온 보람이 있었다. 우리는 보통 여행을 갈 때 그 지역의 특산물, 대표 음식을 먹어야 한다고 생각하는데 오히려 그것이 획일화되어 낭만이 사라지는 것 같은 느낌이 종종 든다. 예를 들어 부산에 가면 돼지국밥과 밀면을, 춘천에 가면 닭갈비를 꼭 먹어야 한다고 생각하는 것처럼 말이다. 그러나 제주도에서 먹은 카레나 돈카츠처럼 의외의 것들이 주는 매력이 여행을 다채롭게 하는 게 아

(위, 아래) 곤을동 잃어버린 마을

조천읍 선흘리에 위치한 불카분낭. '불에 타버린 나무'란 뜻이다. 군경이 마을을 초토화시킬 때 함께 불에 타버렸지만 이내 그 안에서 다시 생명을 피워냈다.

닐까 싶었다.

식사를 마치고 다시 차를 몰았다. 번호판에 'ㅎ' 자를 단 차들 사이를 곡예 넘듯 비집고 나와 월령리로 향했다. 월령리에는 딱히 유명하다 할 관광지가 없어서인지 차가 많지 않았다. 나는 창문을 열고 여유롭게 길을 달렸다. 집마다 문 앞에 선인장을 심어 놓은 것이 인상적이었다. 어린 시절을 되뇌어 보니 제주도에서 선인장 초콜릿을 산 기억이 떠올랐다. 그저 날씨가 온화해서 선인장도 잘 자라나 생각했는데 알고 보니 국내에서 유일한 선인장 야생 군락이 있는 곳이라고 한다. 소위 '손바닥 선인장'이라고 불리는 이 선인장들은 무려 멕시코에서 쿠로시오해류를 타고 지구 반대편까지 흘러와 제주도에 뿌리를 내렸다. 선인장 군락을 따라 제주올레길 14코스가 형성되어 있었다.

나는 선인장 군락에서 그리 멀지 않은 곳에 차를 세웠다. 평범한 주택가를 사이에 있는, 허름하고 작은 집 안으로 들어갔다. 바로 고(故) 진아영 할머니의 댁이었다. 집 안에는 할머니가 살아생전 사용하신 이불과 탁상, 가전 기기 등이 옛 모습 그대로 보존되어 있었다. 심지어 소금과 간장 같은 것들도 2004년에 그대로 멈춰 있었다. 할머니의 소박한 삶이 잠시나마 느껴졌다. 할머니가 돌아가신 이후 그녀를 기억하는 사람들이 '진아영 할머니 삶터보존위원회'를 만들고 집을 전시관으로 정비한 덕분에 그대로 보존될 수 있었다. 지금도 24시간 일반인에게 개방되어 할머니의 삶을 우리에게 들려준다. 내가 오기 전에도 이미 많은 사람이 다녀갔는지 하얀 국화꽃 수십 송이가 작은 탁상 아래 놓여 있었다. 더러는 카드를 쓰기도 했

(위, 가운데) 진아영 할머니 삶터의 내부 모습

(아래) 많은 사람들이 진 할머니를 추모하며 방명록과 국화를 남겼다

진아영 할머니가 살아생전 머물렀던 집. 이념의 소용돌이에 희생된 개인의 비극적인 삶은 우리가 제주4.3을 어떻게 기억해야하는지 다시금 깨닫게 해준다.

고, 고무찰흙으로 동백꽃을 만들어 놓고 간 이도 있었다. 나는 사후 세계나 저승 같은 것을 믿지 않지만, 저승이 있다면 할머니가 이 모습들을 꼭 보셨으면 좋겠다는 생각이 들었다. 그래야만 험난했던 이승의 삶에 조금이나마 위로가 될 것 같았다. 마침 방명록이 있기에 짧은 추모의 인사를 남겼다.

　'하늘에서는 평범하고 아름다운 삶 누리시길 진심으로 기원합니다.'

　방명록에는 우리나라 사람들은 물론 외국인들의 인사도 적혀 있었다. 단체로 역사 기행을 온 대학생들의 편지도 보였다. 이처럼 많은 이가 진아영 할머니를 추모하는 것은 4·3 이후 그녀가 겪어야만 했던 고된 세월 때문이다. 1949년 1월 할머니는 경찰이 쏜 총에

턱을 맞고 쓰러졌다. 기적적으로 목숨을 구하기는 했지만 턱을 잃었다. 그래서 말도 할 수 없었고 음식을 제대로 씹을 수도 없었다. 그때 그녀의 나이는 불과 35세였다.

할머니는 잔치집이나 상갓집에서 음식을 받아도 싸 가지고 집으로 가 혼자 드셨다. 밥 먹을 때에는 물론, 평소에도 턱이 없는 자신의 모습을 남들에게 보이기 싫어서 무명천으로 얼굴을 꽁꽁 감싸고 다녔다. 그래서 사람들은 진아영 할머니를 '무명천 할머니'라고 부르기도 한다.

할머니의 삶이 우리에게 큰 아픔을 주는 것은 단지 나약한 여인이 턱을 잃고 평생을 살았기 때문만은 아니다. 그녀의 삶은 한국 현대사의 비극이기도 했다. 4·3사건으로 희생된 사람 대부분은 사상에는 조금도 관심이 없던, 바라는 것이라고는 그저 결혼해서 자식 낳고 행복하게 사는 것이 전부였던 사람들이었다. 그들은 공산주의를 신봉한다거나 대한민국 정부의 전복을 꾀하기는커녕 자기 이름조차 제대로 쓸 줄 몰랐던 평범한 사람들이었다. 그런 사람들이, 그것도 수만 명이나 영문도 모른 채 끌려가 집단 총살을 당해야 했던 그 역사를 바라보면서 나는 이념이니 사상이니 하는 것들이 뭐길래 이런 희생을 감수해야 하는 것인가 하는 회의감마저 느꼈다.

둘째 날, 4·3평화기념관에서 있었던 일이다. 전시관 출구로 향하는 복도는 좌우 벽면과 천장이 모두 4·3 피해자들의 사진으로 가득 차 있었다. 관람을 마치고 나가던 사람들 모두 모퉁이를 돌아 그 복도가 눈에 들어오자 "아" 하는 탄식을 금치 못했다. 나는 그 복도

4.3평화기념관을 나가는 길은 4.3피해자와 유가족들의 사진으로 가득 차 있었다. 4.3사건으로 제주도는 3만여 명의 도민이 희생되었다. 그러나 그 희생 끝에 남은 것은 무엇인가.

의 끝에서 허망함, 슬픔, 안타까움, 분노와 같이 인간이 느낄 수 있는 모든 종류의 부정적인 감정을 다 느꼈다. 무엇이 이 평범한 사람들의 목숨을 빼앗고 남은 사람들의 인생을 비참하게 망쳐 놓았는가. 그 희생 끝에 남은 것은 무엇인가.

앞서 언급했듯 4·3사건으로 인한 희생자는 약 3만 명으로 추산하고 있다. 전체 제주도민의 10분의 1에 달하는 엄청난 수다. 정부가 공식 확정·발표한 희생자만 1만 4,231명이나 된다. 그중 토벌대에 의한 희생이 1만 2,000명으로 84.3%, 무장대에 의한 희생이 1,756명으로 12.3%를 차지한다(나머지는 원인 미상). 토벌대에 의한 희생이 압도적으로 많긴 하지만 남로당 무장대 역시 그 책임을 면하기는 어렵다. 좌익이든 우익이든 자기네들이 신봉하는 가치나 이념만 있었지, 거기에 사람은 없었다.

4·3사건은 1954년 9월 21일, 한라산 금족령이 해제되면서 사실상 막을 내렸다. 이때부터 소개되었던 중산간마을에 대한 복구 및 이주·정착 사업이 전개되었다. 그러나 제주도민들의 고통은 그로부터 수십 년은 더 계속되었다. 가족의 죽음이 슬프고 원통했지만 어디 가서 제대로 목소리를 내기 어려웠다. 오히려 '무장대 가족'이라는 누명을 쓰고 연좌제에 얽매여 공직 진출 등에 있어서 불이익을 받았다. 제주도민들은 "살암시민 살아진다('살다 보면 살아진다'는 뜻의 제주도 사투리)"며 애써 억울함과 비참함을 억눌러야만 했다.

4·3사건은 국민의 정부가 들어서고서야 제대로 세상의 빛을 볼 수 있었다. '4·3사건의 진상 규명과 명예 회복'을 공약으로 내건 김대중 대통령은 당선 후 당내에 진상조사특별위원회를 꾸리고 공청회를 개최했다. 그 노력은 1999년 12월 16일, '제주 4·3사건 진상 규명 및 희생자 명예 회복에 관한 특별법'이 국회 본회의를 통과하며 결실을 맺었다. 2003년 10월에는 노무현 대통령이 제주도를 방문, 같은 달 정부가 발간한 진상보고서에 근거해 과거 국가권력의 잘못을 공식적으로 사과했다. 정부의 첫 공식 사과였다.

4·3의 가해자들은 이데올로기의 홍위병들이었다. 정부는 정부대로, 무장대는 무장대대로 자신들이 신봉하는 가치를 수호하고자 했다. 그들은 배우 곽도원이 열연했던 영화 〈변호인〉 속 차동영 검사처럼, 본인들이 걷고 있는 길만이 국가와 국민을 위한 길이라고

믿어 의심치 않았을 것이다. 오늘날에도 끝나지 않은 주장, "제주 4·3사건은 남로당의 폭동이었기 때문에" 혹은 "군경, 우익 인사의 가족이었기 때문에" 죽인 게 정당했다는 주장의 이면에는 그와 같은 가치들이 내재되어 있다.

물론 정치를 펴 나가는 과정에서 가치는 중요하다. 가치라는 것은 국가를 어떻게 운영할 것이냐 하는 여러 가지 방법을 큰 틀에서 범주화한 것이기 때문이다. 진보와 보수, 큰 정부와 작은 정부, 성장과 분배 같은 것들이 그렇다. 민주주의의 역사는 이 방법들 중 어떤 것을 택하느냐로 싸우는 과정이었다. 싸움에서 승리한 집단은 본인들이 추구하는 가치와 사상을 국정에 적용할 수 있었다. 요즘도 다르지 않다. 자신들이 추구하는 가치가 반영되면 대한민국이 선진국으로 발돋움한다거나 국민 생활이 훨씬 개선될 것이라는 절대적인 믿음을 버리지 못하는 사람이 많다. 그러나 절대적인 것은 극단적인 것만큼 위험하다.

냉전은 범주화한 가치들 간의 경쟁이 절대적인 믿음을 가진 사람들에 의해 극단적으로 표출된 역사였다. 제주 4·3은 그런 냉전의 연장선에서 발생한 비극이었다. 그 시절, '절대적인 믿음을 가진 사람들'은 자신들이 믿는 가치의 목적을 잊고 살았다. 이념이라는 게 결국 다 같이 잘 먹고 잘살자고 만들어진 것인데 주객이 전도됨으로써 숱한 희생을 낳았다. 우리가 제주 4·3사건을 통해 특정 이념이 아닌 인권의 가치를 되새겨야 하는 것은 이 때문이다.

해방 후 국민들이 염원한 나라는 공산당이 통치하는 나라도 자유민주주의를 향유하는 나라도 아니었다. 그저 국민들 잘 먹고 잘

살게 해 주는, 삶을 행복하게 해 주는 나라였다.

모든 이데올로기의 지향점은 사람이 되어야 한다. 절대화된 가치가 사람에 앞선다면 다시금 4·3과 같은 비극은 되풀이될 수 있다. 정치는 가치이기 이전에 삶이다. 평범한 사람들의 일상을 지키는 것, 어쩌면 이것이 정치의 전부인지도 모르겠다.

4부 거제

닭의 모가지를 비틀어도
새벽은 온다

사고 공화국의 불행한 대통령

　1994년의 어느 가을 날, 성수대교가 붕괴되었다. 성수대교의 5번과 6번 교각을 잇는 상판의 48m가 그대로 끊어졌다. 나라에서 만든 멀쩡한 다리가 순식간에 무너질 것이라고 누가 예상했을까! 상상조차 할 수 없는 일이었기에 현실은 더욱 참혹했다. 마치 가위로 자른 듯 반듯하게 잘려 나간 도로 위에 차들이 나뒹굴었다. 다리가 무너지던 순간 그 위를 달리던 승합차 1대와 승용차 2대는 상판과 함께 떨어졌고, 또 다른 승용차 2대는 강물 속으로 빠졌다.

　무엇보다 버스가 추락하면서 인명 피해가 커졌다. 16번 버스는 차체의 절반이 붕괴되지 않은 부분에 걸쳐 있다가 떨어지는 바람에 뒤집어진 채 추락했다. 졸지에 20m 높이에서 거꾸로 떨어지게 된 승객들이 버스 천장 등에 머리를 부딪치며 20명이 넘는 사망자를 냈다. 버스는 휴지 조각처럼 구겨졌다.[1]

　성수대교의 붕괴는 유치원생이던 내게도 큰 충격이었다. 선생님은 그 길이가 우리 유치원부터 길 건너 아파트까지 되는 긴 거리라는 둥, 이른 아침 등교 중이던 중·고등학생 누나들이 많이 죽었다는 둥의 설명을 해 줬다. 실제로 49명이 추락하고 32명이 사망한 이 사고에서 무학여자고등학교에서는 8명, 무학여자중학교에서도 1명이 희생되었다.

정부는 발 빠르게 대응했다. 김영삼 대통령은 사고 당일 이원종 서울시장을 문책·경질했다. 서울시장을 대통령이 임명하던 때였기 때문에 가능한 일이었다. 3일 후인 10월 24일에는 특별 담화문을 발표해 국민들 앞에 사과했다. 수백 명이 죽은 사고에 코빼기도 보이지 않던 대통령도 있었던 것을 생각하면 최소한의 책임감은 보인 셈이다. 그러나 대통령의 사과가 무색하게 담화문을 발표한 바로 그날, 충주호의 한 유람선에서 화재가 났다. 이번에도 사망자가 30명이 넘었다.[2]

해를 넘겨도 악재는 계속되었다. 1995년의 참사들은 더욱 크고 처참했다. 마가 꼈다는 표현으로밖에는 설명할 수 없을 정도로 문민정부에 짙은 먹구름이 드리워졌다. 벚꽃이 지고 가로수에서 연둣빛 새순이 돋아나던 4월 28일, 대구 달서구 상인동에서 가스폭발 사고가 발생했다. 대구백화점 상인지점 신축 공사 현장에서 굴착 작업 중 가스 배관을 건드린 것이 화근이었다. 누출된 가스는 인근 지하철 공사장으로 흘러 들어갔고 원인 모를 불씨에 의해 폭발했다. 이 사고도 아침 8시가 안 된 시각에 발생하는 바람에 등굣길 학생들이 많은 피해를 입었다. 101명의 사망자와 202명의 부상자를 냈다.

대구 지하철 공사장 참사의 수습이 채 끝나지도 않은 6월 말에는 백화점이 붕괴되었다. 그것도 시골 장터가 아니라 서울 서초구에 위치한 최고급 백화점이었다. 삼풍백화점은 좌우의 엘리베이터 부분만 남긴 채 5층 건물 전체가 폭삭 무너졌다. 1,500여 명이 건물에 깔리면서 단일 사건으로는 건국 이후 가장 많은 사상자를 냈다. 무려 502명이 생을 달리했고 937명이 부상을 입었다. 6명은 실종되어 찾지도 못했다.

지어진 지 불과 6년밖에 안 된 건물이었지만 그 6년만큼 삼풍백화점은 한국 사회의 총체적 부실과 부패를 끌어안고 있었다. 삼풍건설그룹은 관에 뇌물을 줘 불법적으로 건물의 용도를 변경했다. 무단으로 설계를 변경해 4층짜리를 5층으로 높였다. 사전 승인 없이 매장 내부를 넓혔고 그마저도 제대로 짓지 않았다. 5층 외벽을 철골 없이 콘크리트로만 시공한 사실이 나중에 밝혀졌다. 기둥에도 철근을 제대로 넣지 않았다. 붕괴 이후 잔해를 철거하는 과정에서 기둥들이 쉽게 동강 날 정도였다.[3] 이것은 당시 서초구청 공무원 다섯 명이 수차례에 걸쳐 6050만 원을 받고 눈감아 줬기에 가능했다. 이들은 백화점 붕괴로 수사가 확대되자 휴가를 내거나 무단결근을 하는 등 잠적했다. 경찰이 그중 네 명을 수배하기에 이르렀다.

삼풍백화점의 붕괴는 이미 수차례 예견되었다. 하지만 삼풍건설그룹은 탐욕에 눈이 멀어 이를 보지 못했다. 아니, 보지 않았다고 하는 편이 정확할 것이다. 1994년 1월 백화점에 삼풍문고가 섰을 때 이미 건물 곳곳에 금이 가기 시작했다. 하지만 그들은 서점을 철수시키면서도 백화점 영업을 계속했다. 건물의 균열은 조금씩 늘어났다. 건물 상태가 심각하다고 판단한 경영진은 6월 29일 두 차례에 걸쳐 대책 회의를 열었다. 현장을 확인한 구조기술자들이 백화점 영업을 중단하고 고객들을 대피시켜야 한다고 권고했지만 반영되지 않았다. 건물의 진동이 심해 에어컨 가동을 전면 중단하고 5층 식당가의 출입을 통제하는 지경이었음에도 백화점 전체 영업은 계속되었다. 저녁을 앞두고 지하 1층 식품 매장에 주부들이 몰려들었다. 오후 5시 40분 즈음, 붕괴가 진행되고 있는 것 같다는 전화를 받은 경영진은 회의를 중단하고 급히 건물 밖으로 빠져나왔다.[4] 아무것도 모르는 1,500여 명의 직원과 고객들은 여전히 백화점에 남아 있다가 참변을 당했다.

하늘과 바다, 강과 지하를 가리지 않는 초대형 사고들이 끊이지 않으며 우리나라는 '사고 공화국'이라는 오명을 썼다. 32년의 군사독재를 마치고 민주주의 시대를 활짝 연 문민정부는 임기 내내 숨 가쁘게 벌어진 대형 참사들로 얼룩졌다. 취임 첫해인 1993년만 해도 구포역 무궁화호 열차 전복 사고, 목포행 아시아나항공 733편 추락 사고, 서해 훼리호 침몰 사고 등으로 400명이 넘게 희생되었다. 임기 말인 1997년에는 김포에서 괌으로 가던 대한항공 801편 비행기가 추락해 229명이 목숨을 잃었다.

이런 참사들이 왜 하필 김영삼 대통령 재임 기간에 유독 몰려서 발생했는지는 알 수 없다. 하지만 사고의 원인은 대동소이했다. 비용을 최소화해 수익 극대화를 꾀했던 기업들의 탐욕, 눈감아 주는 대가로 돈 봉투를 받았던 공직 사회의 부패, 사회 전반에 만연했던 안전불감증과 같이 산업화 시대에 축적된 적폐들이 임계점에 다다르자 터져 나온 결과였다.

참사의 원인이 누구에게 있든 간에, 자신의 재임 기간에 일어난 일들이었기 때문에 김영삼 대통령은 사고를 수습하고 사과하는 일로 임기의 상당 부분을 보냈다. 급기야 임기 말 차남 김현철 씨의 비리 사건이 불거지고 IMF 외환 위기를 맞으면서 숙명의 라이벌이던 김대중 후보에게 정권을 넘겨주게 되었다. 헌정 사상 처음으로 평화적·수평적 정권 교체가 이뤄지던 장면이었지만, 김영삼 개인으로서는 홈런왕이 신기록을 세우는 순간 볼을 던진 투수의 심정이었을 것이다. 그렇게 1997년의 겨울은 을씨년스러운 분위기 속에서 내일을 걱정하는 일로 하루하루가 흘러갔다.

나의 기억이 형성되던 시절부터 초등학교 3학년이던 1997년까지 집권했기 때문에 김영삼 전 대통령에 대한 기억은 대체로 이런 것들이었다. 대형 참사와 IMF 외환 위기 그리고 거듭 반복되는 대통령의 대국민 사과로 가득했다. 일상보다는 특별한 사건들이 기억에 더 잘 각인되기 때문일 것이다. 그의 말마따나 "영광의 순간은 짧고 고뇌와 고통의 시간은 길었던" 나날들, 이것은 한국 사회의 비극이기도 했다.

지지리 운도 없었던 대통령을 내 기억에서 다시 끄집어낸 것은 18년의 시간이 흐른 뒤다. 2015년 11월 26일, 싸라기눈이 흩날리던 초겨울 국회의사당 본청 앞에서는 김영삼 전 대통령의 영결식이 거행되었다. 그는 그 나흘 전 급성 패혈증과 심부전증으로 서거했다. 퇴임 후 큰 존재감을 보이지 않았던 그였지만, 우리나라 민주주의의 거목과 같았던 그를 추모하는 많은 사람이 매서운 추위에도 불구하고 그의 마지막을 배웅하기 위해 국회에 모였다. 대부분 민주화의 길을 함께 걸어온 이들이었다. 박근혜 대통령은 감기와 과로를 이유로 영결식에 불참했다. 현직 대통령으로서는 처음으로 전직 대통령의 영결식에 참석하지 않았다고 한다. 대통령이 없으니 황교안 국무총리가 제일 상석에 앉았고 조사를 낭독했다.

나는 국회에서 일하고 있던 덕분에 잠깐 시간을 내 그를 보내는 자리에 참석할 수 있었다. 그런데 내 또래는 좀처럼 보이지 않았다. 불현듯 우리 세대에게 김영삼은 어떤 인물일까 하는 의문이 떠올랐다. 악플보다 무플이 서럽다고 했는데 왠지 그를 두고 하는 이야기 같기도 했다. 실제로 그가 서거하기 몇 개월 전 한 여론조사 업체가 광복 70년을 맞아 실시한 설문 조사에 따르면 국민들은 '우리나라를 가장 잘 이끈 대통령'으로 박정희(44%)를 가장 많이 꼽았고 이어 노무현(24%), 김대중(14%)순이었다. 김영삼(1%)은 이승만과 전두환(각각 3%)에도 밀린 6위였다. 그보다 10년 전에도 그리고 국정 농단 사태에 따른 박근혜 대통령 탄핵 이후에도 다르지 않았다. 박정희 전 대통령과 노무현 전 대통령이 1위 자리를 놓고 엎치락뒤치락하긴 했지만 김영삼 전 대통령에 대한 선호도는 2%를 넘는 것을 찾아보기가 어려웠다. "박근혜는 칠푼이" 같은 발언이 종종 회자될 뿐 우리 세대에게 김영삼은 존재감이 크지 않은 것이 사실이다. '김대중의 라이벌이자 동지로 민주화 운동을 했지만 IMF를 막지 못한 대통령' 정도로 기억하는 사람이 많은 것 같다.

그를 조금 더 자세히 알고 싶다고 느낀 때도 이 즈음이다. 진보·보수를 막론한 모든 진영에서 긍정과 부정 평가가 공존하는 전직 대통령, 한때 90%가 넘는 국정 수행 지지도를 구가했지만 퇴임 후에는 초라한 존재감을 보인 그를 말이다.

나는 김영삼 전 대통령의 서거 3주기를 하루 앞둔 11월 21일, 그의 고향인 거제도로 향했다. 평소보다 조금 일찍 일어나 부랴부랴 씻고 김포공항으로 출발했다. 이날따라 어찌나 지하철 타이밍이 잘 맞는지 기다리는 시간 없이 바로바로 환승했다. 김포공항에 도착하자마자 게이트를 통과해 비행기에 탑승했다. 김포공항에서 김해공항까지는 한 시간도 걸리지 않았다. 대학생 시절 외도 보타니아에 가기 위해 고속버스를 타고 거제도에 간 적이 있는데 다섯 시간은 족히 걸려 버스에서 진이 빠졌던 기억이 떠올랐다. 더욱이 김 전 대통령의 생가가 있는 장목면 외포리 대계마을은 거제에서도 후미진 곳이라 고현버스터미널에서 내리더라도 다시 시내버스를 타고 한참을 더 돌아가야 한다. 차라리 김해공항이나 부산 구포역으로 간 뒤 버스로 갈아타는 게 훨씬 낫다. 불과 10년 전만 해도 매우 비효율적인 동선이었지만 2010년 부산 가덕도와 거제도를 잇는 거가대교가 개통되면서 부산에서 거제도까지의 거리가 한층 가까워진 덕분이다. 나는 김해공항에서 내려 마을버스를 타고 명지동으로 간 뒤, 광역 버스로 갈아타고 거제도로 향했다.

징검다리를 건너듯 섬과 섬을 잇는 거가대교를 지나가며 '교통의 발달이라는 게 이런 거구나' 싶었다. 나같이 평범한 사람도 비행기로 부산에 가고, 부산에서는 또 바다를 가로지르는 다리 위를 달리고 있으니 말이다. 김영삼이 4선 국회의원으로 활약하던 시절에도 1박 2일로 거제도를 다녀온다는 것은 상상도 할 수 없는 일이었다. 1971년까지는 통영에서 거제도로 넘어가는 거제대교 조차 없었다. 그는 고향에 들르기 위해 부산까지 간 뒤 또다시 네 시간 정도 배를 타야 했다. 이후에도 독재 정권과 싸운다는 이유로 그의 고향은 1980년대까지 번번한 도로 하나 놓이지 않았다.

한려해상국립공원의 매력에 푹 빠져 정신없이 바깥 풍광을 구경하고 있는데 어느덧 굽이굽이 이어지는 산길로 접어들었다. 버스는 나도 모르는 사이 거제도의 품에 안겼다. 그러고는 소계마을에 정차했다. 김영삼 대통령 생가가 있는 장목면 외포리 대계마을까지는 언덕 하나를 더 넘어야 했다. 나는 한 줌 남은 가을을 만끽할 겸 동백나무들이 도열해 있는 길을 따라 걸어갔다. 햇살에 비친 나뭇잎들이 반짝였다. 언덕을 올라가다 보니 뒤로는 소계마을, 앞으로는 대계마을이 시야에 포근히 들어왔다. 전해 오는 이야기에 따르면 김영삼 전 대통령의 김녕 김 씨 선조들이 거제도로 거처를 옮길 때 형은 큰닭섬(大鷄島), 동생은 작은닭섬(小鷄島)에 뿌리를 내린 게 지금의 대계마을과 소계마을의 시작이라고 한다. 그런데 소계마을은 자손이 번성해 40여 호(戶)가 거주했던 반면 대계마을은 훨씬 작은 규모를 이루며 살아갔다. 이렇게 작은 마을에서 김영삼은 1927년 12월 20일, 아버지 김홍조와 어머니 박부련의 맏이로 태어났다.

외포리 반골 소년

유년 시절 김영삼은 갯마을의 귀한 도련님이었다. 아래로는 여동생만 다섯이니 그 시절 그가 받았을 총애는 어렵잖게 짐작할 수가 있다. 외포리는 작은 어촌이었으나 김영삼의 집안은 결코 초라하지 않았다. 그 당시 경남에서 손꼽히는 집안이었다고 해도 과언이 아닐 것이다. 김영삼의 할아버지 김동옥은 커다란 멸치 어장과 10척이 넘는 선단을 소유했던 부호였다. 멸치어업은 먼 해역을 나가 대량으로 어획하는 건어망어업과 육지 연안에서 어획하는 정치망어업으로 구분되는데 김영삼의 조부는 이 둘 모두를 운영했다. 특히 건어망 선단은 보통 선두에서 그물을 끌고 가는 배 두 척, 뒤에서 작업하는 배 두 척 그리고 지휘선과 멸치를 즉석에서 삶는 배, 삶은 멸치를 말리기 위해 육지로 운반하는 배까지 7척 내외로 꾸려졌기 때문에 70~80명의 인원이 필요했다. 사람이 부족해 김해처럼 다소 떨어진 곳에서 찾아서 고용하기도 했다. 참고로 이 멸치어업은 김영삼의 아버지 김홍조 옹이 물려받아 이후 50년 이상을 경영하며 김영삼의 민주화 투쟁 시절 큰 힘이 되었다. 이른바 '민주 멸치'였다. "민주화 운동하던 사람치고 그 집안 멸치 안 얻어먹어 본 사람 없다"는 말이 나왔을 정도다.

넉넉했던 집안 형편 덕분에 김영삼은 받을 수 있는 모든 교육을 받고 자랐다. 초등학교 수준이나마 교육을 받는다는 것 자체가 큰 특권이었던 일제치하였다. 일곱 살에 외포리의 간이 소학교로 입학한 그는 학교로 가기 위해 3~4km나 되는 산길을 걸으며 세상에 눈

경남에서 손꼽히는 부호였다는 명성에 걸맞지 않게 그의 생가는 소박한 모습이다. 칼국수를 좋아한다는 그의 모습은 결코 위선이 아니었음을 느낄 수 있었다.

을 뜨기 시작했다. 4학년 때에는 보다 좋은 교육을 받기 위해 면 소재의 장목소학교로 전학을 갔다. 학교까지 거리가 있던 탓에 집에서는 학교 근처에 자취방을 얻어다 줬다. 초등학교 4학년 때부터 자취를 할 정도면 보통 깡은 아니었던 것 같다. 실제로 그는 통영중학교 입학 이후 한 반에 2/3를 차지했던 일본인 학생들에게도 결코 꿀리는 법이 없었다. 애당초 무데뽀 유전자가 있는 인물이기도 하지만, 일제강점기라는 시대적 배경 역시 크게 작용했다. 무엇보다 한국인에 대한 차별과 편견에 순응하지 않았다. 학창 시절 김영삼은 반골 기질이 강했다.

그가 통영중학교에 재학 중이던 당시 교장이던 기타지마는 한국 학생을 벌레 보듯 하는 인물이었다. 한국 학생들의 도시락을 김치 냄새가 난다며 집어던지는가 하면 입만 열면 "조센징은 더럽다",

"세수한 대야에 밥을 해서 식구들이 먹는다"는 식의 비난을 서슴지 않았다. 소년 김영삼은 분을 삭이며 호시탐탐 기회를 노렸다. 앙갚음을 할 타이밍은 2학년 때 왔다. 기타지마가 진해여중으로 전근을 가게 되며 2학년 학생들을 이삿짐 나르는 일에 동원했는데 이삿짐 사이에서 몇 포대의 설탕이 발견된 것이다. 지금이야 건강을 해치는 싸구려 식품 취급을 받지만 전쟁 통이던 당시에는 귀하디귀한 고급 식료품이었다. 김영삼은 옳다구나 하며 설탕 포대를 메겠다고 자처했다. 포대를 이로 물어뜯어 구멍을 내고는 그 안에 든 설탕을 줄줄 흘리며 부두까지 날랐다. 진해에서 이삿짐을 정리하던 기타지마는 포대 안의 설탕이 절반은 줄어든 것을 보고는 노발대발했다. 당장 통영중학교 와타나베 교감에게 전화를 걸어 범인을 색출하라고 지시했다. 하지만 한국 학생들에게도 온정적이고 차별 없이 대했던 와타나베는 김영삼을 혼내는 시늉만 하고는 이 일을 덮었다. 김영삼은 이때를 회고하며 "인간의 선악을 민족이나 국적, 인종과 같은 편견의 잣대로 판단해서는 안 된다는 교훈을 얻었다"고 말했다. 와타나베 선생과는 해방 이후에도 교류를 이어 갔다. 대통령이 되고 나서는 고인이 된 와타나베 선생의 자녀들을 청와대로 초청하기도 했다. 나는 이 대목에서 고마운 마음을 오랫동안 잊지 않는 것이 정치인의 중요한 덕목 중 하나라는 생각이 들었다.

해방으로 많은 일본인 학생이 본국으로 떠났다. 자연스레 각 지역 명문 학교에 빈자리가 많이 생겨났다. 부산에 있던 경남중학교도 다르지 않았다. 김영삼의 조부모와 부모는 집안에 하나뿐인 아들에게 보다 큰 도시에서 교육을 받게 하고 싶었다. 결국 그는 경남

중학교 3학년에 편입을 하게 된다. 하숙집에 '미래의 대통령 김영삼'이라고 붓글씨를 써서 붙였다던 시점도 바로 이때이다.

김영삼은 유난히 배포가 큰 인물이다. 많은 사람이 그것을 그의 타고난 기질과 유년 시절 부유한 환경 속에서 형성된 것으로 본다. 원하면 모든 걸 다 이룰 수 있는 집안에서 태어났으니 그럴 법도 하다. 동네에 교회가 없으면 교회를 세우기도 했다. 대계마을에 있는 신명교회가 바로 그의 할아버지가 만든 교회다. 아마 정치 활동을 하며 그 많은 돈을 쓰지 않았더라면 대학도 설립했을 것이다.

하지만 그렇다고 사치를 부리지는 않았다. 처음 김영삼 대통령 생가에 도착했을 때 나는 놀라움을 금치 않을 수 없었다. 명성에 비해 무척 초라했기 때문이다. 물론 왼편으로 바다가 내려다보이는 오션 뷰의 언덕이었지만, 집 평수 자체는 남산 한옥마을의 여느 집보다 작았다. 나중에 알고 보니 1893년 처음 지어질 때에는 목조기와 건물 다섯 동이 있었는데 이후 철거된 것이었다. 남은 두 동마저도 부친 김홍조 옹이 2000년 거제시에 기증했다.

나는 생가를 둘러보고 김영삼 대통령 기록전시관으로 들어갔다. 전시관은 생가 바로 옆으로 이어져 있었다. 추모식을 하루 앞두고 제법 많은 사람이 방문한 탓에 여기저기서 분주함이 묻어났다.

전시관 1층에는 유년 시절부터 민주화까지의 자료들이, 2층에는 대통령 재임 기간 추진했던 정책 등이 전시되어 있다. 분명 이 전시관을 만들면서 김영삼 전 대통령 본인과도 상의를 했을 텐데, 유년 시절의 기록들도 제법 심도 있게 다뤄진 것을 보면 본인 스스

(위) 김영삼대통령 기록전시관에는 그가 평생 정치를 해 온 기록이 고스란히 전시되어 있다.

(아래) 아홉 개의 금배지가 말해주듯 그의 정치인생은 곧 대한민국의 현대사와 궤를 같이 한다.

로도 그 시절 기억들에 대해 자부심을 가지고 있는 것 같았다. 전시관에는 대학교 재학 시절 손명순 여사와 만난 이야기, 모친 박부련 여사가 돈을 노린 무장간첩에 의해 비명횡사한 이야기도 다뤄져 있었다.[5]

김영삼은 외포리에서 우물 안 개구리로 안주하지 않았다. 통영을 거쳐 부산으로 그리고 서울로 자신을 둘러싼 세상을 점점 넓혀 나갔다. 1947년에는 서울대학교 문리대학 철학과에 입학했다. 그의 서울대학교 입학을 두고는 한때 큰 논란이 일었다. 과거 서울대 문리대 학생회가 만든 한 자료에 '청강생 김영삼'이라고 적혀 있었기 때문이다.[6] 꼭 이것 때문이 아니어도 '김영삼 머리에 서울대를?'이라는 의심을 가지고 학력 위조 의혹을 제기하는 이가 많았다. 하지만 학력 위조 논란은 서울대학교 측이 "김 대통령은 엄연한 서울대 졸업생"이라고 밝히며 학적부를 공개해 일단락되었다. 청강생 논란과 관련해서도 "당시 학제가 혼재되어 정식 입학시험을 치른 학생은 전체의 3분의 1 정도"라며 "청강생, 선과생 등 여러 경로로 입학해 청강생이라는 것이 별 의미가 없다"고 설명했다. 요즘으로 치면 정시냐 수시냐 하는 정도의 차이였던 것 같다. 어찌되었건 김영삼 전 대통령의 캐릭터에서 말미암은 논란임에는 틀림이 없다. 그 점을 생각하니 조금은 웃펐다.

청년 김영삼이 공부를 잘했는지는 확인할 길이 없지만 정무적 감각이 탁월했던 것만은 틀림없다. 중학생 시절부터 대통령을 꿈꿨던 그는 정치가가 되기 위해서는 웅변을 잘해야 한다고 생각했다.

학기 중 학우들을 모아 웅변 연습을 하는 한편, 방학이 되면 바닷가나 뒷산에서 소리를 지르며 발성 연습을 했다.

이런 그의 가능성을 가장 먼저 확인한 이는 초대 외무부 장관 장택상이다. 전쟁 때에는 국무총리도 지낸 인물이다. 그는 정부 수립 기념 웅변대회에 참가해 2등인 외무부장관상을 차지한 김영삼을 눈여겨봤다. 얼마 뒤에는 자신의 국회의원 선거를 도와 달라며 당시 대학교 3학년이던 김영삼에게 손을 내밀었다. 장관까지 지낸 거물 정치인이 20대 초반의 청년에게 직접 손을 내밀었던 것을 보면 장택상도 보통 사람은 아니었던 것 같다. 그가 만일 체면 따지면서 거들먹거렸다면 주변의 좋은 인재를 다 놓쳤을 것이다.

김영삼은 선거 캠프에서 혁혁한 공을 세웠다. 그 결과 5월 30일 실시된 제2대 국회의원 선거에서 전체 유효 득표수의 60%에 가까운 표를 얻어 당선되었다. 얼마 뒤 국회부의장 자리에 올랐다. 김영삼이 처음으로 국회에 입성하게 된 것도 이때다. 대학생이 얼마 없던 시절이었던 이유도 있겠지만, 서른 넘은 사람 중에도 인턴이 숱하게 있는 요즘의 국회와는 달리 그 당시 국회엔 격식이 별로 없었던 것 같다. 국회부의장실에서 졸업이 한참 남은 '대딩'을 비서로 채용했으니 말이다. 1952년 봄 국무총리가 되었을 때에는 국무총리 비서관으로 기용했다. 김영삼이 약관의 나이에 정치에 입문해 승승장구할 수 있었던 데에는 이처럼 장택상의 절대적인 지원이 한몫했다.

김영삼에게도 기회는 금방 찾아왔다. 4년 뒤 열린 제3대 총선에서다. 선거 직전 피선거권을 얻은 청년 김영삼은 고향인 거제도에 출마하기로 결심했다. 당시 거제에서는 유일하게 서울대학교를 나왔고, 국회부의장과 국무총리의 비서관을 역임하는 등 이미 유명 인사로 등극했다는 자신감이 있었다.

무소속으로 출마한 장택상과는 달리 김영삼은 자유당 공천을 받았다. 평소 장택상과 가까웠던 이기붕 당시 자유당 총무부장이 끈질긴 설득을 한 결과였다. 5월 20일에 실시된 선거는 무난히 끝났다. 3자 대결에서 김영삼은 압도적인 표차로 당선된다. 그때 그의 나이 만 26세. 그해 선거에서는 물론, 대한민국 역대 최연소 국회의원이 탄생한 것이다. 20대 내내 인턴과 계약직을 전전했던 내 입장에서는 부럽기도 하고 실감이 안 되는 나이이기도 하다. 실제로 우리나라 헌정사에서 20대의 나이에 국회의원 배지를 단 사람은 다섯 명이 채 되지 않는다.

김영삼은 이때부터 무려 아홉 번이나 국회의원 배지를 다는 기염을 토했다. 9선은 김종필 전 국무총리, 박준규 전 국회의장과 더불어 최다선 기록이다. 기록전시관에는 그가 출마할 때 사용했던 선거 포스터와 국회의원 재임 중 달았던 9개의 배지가 전시되어 있었는데, 그것들을 보고 있자니 묘한 기분이 들었다. 20대 청년이 60대 후반의 노년이 될 때까지, 그 긴 시간 동안 파란만장하게 진행되었던 한국 정치의 장면들이 담겨 있는 것만 같았다. 전시관 1층을 둘러보면서 한국 정치사와 궤를 같이한 그의 삶에 놀라움을 느끼지 않을 수 없었다.

김영삼의 여당 생활은 오래가지 못했다. 애당초 자유당은 그에게 맞는 옷이 아니었다. 3선 개헌이 시발점이었다. 제3대 국회의원 선거부터 이미 이승만과 자유당은 3선 개헌을 위한 밑밥을 깔고 있었다.

열혈 신인 김영삼은 이승만의 면전에서 "삼선 개헌만 안 한다면 국부(國父)로 남을 것"이라며 반대 의사를 표명했다. 2인자이던 이기붕의 심사가 좋을 리 없었다. 그는 김 의원 부친 김홍조를 찾아가 "아들을 설득해 달라"며 신신당부했다. 국회의원의 아버지를 찾아가 그런 부탁을 한 것을 보면, 이기붕은 김영삼을 자신과 같은 동료 의원이 아니라 한참 어린 애송이 취급을 했다고밖에 보여지지 않는다. 아무튼 김영삼은 되레 아버지에게 "그런 말씀 하시면 안 된다"고 화를 내고는 3선 개헌 반대 운동을 계속했다.

그럼에도 이승만 대통령이 사사오입으로 3선 개헌을 강행하자 분기탱천해 당을 뛰쳐나왔다. 그 외에도 민주국민당과 무소속, 자유당 탈당파 의원 60여 명이 호헌동지회라는 이름의 원내교섭단체를 구성했다. 꼭 같은 당으로 교섭단체를 구성해야 하는 것은 아니기 때문에 세력 규합에는 장애물이 없었다. 이들은 신익희, 장면, 박순천 등 당대 정치 거물들과 접촉하며 신당 창당을 준비했다. 김영삼을 정계로 입문시킨 장택상은 무슨 이유에서인지 신당 창당에 합류하지 않고 무소속으로 남았다. 그들은 1955년 9월 19일 지금은 명동예술극장이 된 시공관에서 창당 대회를 열고 당 대표로 신익희를 선출했다. 한국 현대사의 한 축을 담당하는 민주당이 탄생하는 순간이다.

자유당에서 민주당으로

신생 민주당은 돌풍을 일으켰다. 이승만 정권의 부패와 무능에 국민들의 피로도가 점점 쌓이던 시절이었다. 1956년 대선의 해가 밝자 그들은 대통령 후보에 신익희, 부통령 후보에 장면을 내세웠다. 그 유명한 '못살겠다 갈아 보자'라는 구호로 강하게 자유당을 밀어붙였다. 제대로 된 나라를 향한 국민들의 열망은 엄청났다. 민주당 후보들이 선거운동을 할 제면 식당에서는 "들러 주신 것만으로도 영광"이라며 한사코 밥값 술값을 안 받겠다고 하는가 하면, 지역 경찰서장이 밤중에 몰래 찾아와 "상부의 지시로 자유당 조직 지원 등에 관여하기는 하지만 투·개표 때는 절대 부정을 못 저지르게 하겠다"며 응원하기도 했다. 민주당에는 국민들의 염원에 보답해야 할 의무가 있었다.

하지만 선거를 10일 앞둔 5월 5일, 청천벽력 같은 일이 발생했다. 호남 지방 유세를 위해 지금은 익산역이 된 이리역으로 가는 열차 안에서 신익희가 뇌졸중으로 쓰러져 사망한 것이다. 정권 교체의 꿈이 물거품이 되는 순간이었다. 급히 장례를 치른 민주당은 장면이라도 부통령에 당선시켜야 한다고 생각해 선거일까지 최선을 다했다. 결과는 대통령 이승만, 부통령 장면. 패배였지만 사실상의 승리였다. 신익희는 급작스런 서거에도 불구하고 전국적으로 185만 여 표를 득표했다. 국민들의 추모표였다. 심지어 서울에서는 살아 있는 이승만보다 8만 표나 많은 28만여 표를 득표하기도 했다. 이승만은 이때의 결과에 적잖이 놀라지 않을 수 없었다. 권력욕의 화신인 그는 부정선거의 수위를 점점 높여 가고 있었다.

김영삼이 지역구를 바꾸게 된 것도 이즈음이다. 민주당은 거제도를 지역구로 둔 김영삼에게 부산 서구갑으로 옮길 것을 요청했다. 당시만 해도 부산은 10개 지역구 모두에서 민주당이 당선자를 내기 힘든 지역이었다. 참신하고 인기 많은 청년 정치인이 부산·경남 지역의 첨병으로서 교두보를 마련해 주길 바랐던 것이다. 김영삼 개인으로서도 보다 큰 지역구를 기반으로 둬야 중앙 무대에서 더욱 성장할 수 있으리라 내다봤다. 오늘날 부산·경남의 정치 지형을 뜻하는 PK는 이렇게 시작되었다. PK 지역의 맹주가 된 김영삼은 이 지역에 대한 애착이 남달랐다. 그는 태어난 고향인 거제도와 정치적 고향인 부산에서 각각 한 글자씩 따서 거산(巨山)이라고 자신의 호를 짓기도 했다.

　　하지만 1958년 봄, 부산에서 맞은 첫 선거에서 김영삼은 패배를 당하고 만다. 33개의 투표함 가운데 처음 열었던 16개의 투표함에서는 7대 3의 비율로 앞서고 있었으나, 이후 열었던 나머지 투표함에서는 투표함당 2~7표밖에 나오지 않았던 것이다. 헛웃음이 나올 정도로 조악한 부정선거였지만 어찌할 도리가 없었다. 결국 자유당의 이상룡 후보가 2만 2,131표, 김영삼 후보가 1만 8,858표를 얻었다. 자유당은 대놓고 부정을 저질렀음에도 큰 차이를 거두지는 못했다. 그러나 어찌 되었건 김영삼은 낙선의 고배를 마신다.

　　2년 뒤 열린 3.15 정부통령 선거에서는 더욱 악질적인 부정선거가 자행되었다. 유권자 명부를 조작하거나 사전에 이승만에 투표한 용지를 넣어 놓는 것은 물론, 유권자를 협박하고 야당 인사를 살상하는 일도 비일비재했다. 심지어 권총을 찬 깡패가 국회 안으로 들어와 의원들을 협박하기도 했다. 이승만의 비호를 받고 있던 정치 깡패 이정재가 대표적인 인물이었다. 선거 부정도 어지간히 해야 넘어갈 수 있는 법인데 권력에 눈이 먼 자유당에는 그런 '적당히'가 없었다. 어쩌면 국민을 진정 개돼지로 생각했던 것인지도 모른다. 마산에서 불씨를 댕긴 국민의 목소리는 삽시간에 주체할 수 없이 커졌고 결국 4월 26일 이승만 대통령의 하야로 막을 내리게 되었다.

4·19혁명으로 제1공화국이 몰락하고 제3차 헌법 개정이 이뤄졌다. 이승만과 자유당의 독재를 경험한 의원들은 대통령중심제의 폐해에 공감하면서 의원내각제로의 이행을 강조했다. 그들은 영국식 의원내각제를 모방한 헌법개정안을 제출하고 1960년 6월 15일 압도적 다수로 가결, 그날로 공포시켰다. 의원내각제야말로 4·19혁명 정신에 입각해 민의를 가장 잘 반영할 수 있는 체제라는 것이 그들의 공통된 견해였다.

헌법 개정 이후 바로 치러진 제5대 총선에서 김영삼은 부산 서구에 출마, 2등 후보에게 4배 이상의 압도적 표차를 보이면서 국회의원에 당선되었다. 국민들은 전체 의석 233석 중 무려 175석을 민주당에 선사하면서 자유당을 심판했다. 이 시기에 일어난 일련의 사건들을 통해 정치인 김영삼은 국민의 힘이 얼마나 위대한 것인지를 몸소 느낄 수 있었다. 그의 발언들을 보면 "이(위)대한 국민 여러분"으로 시작하는 연설을 자주 볼 수 있는데, 그만큼 그의 가치관이 반영된 도입부인 셈이다.

김영삼은 국회의원이 되어도 자리 잡지 못하고 도태되는 요즘의 청년 정치인들과는 달리 꾸준히 성장해 나갔다. 이것은 그에게 주군이 없었기에 가능했다. 대부분의 정치 신인들에게는 자신을 꽂아 주고 밀어 주는 주군이 있다. 신인들은 독자적인 힘을 기르기보다는 주군들의 목소리를 최전방에서 대변하곤 한다. 때로는 상대 진영에 막말도 서슴지 않는다. 그래서 그들은 주군의 성장에 따라 본인도 함께 성장한다. '줄을 잘 서야 한다'는 정치권의 통념은 이런 토양에서 나왔다. 하지만 그 줄이 영원할 수는 없는 법이다. 국민들은 줄 서는 정치인을 계파의 일원으로 볼 뿐 그들에게서 개인적 매력을 발견하기 어렵다. 결국 독자적으로 행보를 걸어야 꺾이지 않고 성장할 수 있다.

김영삼은 본인을 정계에 입문시킨 장택상 전 총리와 일찍이 결별했다. 그렇다고 그가 장 전 총리의 뒤통수를 쳤다거나 신의를 저버린 것은 아니다. 다른 목소리를 냈을 뿐이다. 김대중도 마찬가지다. 그들이 젊은 나이에 정계에 데뷔해 단기간에 차세대 리더로 도약할 수 있었던 데에는 타인에게 종속되지 않고 독자적인 매력을 갖춰 나갔던 측면이 크다.

1965년 10월 김영삼이 정치인으로 한 단계 더 크는 전기가 마련된다. 그해 여름 민정당을 주축으로 민주당, 자민당, 국민의당이 통합해서 만들어진 민중당의 원내총무로 선출된 것이다. 원내총무는 오늘날의 원내대표와 같은 개념으로 교섭단체를 대표하는 의원을 일컫는다. 당 전체를 대표하는 당 대표와는 달리 '의원들의 반장' 정도 되는 개념이다. 국회의장, 타 교섭단체 대표와 함께 국회

운영과 협상에 직접적으로 관여하기 때문에 예나 지금이나 중진급들이 이 자리에 앉는다. 원내총무에 당선되었을 때 그의 나이는 37세에 불과했다. 최연소 기록을 갱신했음은 물론이다. 이때부터 1969년 11월 신민당의 원내총무를 사임할 때까지 그는 무려 다섯 차례나 원내총무를 역임한다. 한국 정치사에서 김영삼만큼 화려한 이력을 갖춘 이는 앞으로도 나오기 힘들 것이다.

1969년 가을은 스산했다. 3선 개헌이라는 폭풍이 몰려오고 있었다. 박정희 대통령과 여당이 연초에 불을 지피던 개헌 논의는 5월 7일 윤치영 당 의장서리가 기자회견을 갖고 이를 공식화하면서 본격적으로 촉발되었다. 김영삼 원내총무는 반대의 선봉에 섰다. 그는 6월 13일 국회 '국정 전반에 관한 질문'에서 "우리나라는 독재국가이며, 3선 개헌은 박정희의 종신 집권 음모"라고 선언하는 한편 "중앙정보부는 국민의 증오의 대상"이라며 날선 비판을 쏟아냈다. "독재자의 말로는 정해져 있다"는 경고도 남겼다. 그는 연설의 처음부터 끝까지 박정희를 '대통령'이라고 부르지도 않았다. 야당 의원들조차 얼굴이 새파랗게 질릴 정도였다.

며칠 뒤 같은 당인 신민당의 고흥문 사무총장으로부터 늦은 밤 전화가 왔다. 통행금지가 얼마 남지 않았는데도 "당장 만나자"며 자꾸 보채니 김영삼은 귀찮지만 어쩔 수 없이 그를 만나러 서울역 인근 모 다방으로 갔다. 거기서 고 의원을 만난 그는 피가 거꾸로 솟는 이야기를 들었다. 고 의원이 그날 낮 골프장에서 김형욱 중앙정보부장을 만났는데, 김 부장이 고 의원의 배를 손으로 푹 찌르며

"김영삼이 배때기에는 칼 안 들어가나!"라며 윽박지르더라는 것이다. 그 소리를 듣고 가만히 있을 김영삼이 아니었다. 노발대발한 그가 "그 사실을 내일 기자회견을 통해 공개하겠다"고 하자 되레 겁에 질린 고 의원이 "김 총무! 제발 그러지 마시오!"라며 타일렀다. 그는 일단 참기로 했다. 하지만 김형욱의 협박은 뻥카가 아니었다.

김영삼이 "독재자의 말로는 정해져 있다"며 박정희를 향해 날선 비판을 가한 지 꼭 일주일이 되는 날, 그러니까 1969년 6월 20일의 상도동은 고요했다. 김영삼은 여느 때처럼 당 중진들과 저녁 만찬을 갖고 3선 개헌 반대 전략을 논의하고 귀가하는 길이었다. 그가 탄 승용차가 집 앞 골목 어귀를 돌 때, 자동차 전조등에 두 사내가 싸우고 있는 모습이 비춰졌다. 이상하게도 덩치 큰 사람이 키가 작은 사내에게 일방적으로 밀리고 있었다. 더욱이 온갖 욕설과 고성이 오고 갈 법한 싸움 현장인데 그들은 아무 말이 없었다. 마치 묵묵히 싸우는 것이 본인들의 임무인 양. 김영삼 의원은 의아한 생각이 들었다. "별 이상한 싸움도 다 있네" 하며 그가 운전기사에게 말하던 순간, 자신의 오른편에서 덜컹덜컹 하는 소리가 났다. 누군가 뒷좌석 손잡이를 잡아당기고 있는 것이 눈에 들어왔다. 그는 왼손으로는 차 문을 당기면서 오른손으로는 무엇인가 쥐고 있었다. 김영삼은 테러를 직감했다. "수류탄이다! 빨리 차 몰아!" 운전기사는 그 소리를 듣자마자 클랙슨을 울리며 가속 페달을 밟았다. 그때 뒤에서 '펑' 하는 소리가 났다. 괴한이 들고 있던 물체를 차에다가 던진 것이다. 다행히 다친 사람은 아무도 없었다.

귀가 후 김 의원은 바로 경찰에 신고하고 차를 점검했다. 차에

김영삼 원내총무가 박정희 대통령의 3선 개헌 시도를 비판하고나서 일주일 뒤, 괴한들이 그에게 초산테러를 시도했다. 차체 일부가 녹아내릴 정도로 독한 초산이었다.

서는 표현할 수 없을 만큼 역한 냄새가 났다. 차체의 철판은 녹아내렸고 사건이 발생한 장소의 콘크리트는 구멍이 뚫린 채 부글부글 끓고 있었다. 수류탄이 아니라 공업용 초산이었던 것이다. 과거 몇 차례 미국 방문을 통해 미국의 정치인들은 승차 후 항상 문을 잠그는 습관을 들인다는 것을 보고 배운 바 있던 그였다. 견문이 그를 살렸다. 만일 그가 여느 의원들처럼 차 문을 잠그고 다니지 않았더라면 괴한이 집어던진 초산을 그대로 뒤집어썼을 게 분명하다. 다시 생각해도 아찔한 순간이었다. 그날 밤 정상천 서울지방경찰청 국장이 찾아왔다. 그는 "제가 범인을 꼭 잡겠습니다"라며 장담했지만 지켜질 수 없는 약속이란 건 모두가 알고 있었을 것이다.

보통의 사람들은 정권으로부터 이 정도 압력을 받는다면 순순히 꼬리를 내릴 것이다. 그것은 그 사람이 악해서가 아니고, 의지가

金泳三 議員이 國會에서 피격경위를 說明하고 있다. ('69. 6. 21)

1969년 6월 21일 김영삼 원내총무가 국회에서 전날 겪은 초산테러에 대한 경위를 설명하고 있다.

없어서도 아니다. 생명의 위협에 맞선다는 것은 결코 쉬운 일이 아니다. 살고자 하는 욕망은 원초적이고 본능적인 것이기 때문이다. 나였다면 타협까지는 아니더라도 비판의 수위는 낮추지 않았을까 하는 생각이 든다. 하지만 김영삼은 보통 사람이 아니었다. 초산 테러를 당한 그는 그 밤을 완전히 지새웠다. 두려움보다는 분노가 앞섰다. 다음 날인 6월 21일, 국회 본회의에서 초산 테러와 관련한 신상 발언을 신청하고 이전보다 더욱 강하게 박 정권을 비판했다. 이날의 연설은 텍스트로만 보더라도 독재 정권을 향한 김영삼 의원의 강한 결기가 느껴진다. 나의 표현력으로는 그 내용을 오롯이 전달

(왼쪽) 박정희의 3선개헌에 반대하여 거리로 나선 김영삼과 신민당 의원들.
(오른쪽) '3선개헌 저지 시국대강연회'에서 연설 중인 김영삼의 모습

할 수 없기 때문에 신상 발언 국회속기록의 일부를 발췌했다.

"우리 국회의원이 국가로부터 정부로부터 이처럼 보호를 받지 못한다고 하는 경우, 사랑하는 우리 (말단에 있는) 농민, 노동자, 학생들은 얼마나 심한 박해를 받겠습니까? 이것이 민주주의국가예요? 독재자가 통치하는 독재국가예요! 박정희 씨는 독재자요! 아무리 권력을 가졌다고 해서 권력을 휘두르는 자, 칼로 세운 자는 반드시 칼로 망한다고 하는 성경 말씀이 있어요. 힘을 가졌다고 해서 힘을 행사하는 자, 반드시 그 힘에 의해서 망할 것입니다."

"우리는 이렇게 어려울수록 이 암묵적인 살인 정치를 감행하는 이 정

권은 필연코 멀지 않아서 반드시 쓰러질 것이다, 쓰러지는 방법도 비참하게 쓰러질 것이라는 것을 예언해 두는 것입니다. 그리고 여기에서 이야기하고 있는 이 김영삼이가 목숨이 끊어지지 않는 한 바른 길, 정의에 입각한 일, 진리를 위한 길, 자유를 위하는 일이라면 싸우렵니다. 싸우다가 쓰러질지언정 싸우렵니다."[7]

"바른 길, 정의에 입각한 일, 진리를 위한 길, 자유를 위하는 일". 〈쇼 미 더 머니〉에서나 들을 수 있는 라임까지 넣어 가며 박정희 정권을 비판한 이 대목은 글자로만 보기보다는 온라인상에서 음성 파일을 찾아 연설을 들어 보는 것이 좋다. 조금의 망설임도 없이 열변을 토하는 그 모습에서 민주주의를 향한 한 야당 정치인의 굳

센 의지를 확인할 수 있다.[8] 지금이야 코미디언들의 일자리를 위협할 정도로 정치인들이 우스꽝스러운 정치를 보여 주고 있지만, 이 시절의 정치는 이처럼 시대를 넘어선 감동을 주는 측면이 있었다.

하지만 김영삼 의원을 위시로 한 야당의 분투에도 불구하고 박정희 대통령은 묵묵히 장기 집권의 길을 닦았다. 표에서 밀린 야당은 본회의장을 점거하기도 했다. 하지만 박정희의 지시를 받은 공화당은 9월 14일 일요일, 당시 태평로에 있던 국회의사당 건너편 국회 제3별관 특별회의실에서 개헌안을 기습 통과시켰다. 새벽 2시 28분 공화당과 친여 성향 무소속 의원 등 122명이 단 한 표의 반대도 없이 3선 개헌안을 가결시켰다. 이 개헌안은 한 달 뒤인 10월 17일 국민투표에 부쳐져 유권자 중 77% 투표가 투표하고 그중 65%가 찬성해 통과되었다. 설상가상으로 2년 뒤 대선을 앞두고 박정희의 유일한 대항마였던 유진오 총재마저 쓰러졌다. 김영삼 의원으로서는 1956년 대선의 악몽이 떠오르지 않을 수 없었다. 중대 결심을 해야 할 시기가 온 것이다.

40대 기수론

김영삼은 2년 앞으로 다가온 1971년 대선을 앞두고 큰 고민에 빠졌다. 박정희 대통령이 3선 집권에 성공하면 영원히 권좌에서 물러나지 않을 길이 열린다고 봤다. 그러나 야권에는 마땅한 인물이 없었다. 당의 기둥과 같던 유진오 총재는 와병으로 쓰러졌고 2인자 유진산은 과거 총재직에 있으면서 자신을 비례대표 1번으로 결정했던 일로 국민들의 눈총을 산 바 있었다. 당 대표가 국회의원 한 자리 거저먹으려 했던 이 일은 '진산 파동'이라는 이름으로 회자될 정도였다. 독재에 맞설 역량과 대중성을 갖춘 인물이 필요했다. 김영삼은 자신이 총대를 메야겠다고 결심했다. 야당을 대표하는 정치인으로 입지를 굳히기 위한 전략적인 판단도 배제하지는 않았을 것이다. 1969년 11월 8일, 그는 아무런 예고도 없이 대통령 후보 지명전에 나설 것을 전격 선언했다. 그때 그의 나이가 41세, '40대 기수론'의 바람이 불기 시작한 것이다.

예나 지금이나 자신보다 젊은 사람이 정치를 하겠다고 하면 "머리에 피도 안 마른 것이 무슨 정치를" 하고 생각하기는 매한가지였나 보다. 김영삼이 출사표를 던지자 당내에서부터 냉소적인 반응이 쏟아졌다. 당 원로와 중진 의원들은 "당에도 엄연히 서열이 있다"며 그를 비난했다. '개족보' 만들지 말라는 뜻이었다. 유진오의 부재로 차기 대선 주자를 노리던 유진산이 특히 격노했다. 그는 "입에서 젖비린내가 나는 애들이 무슨 대통령이냐"며 원색적인 비난을 서슴지 않았다. 유진산의 이 '구상유취' 발언은 우리 정치사에서 세대교체와 관련해 두고두고 회자되는 말이 되었다. 그러나 당내 인식과 국민 여론은 정반대로 흘러갔다. 44세의 김대중, 46세의 이철승이 잇따라 당내 경선 레이스에 뛰어들기 시작한 것이다. 마치 H.O.T와 젝스키스가 라이벌 구도를 형성해 서로 성장해 나갔듯 그들의 등장과 경쟁에 국민들은 엄청난 성원을 보냈다. '40대 기수론'의 바람은 어느덧 태풍이 되어 있었다. 급기야 유진산이 출마를 포기하는 대신 후보 지명 권한을 달라고 요청하는 데 이르게 된다. 김대중 후보는 이를 거부했고 김영삼·이철승 후보는 "무조건 당수(유진산)의 추

1969년 11월 8일 김영삼은 예고도 없이 제 7대 대통령 선거 후보 지명전에 나설 것을 선언했다. 40대 기수론의 서막이었다.

천에 승복하겠다"는 서약을 했다.

9월 29일 신민당 대통령 후보 선출을 위한 경선 대회의 날이 밝았다. 후보는 김영삼과 김대중으로 사실상 압축되었다. 전날 유진산 총재가 김영삼을 대통령 후보로 추천했기 때문이다. 김영삼은 내심 안이하게 생각하고 있었다. '당수의 추천이 곧 대통령 후보로 지명되는 것'이라고 판단했다. 그러나 오산이었다. 1차 투표의 뚜껑을 열자 예상치 못한 결과가 나왔다. 총 투표 885표 중 김영삼 421표, 김대중 382표, 백지 78표, 기타 4표. 김영삼이 1위를 하긴 했지만 과반수를 획득하지 못해 2차 투표로 넘어가는 상황이 벌어졌다.

2차 투표는 누가 이철승계의 표를 흡수하느냐가 관건이었다. 대개 이런 경우에는 2위가 역전하는 현상이 종종 벌어지곤 한다. 2위는 어떻게든 1위를 따라잡기 위해 3등과의 협상에서 많은 것을 내어 주는 경우가 많다. 그러나 이미 수성하고 있는 입장에서는 쥐고 있는 이권을 내어 주는 것을 아깝게 느낄 공산이 크다. 이날의 상황도 다르지 않았다. 1차 투표가 종료되자 김대중 후보는 이철승 후보를 급히 찾아가 협상에 들어갔다. 무엇을 내어 줄 수 있냐는 이철승의 질문에 김대중은 '대통령 후보로 선출될 경우 11월 전당대회에서 당 대표로 이철승을 지지하겠다'고 약속했다. 하지만 현장에서 급히 오간 약속은 쉽게 깨어질 수도 있는 법. 이철승은 김대중이 빼도 박도 못하게 문서화된 약속을 원했다. 그러나 준비되지 않은 자리였던 만큼 그 현장에 종이가 있을 리 만무했다. 이때 김대중 후보는 기지를 발휘해 자신의 명함 뒷면에 약속 내용을 기재하고 서명했다. 이렇게 '명함 서약서'를 얻은 이철승은 계파 사람들에게 김대중을 지지할 것을 지시했고 그 결과 총 투표 884표 중 김대중 458표, 김영삼 410표, 기타 16표로 김대중이 승리를 거머쥐게 된다.

김영삼 개인으로서는 억장이 무너질 일이었다. 본인이 군불을 땔 때 '40대 기수론'의 열매를 라이벌 김대중이 가져갔으니 말이다. 하지만 그는 애써 마음을 추스르며 마이크를 잡았다. "김대중 씨의 승리는 우리 모두의 승리이며 나의 승리입니다." 실제로 1971년 대통령 선거 과정에서 그는 열정적으로 김대중을 도왔다. 매일 밤 호텔에서 눈물을 삼키면서도 다음 날이 되면 방방곡곡을 돌며 유세에

임했다. 그는 분명 그릇이 큰 정치인이었다. 어쩌면 이때의 패배와 승복이 있었기 때문에 먼 훗날 대통령 김영삼이 나올 수 있었는지도 모른다.

하지만 드라마 같은 경선에도 불구하고 1971년 대선 드라마는 박정희 대통령의 재집권으로 막을 내렸다. 김대중 후보는 대중경제론, 3단계 통일론 등 당시로서는 파격적인 공약과 메시지를 내걸고 돌풍을 일으켰지만 역부족이었다. 박정희는 이 선거에서 김대중을 누르기 위해 600억 원이 넘는 선거 자금을 쏟아부었다. 1971년 국가 전체 예산 5242억 원의 10%를 상회하는 액수였다. 그만큼 이 선거에서 박정희가 매우 고전한 것은 사실이다. 박정희 53%, 김대중 45%. 10년을 집권했던 사람이 변변한 타이틀조차 없던 젊은 정치인을 고작 8% 포인트 차이로 이겼으니 뜨악하지 않을 수 없었다. 위기감을 느낀 그는 다시는 국민들의 선택을 받지 않아도 되는 길로 접어든다. 그 유명한 유신헌법이다.

1972년 10월 17일 밤 박정희 대통령은 비상계엄령을 선포했다. 그리고 특별 선언을 발표했다. 국가 재건을 하는 과정에서 서구식 민주주의는 한계가 있으니 한국적 민주주의를 해야 한다고 주장했다. 나는 지역과 문화, 시기에 따라 제도는 변화할 수 있다고 생각한다. 그러나 그럼에도 바뀌지 않을 보편적 가치들은 있게 마련이다. 유신헌법은 그 보편적 가치들을 깡그리 뭉개 버렸다. 한국적 민주주의의 수준을 넘어선 친위 쿠데타였다. 우선 국민들이 통일주체국민회의라는 대의기구 구성원들을 뽑으면 그들이 대통령을 뽑는 간접선거로 대통령 선출 방식을 바꿨다. 이들이 박정희 대통령의 지지자들로 구성되었음은 물론이다.

국회의원 선거를 소선거구제에서 중선거구제로 바꾸기도 했다. 한 선거구당 1명을 뽑으면 소선거구제, 2~4명 정도를 뽑으면 중선거구제라고 일컫는데 이는 여당 후보가 선거 때 1등을 하지 못할 경우를 대비한 것이었다. 그나마도 전체 국회의원 중 3분의 1은 유신정우회라고 해서 대통령이 지명한 사람으로 구성되도록 했다. 아무리 못해도 전체 의석의 3분의 2는 먹고 가는 기틀을 마련한 셈이다. 국회의 국정감사 권한은 폐지되었고 대통령에게는 국회해산권과 긴급조치 권한이 주어졌다. 본인이 만든 헌법을 본인이 또 바꿀 수 있도록 했으니 무소불위라는 말이 과언이 아니었다. 이 헌법을 만든 사람 중 하나가 바로 최순실 국정 농단 청문회 때 "나이가 들어서 아무것도 모른다"고 발언한 김기춘 전 비서실장이다. 유신헌법의 초안을 작성하던 당시 그는 청와대에 파견을 나갔던 젊은 검사였다.

계엄령이 선포되고 일주일이 조금 지난 10월 26일, 비상국무회의는 개헌안을 심의하고 곧바로 이를 공고했다. 11월 21일에는 국민투표가 실시되어 유권자의 91.9%가 투표하고 91.5%가 찬성해 유신헌법이 통과되었다. 김대중 후보에게 많은 표를 몰아줬던 국민들이 이듬해 이처럼 높은 비율로 유신헌법에 찬성한 것은 아마 계엄령하에 느꼈던 공포 때문이었을 것이다. 지금은 상상조차하기 어려운 살벌한 분위기 속에서 서슬 퍼런 유신 체제가 막을 열었다.

유신헌법이 통과된 이후 우리 사회는 점차 군대로 변모하기 시작했다. 각 급 학교의 반장 선거는 없어지고 교련 훈련이 강화되었다. 학생들은 얼룩무늬 교련복을 입고 운동장에서 제식훈련과 총검술을 배웠다. 학생회는 학도호국단으로 바뀌어 반장은 소대장, 전교회장은 연대장이 되었다. 주로 퇴역 군인들이 교련 교사로 부임했는데 내가 나온 상문고등학교에도 그런 사람들이 몇몇 있었다. 물론 교련 과목이 없어져서 그들은 작문이나 사회탐구 같이 비교적 손쉬운 과목을 가르쳤다. 그중 한 작문 교사는 교사용 교재를 줄줄 읽다가 학생들이 자신을 비웃는다고 느끼면 대걸레 자루로 학생들을 개 패듯이 때렸다. '엎드려뻗쳐'를 시킨 다음 머리를 구둣발로 밟은 교사도 있었다. 나보다 수십 년 먼저 이런 일을 겪은 학교 선배들 중 한 분이 자신의 학창 시절 경험을 바탕으로 영화를 만들었는데 그게 엄청난 인기를 얻었다. 바로 모든 장면이 레전드로 남은 영화, 〈말죽거리 잔혹사〉이다. 감독과 제작자, 조연 배우 중 한 분과 O.S.T를 부른 가수가 모두 상문고등학교를 나온 탓에 나와 친구들 사이에선 '동문회 영화'로 불리기도 했다.

학교 밖은 더욱 엄혹했다. 중앙정보부는 국민들을 겁주기 위해 각종 내란 음모·간첩 사건을 조작해 퍼뜨렸다. 1973년 8월에는 김대중 의원이 도쿄의 한 호텔에서 납치되었다. 중앙정보부는 원래 그를 현해탄 바닷속에 수장하려 했지만 도청을 통해 이 사건을 파악하고 있던 미국 CIA서울지부의 격렬한 반대로 무산되었다. 그는 사건 발생 129시간이 지나서야 집으로 돌려보내졌다. 물론 그렇다고 그의 활동이 자유로워진 것은 아니었다. 그는 유신 시절 상당 시간 가택 연금과 투옥으로 고초를 겪어야만 했다.

밤이 깊을수록 별은 밝은 법이다. 긴급조치가 거듭되며 춥고 어두운 나날들은 계속되었지만 민주화를 향한 국민들의 염원은 식지 않았다. 1978년 제10대 국회의원 선거는 그 조짐을 나타내기 시작했다. 그해 12월 12일 실시된 선거에서 김영삼과 김대중의 신민당은 77명을 공천해 61명이 당선되는 기염을 토했다. 엄청난 타율이었다. 여당인 공화당은 68명의 당선자를 냈다. 표면적으로는 공화당의 승리였지만 그 당시 선거제도와 불법 선거운동 등을 감안하면 신민당의 압승이라고 해도 과언이 아니다. 실제로 전체 득표율은 신민당(32.3%)이 공화당(31.2%)에 앞섰다. 이 선거에서 당선된 김영삼 의원은 7선을 기록해 원내 최다선 의원이 되었다.

그렇게 1979년 새해가 밝았다. 민심은 들끓고 있는데 박정희 대통령과 집권 여당은 여전히 그것을 모르고 있었다. 그해 3월 벌어진 '백두진 파동'[9]은 국민을 대하는 그들의 인식을 단적으로 보여줬다. 직전 총선 결과에 위기감을 느낀 박 대통령과 여당은 국회를 장악해야 할 필요성을 느꼈다. 국회의원 숫자에서 앞설 수 없으니 '짱'을 먹어야겠다고 판단했다. 박정희는 자신의 심복인 유정회(維政會) 의원 백두진을 국회의장에 내정했다. 통일주체국민회의가 '체육관 선거'로 전체 국회의원 중 3분의 1을 간접 선출하는 유정회였다. 지역구에서 국민들의 선택을 받은 인물도 아니고, 간접선거로 선출된 대통령의 끄나풀을 국회의장에 내정했으니 사단이 날 수밖에 없었다.

하지만 비판은 오래가지 못했다. 어이없게도 신민당이 공화당에 굴복하고 말았다. 당시 신민당 지도부는 "의사 진행 발언으로 백두진 의장 선출에 반대하고 투표에는 참여한다. 투표 후 일부가 퇴장해 항의 의사를 표시한다. 이것은 여당도 양해한다"는 공화당의 '암수식 절충안'을 받아들였다. 국민들을 상대로 '항의 쇼'를 하겠다는 뜻이었다. 김영삼이 그 불같은 성격에 이를 수용할 리 만무했다. 비주류 의원 16명을 규합해 "반대의사의 자유마저 박탈당하는 것은 도저히 납득할 수 없다"며 본회의에 불참했다.

뚜껑이 열린 것은 박정희 대통령도 마찬가지였다. '백두진 파동'으로 기분이 상한 그는 얼마 후 기자들과의 술자리에서 "김영삼이가 유신 체제를 뒤엎겠다고 나서면 우리는 '예, 예' 하고 손 놓고 있겠나"며 "지금까지 법(긴급조치)을 위반한 게 7건이나 되지만 야당 탄압한다는 오해를 받기 싫어 전당대회 전에는 절대 안 잡아넣는다"고 격정을 냈다. 5월 30일 신민당 전당대회에서 김영삼이 총재로 당선될 수 없을 것이기에 그때까지는 잠자코 있겠다는 생각이었다.

그런데 김영삼은 여기에 대놓고 도발을 했다. 전당대회를 일주일 앞둔 5월 23일, 기자회견을 열고 "이번 도전은 당권이 아닌 정권에 대한 도전"이라고 선언했다. 그러던 중 중앙정보부 부장 김재규가 그를 찾아왔다. 김재규 부장은 자신이 김영삼 의원과 같은 김녕 김 씨 임을 강조하며 읍소했다. "박통이 총재님께 보통 나쁜 감정을 갖고 있는 게 아닙니다. 총재님도 생각해 보십시오. 정권에 도전하는 사람을 그분이 가만두겠습니까?" 그러나 김영삼은 "나는 어떤 일이 있어도 입후보하고 당선될 것이다"라며 그의 부탁을 일축했다.

5월 30일에 열린 이 전당대회에서 김영삼은 2차 투표까지 간 끝에 이철승·이기택을 누르고 당권을 거머쥐었다. 1차 투표에서는 이철승에 25표 밀렸지만, 이기택의 표를 흡수함으로써 역전의 쾌거를 이뤘다. 이날 당선 연설에서 그는 "아무리 새벽을 알리는 닭의 모가지를 비틀어도 민주주의의 새벽은 오고 있습니다" 하며 사람들을 열광케 했다. 한국 정치사에서 야당이 가장 빛났던 순간은 이때부터 시작되었다.

YH무역 사건에서 10·26까지

김영삼의 행보에는 거침이 없었다. 자신의 좌우명인 대도무문(大道無門)처럼 그는 박정희 정권을 겨냥해 광폭 행보를 밟아 나갔다.

6월 11일 열린 외신기자 클럽 연설에서 그는 "야당 총재로서 통일을 위해서는 장소와 시기를 가리지 않고 북측의 책임 있는 사람과 만날 용의가 있다"고 밝혔다. 그 안에는 물론 당시 북한의 최고 지도자인 김일성도 포함되었다. 요즘이야 북한이 주적이냐 아니냐로 논쟁하지만 그 당시 '북괴 수장'을 만나겠다고 하는 것은 입 밖에도 꺼내기 어려운 말이었다.

같은 달 29일에는 방한한 미국의 지미 카터 대통령을 만났다. 2002년 노벨 평화상을 수상하기도 했던 그는 당시에도 인권에 관심이 많았다. 박정희 대통령과 불편한 관계에 있었음은 물론이었다. 미국의 대통령이 한국 대통령을 만나기도 전에 대척점에 서 있는 야당 총재를 만났으니 정권 차원에서는 거슬리는 것이 당연했다. 하지만 김영삼은 개의치 않고 카터에게 주문했다. "당신이 밤낮 인권, 인권하는데 한국에 무슨 인권이 있나. 박정희를 돕는 것은 도

신민당사에서 농성 중이던 YH무역 노동자들이 경찰에 의해 끌려나오고 있다. 이날의 '101 작전'으로 YH무역 노동자 김경숙 씨가 추락해 사망하는 안타까운 일이 발생했다.

대체 뭐냐. 이게 당신이 주장하는 인권이냐?" 결국 카터는 그다음 날에야 박정희를 만났다.[10]

'YH 사건'이 발생한 것도 이 즈음이다. 가발 수출업체인 YH무역회사는 재미교포 장용호가 1966년 자본금 100만 원으로 만든 작은 회사다. 그러나 가발 경기의 호조와 정부의 수출드라이브 정책으로 삽시간에 몸집을 불렸다. 1970년대 초에는 수출 실적이 1000만 달러를 넘었고 종업원도 최대 4,000명에 이르게 되었다. 장용호는 미국에 백화점 사업체를 설립해서 YH무역을 통해 번 돈을 그곳으로 빼돌렸다. 무리하게 은행 빚을 얻어 사업을 확장하기도 했다. 하지만 제2차 오일 쇼크가 와버렸다. 엎친 데 덮친 격으로 가발 산업이 후퇴하면서 자금난에 시달리게 되자 그들은 1979년 3월, 폐업을 선언했다. 5개월 뒤인 8월 6일에도 부채와 적자 운영, 노조의 임금 인상 요구 등을 이유로 2차 폐업을 공고하기에 이르렀다.

길거리에 나앉게 된 노동자들은 어안이 벙벙할 수밖에 없었다. 몇 달간 임금도 받지 못하고 일했는데 회사가 문을 닫아 버렸으니 말이다. 궁지에 빠진 YH무역 여성 노동자들은 농성에 들어갔다. 회사가 꿈쩍도 않자 그녀들은 서울 마포구에 위치한 신민당 당사를 찾아갔다. 8월 9일의 일이다. 여공들은 자신들의 목소리를 들어 줄 세력은 신민당밖에 없다고 판단했다. 그 시절엔 야당이 힘없고 외로운 사람들의 벗이 되었다.

이날 오전 9시, 민주화 운동을 하는 인사들이 김영삼의 집이 있는 상도동으로 찾아왔다. "YH무역이 문을 닫고 기숙사에서 여공들을 쫓아내 그녀들이 신민당사로 찾아가는 중이니 호소를 들어 주십시오." 김영삼은 흔쾌히 이야기를 듣겠노라 대답했다. 사실 그때까지 그는 노동자 대표단이 찾아와 호소를 하면 그저 들어 주는 정도로 이 사건을 생각하고 있었다. 여공들은 오전 9시 반 즈음 당사에 도착해 곧장 4층으로 올라가 농성에 돌입했다.

30분쯤 뒤에 도착한 김영삼은 총재단 회의에서 이 문제에 대해 설명하고, YH무역 노동자 중 6명의 대표를 불러 그녀들의 이야기를 들었다. 그는 여기서 그치지 않고 4층으로 곧장 올라가 여성 노동자들을 위로했다.

"여러분이 마지막으로 신민당을 찾아 준 것을 눈물겹게 생각합니다. 여러분의 피, 땀, 눈물이 없었다면 오늘의 한국 경제는 없었을 것입니다. 신민당은 억울하고 약한 사람의 편에 서서 끝까지 투쟁할 것입니다."

그는 곧장 당직자들에게 지시해 그녀들에게 모포를 사서 지급하고 끼니때마다 당사 인근 식당에서 설렁탕·비빔밥 등을 주문하도록 했다.[11] 그리고 오늘날 보건복지부에 해당하는 보건사회부 장관과 노동청장에게 해결책을 강구하도록 요청했다. 그러나 대화가 이뤄질 리가 없었다. 다음 날에는 국회에서 여야 총무회담, 그러니까 요즘으로 치면 원내대표단 회의를 열 것을 제안하기도 했으나 여당으로부터 거절당했다. 200여 명의 노동자는 머리에 '회사 정상화가 안 되면 죽음이다'라고 적힌 머리띠를 두르고 결의를 다졌다.

서울경찰청이 '101 작전'이라고 이름 붙인, 농성노동자 강제해산 작전을 준비한 것은 10일 밤이었다. 신속하게 이 사건을 종결짓는다는 목표 아래 "신민당원을 상대할 때에는 기죽지 말고 과감하게 대처하라"는 지시도 전달되었다. 정당이고 국회의원이고 봐주지 말라는 소리였다.

10일 밤 11시에 가까워오자 농성 중인 노동자들 사이에서 '경찰이 쳐들어올 것'이란 소문이 퍼졌다. 많은 이가 울부짖었고 일부는 실신해 근처 병원으로 옮겨지기도 했다. 그녀들은 경찰이 강제해산을 시도하면 모두 투신자살하겠다고 결의했다. 당원들과 함께 4층으로 올라간 김영삼을 본 그녀들의 눈에서 눈물이 왈칵 쏟아졌다. 그는 그들을 애써 안심시켰다. "대한민국 역사에서 공권력이 야당 당사를 습격한 적이 없습니다. 나도 있고 국회의원 30명이 여기 여러분과 함께 있습니다."[12] 하지만 역사의 선례와 상식의 정도가 통하지 않는 시절이었다.

김영삼은 당사 밖으로 나갔다. 이미 밖에는 경찰 병력이 눈에 띄게 많아진 상황이었다. 당사 주변 땅바닥에는 투신자살을 막기 위한 매트리스가 깔려 있었다. 그는 피가 거꾸로 솟는 듯한 분노를 느꼈다. "여공들이 흥분하니 물러서라." 그는 당사 앞에서 마주친 마포경찰서 정보과장의 뺨을 냅다 후려갈겼다. 그 시절 그 상황에서 경찰의 뺨을 후려칠 정치인이 있었다는 건 참으로 든든한 일이었다. 그러나 상황은 이미 끝을 향해 가고 있었다.

새벽 2시가 가까워지자 이순구 서울시경 국장이 박한상 신민당 사무총장에게 전화를 걸었다. 최후통첩의 전화였다. 신민당이 물러서지 않자 1,000명이 넘는 경찰관들이 한꺼번에 담을 넘어 쳐들어왔다. 일부는 당직자들이 걸어 잠근 셔터를 부쉈고 또 일부는 2층 유리창을 깨고 뛰어들었다. 당직자들은 의자와 재떨이를 던지며 저항했지만 먹물들이 무장 경찰의 맞수가 될 리 만무했다. 부상자들이 속출했다. 경찰들은 2개 조로 나뉘어 한 무리는 여성 노동자들이 농성 중인 4층으로, 다른 한 무리는 김영삼과 의원들이 자리 잡고 있던 2층 총재실로 몰려갔다.

경찰들은 2층 총재실의 문을 부수고 모여 있던 신민당 의원들과 당직자, 기자들에게 무차별적으로 돌을 투척했다. 최형우 의원이 급하게 테이블을 세워 김영삼을 지켰으나 다른 사람들까지 지키기엔 역부족이었다. 박권흠 의원은 갈비뼈가 부러지고 얼굴이 피떡이 되어 형체를 알아볼 수 없을 지경에 이르렀고 박용만 의원도 다리가 골절될 정도의 부상을 입었다. 김영삼 총재 역시 경찰들에게 붙들려 강제로 경찰차에 태워졌다. 다행인지는 모르겠으나 경찰들은 그를 경찰서가 아닌 상도동 자택으로 데리고 갔다. 4층 농성장으로 들어간 수백 명의 경찰은 4인 1조가 되어 노동자들을 끌고 나왔다. 이 모든 작전이 불과 23분 만에 이뤄졌다.

문제는 작전 종료 후에 발생했다. 4층에서 뛰어내린 김경숙 양이 당사 뒤편 지하실 입구에서 발견된 것이다. 떨어지면서 철제 쓰레기통에 머리를 부딪쳤다. 그녀는 발견 즉시 녹십자병원으로 이송되었으나 끝내 숨을 거두고 말았다. 그때 그녀의 나이는 불과 21살이었다. 경찰은 그저 시위 진압 과정에서 생긴 불미스러운 일 정도로 그녀의 죽음을 여겼을 것이다. 그러나 그녀의 죽음이 신민당을 비롯한 온 국민의 분노를 촉발시키는 데에는 그리 긴 시간이 걸리지 않았다.

김경숙 양의 죽음이 있고 한 달쯤 지난 9월 16일, 김영삼과 박정희가 전면전에 들어서는 사건이 발생했다. 김영삼의《뉴욕타임즈》인터뷰가 도화선이 되었다.《뉴욕타임즈》도쿄특파원 헨리 스톡스(Henry S. Stokes)와의 인터뷰에서 그는 "미국은 국민과 끊임없이 유리되고 있는 정권 그리고 민주주의를 열망하는 다수, 둘 중에서 어느 쪽을 선택할 것인지 분명히 하라"며 미국에 대해 박정희 정권에 대한 지지 철회를 주장했다. "지미 카터 대통령이 박정희의 위신을 높여 줘 인권 탄압을 하도록 용기를 불어넣었다"는 비판도 서슴지 않았다.

그의 날선 비판은 제대로 어그로를 끌었다. 박정희 대통령과 공화당, 유정회 소속 의원들은 "미국에 '민주화 압력'이라는 내정간섭을 요청해 대한민국 국회의원으로서 품위를 손상했다"라며 즉각 반발하고 나섰다. 공화당과 유정회 의원들은 9월 22일 김영삼 의원에 대한 징계 동의안을 국회에 제출했고, 일주일 뒤엔 박정희가 이를 받아 그를 제명할 것을 명했다. 외국에 나가 있던 여당 의원들이 속속 귀국했다. 10월 1일, 여권은 고위 전략 회의를 열고 김영삼 의원에 대한 제명 방침을 최종적으로 확인했다. 모든 시나리오들은 '김영삼 제명'에 맞춰 일사천리로 진행되었다.

급기야 김재규 중앙정보부장이 김영삼을 직접 찾아가 "《뉴욕타임즈》의 보도가 사실과 다르다는 이야기를 해 달라"며 사정사정했지만, 여기에 의지를 꺾을 김영삼이 아니라는 건 본인도 잘 알았을 것이다. "제명도 구속도 두렵지 않다"는 김영삼은 결국 국회에서 제명되었다. 공화당과 유정회 의원들이 참석한 가운데 159명이 투표하고 전원이 찬성했다. 제명까지 걸린 시간은 불과 18분. 이렇게 우리나라 헌정 사상 처음으로 국회의원이, 그것도 야당의 총재가 제명되었다. 김영삼은 즉각 성명서를 기자들에게 나눠 줬다. 그 내용 중 일부를 발췌했다.

"나를 아무리 의회에서 축출하고 아무리 감옥에 가둔다 해도 민주 회복을 위한 나의 소신, 나의 철학, 나의 시국관까지 축출할 수 없고 가둘 수는 없습니다."
"나는 잠시 살기 위해 영원히 죽는 길을 택하지 않고, 잠시 죽는 것 같지만 영원히 살길을 선택할 것입니다. (중략) 공화당 정권이 잠시 동안 민심을 외면할 수 있어도 영원히 외면할 수는 없습니다. 정치는 영원하지만 정권은 유한한 것입니다. 따라서 공화당 정권이 아무리 힘의 정치를 강화한다 하더라도 떠나 버린 민심을 되돌릴 수는 없습니다. (중략) 나는 결코 외롭지 않습니다."

신민당 의원들도 김영삼에 대한 제명에 항의해 소속 의원 66명 전원이 국회의원직 사퇴서를 국회에 제출했다. 통일당 의원 3명도 참여했다. 국민의 분노는 걷잡을 수 없이 커졌다. 특히 그의 고향과 가까운 부산과 마산에서 유신 체제에 반대해 민주화를 요구하는 목소리가 터져 나왔다. 부마항쟁이다.

부산과 마산의 시민들은 거리로 몰려나가 "독재 타도"를 외치는 한편, "유신 철폐"와 "김영삼 총재 제명 철회"를 요구했다. 십 수 년간 억눌려온 열망들이 폭발했다. 10월 16일, 부산에서는 5만 명에 이르는 인파가 시청과 광복동 일대로 몰려들었고, 부산일보와 부산 MBC 등 언론기관을 공격하기도 했다. 이 언론기관들은 원래 부산의 사업가 김지태 씨의 소유였으나 박정희가 그를 구속하고 갈취한 것이었다. 특히 부산일보는 주식의 100%가 박정희·육영수 부부의 이름을 딴 정수장학회 재단의 소유였는데, 훗날 이 재단 이사장을 역임하게 되는 사람이 바로 그들의 장녀인 박근혜 전 대통령이다.

부마항쟁은 걷잡을 수 없이 커져 나갔다. 사태가 날로 심각해지자 정부는 18일 새벽 0시를 기점으로 부산시에 비상계엄을 선포했다. 마산과 창원에는 20일에 위수령을 발동했다. 열기가 고조되어 자칫 수도권에서도 시위가 이어진다면 정권 차원에서 난처하기에

자신의 의원직 제명을 착잡한 심정으로 받아들이고 있는 김영삼 신민당 총재. YH무역사건과 김영삼 의원직 제명은 부마항쟁의 도화선이 되었다.

그지없는 상황이 될 게 뻔했다.

26일, 서울 궁정동의 안가에서 이 사건을 처리하는 것을 두고 박정희 대통령과 측근들 사이에서 설전이 벌어졌다. 부마항쟁과 제명 이후의 김영삼 의원을 처리하는 문제가 도마 위에 올랐다. 중앙정보부장 김재규는 "정치는 대국적으로 상대방에게도 구실을 주고 협상해야 한다"고 대통령에게 주장한 반면, 경호실장 차지철은 "캄보디아에서는 몇 백만 명을 죽여도 그만인데 까짓 십만이고 이십만이고 탱크로 깔아뭉개면 된다"며 물러서지 않았다. 둘 사이의 의견은 전혀 좁혀지지 않았고 결국 파국으로 치달았다. 언성이 높아지던 와중에 김재규가 대뜸 품고 있던 권총을 꺼냈다. 그리고 박정희와 차지철을 향해 방아쇠를 당겼다. 그 고작 몇 발의 총알에 영원할 것만 같았던 박정희의 유신 체제는 막을 내렸다.

말 그대로 허망한 죽음이었다. 그 누구도 박정희가 그렇게 권력을 마칠 것이라고 예상하지 못했다. 아마 "박정희가 나보다 먼저 죽을 것"이라던 김영삼도 실제로 이렇게 될 줄은 예상치 못했을 것이다. 민주주의가 이렇게 찾아오다니! 모든 것이 순리대로 돌아가는 것만 같았다. 12월 6일에는 통일주체국민회의 대의원 선거를 통해 최규하 권한대행이 대통령직을 승계했다. 그는 이틀 뒤 긴급조치 9호를 해제하고 구속자 68명을 석방했다. 김대중의 가택 연금도 이때 해제되었다. 12일에는 김영삼의 신민당 총재 직무정지 가처분 신청이 취하되었다. 너나 할 것 없이 '서울의 봄'을 염원하던 그때였다.

신군부의 등장, 단식투쟁

권력의 생리는 결코 공백을 허용하는 법이 없다. 박정희가 떠난 자리를 정치군인들이 재차 치고 들어왔다. 12·12쿠데타는 무주공산의 권력을 신(新)군부가 메워 나가는 시발점이었다. 쿠데타는 당시 보안사령관 겸 합동수사본부장이던 전두환을 중심으로 군 내 사조직인 하나회가 주축이 되었다. 이들은 이후 제5공화국의 주요 요직을 꿰차며 엄청난 위세를 떨쳤다.

1980년에 접어들면서 야권은 분열되었다. 김영삼의 상도동계와 김대중의 동교동계는 차기 정국의 주도권을 누가 쥐느냐로 갈등하다가 결국 갈라섰다. 5월 15일에는 대학생 수만 명이 서울역에 모여 계엄령 해제와 민주화를 요구했다. 용산과 잠실에 무장 병력이 대규모로 집결하고 있다는 정보가 돌았다. 집회를 이끌던 총학생회장단은 집회를 계속 이어 갈 것인지, 철수할 것인지를 놓고 논쟁을 벌였다. 이들은 결국 당시 서울대학교 총학생회장 심재철의 주장에 따라 해산하게 되었다. 그 유명한 '서울역 회군'이다. 사람들은 오늘날 자유한국당 국회의원이 된 그를 비판할 때 이때의 '서울역 회군'으로 민주화의 적기를 놓쳤다는 비판을 함께하곤 하는데, 나는 개인적 호불호를 떠나 이 판단만큼은 적절했다고 생각한다. 어린 학생들이라고 봐준 전두환이 아니었다. 결국 그 비극은 며칠 뒤 광주에서 벌어지고 말았다.

신군부는 광주 시민들을 무참히 사살하는 한편, 야당 인사들에 대한 각개격파에 들어갔다. 김대중은 광주 민주화 운동의 주동자로 지목되어 체포되었고 김영삼은 가택 연금 신세를 면치 못했다. 국가 보위비상대책위원회(국보위)를 만들고 스스로 위원장 자리에 오른 전두환은 기자들을 대거 해고하고 신문과 방송을 통폐합했다.『창작과 비평』같은 정기간행물 172종은 폐간시켰다.[13] 8월에는 최규하 대통령을 내쫓은 뒤 곧바로 통일주체국민회의를 소집해 100%의 찬성으로 제11대 대통령 자리에 올랐다. 바야흐로 겨울 왕국이 도래한 것이다.

가택 연금을 당한 김영삼의 주변에는 말 그대로 개미 한 마리 얼씬할 수 없었다. 가족 이외의 인물들, 예컨대 당직자나 비서, 친척 등의 출입은 전면 금지되었고 전방 100m 이내의 모든 길목엔 군인들이 들어섰다. 이웃 주민들도 통행을 위해서는 매번 주민등록증을 보여 줘야 했다. 스마트폰은커녕 인터넷도 없던 시절, 우편물조차도 주고받을 수가 없었다. 말이 가택 연금이지, 사실상 감옥이었다. 주한 미국대사, 주한 일본대사 정도가 김영삼을 방문해 의견을 교환할 수 있었다. 그는 다섯 평 남짓한 좁은 마당에서 운동을 하거나 붓글씨를 쓰며 무료한 시간을 보냈다. 활동적인 성격에 집에만 갇혀 있으려니 좀이 쑤셨을 것이다.

이 시절 가족 외에 그에게 말동무가 되어 준 딱 한 사람이 있다. 이웃집에 살던 초등학생 여자아이였다. 경찰들도 사람인지라 꼬마아이가 김영삼을 만나러 가는 것까지 막지는 않았다. 그녀가 나름의 '첩보원'으로 활약할 수 있었던 것도 이 덕이었다. 통신은 물론 인편까지 막혔던 김영삼은 이 소녀에게 서류를 전달했고, 그녀는 이를 품속에 숨기고 나와 '비서 아저씨'들에게 전달했다. 이 '작전'에는 소녀와 소녀의 가족 그리고 인근 주민들이 힘을 모았다. 상도동의 모든 주민이 민주화를 염원하며 김영삼을 응원하던 시절이었다. 성인이 된 소녀는 이때의 이야기들을 기록해 『꼬마동지, 대장동지』라는 책을 내기도 했다. 저자 이규희 씨가 바로 그 소녀다.

1981년 5월 1일, 전두환 정권은 김영삼의 가택 연금을 해제했다. 두 달 전 제11대 국회의원 선거를 통해 의회도 어느 정도 장악하는 데 성공했다고 판단한 것 같다. 김영삼은 연금이 해제되고 얼마 지나지 않아 서울의 삼각산으로 산행을 떠났다. 김동영·최형우·문부식·김덕룡 등이 함께했다. 민주산악회의 시작이었다. 이들의 산행은 단순한 운동을 뛰어넘어 민주 세력을 규합하는 장이 되었다. 산행을 하면서는 정보기관원이 따라붙을 수도 없었고, 대화의 비밀을 유지하기에도 용이한 측면도 있었다.

엄혹한 시절 민주산악회가 겪어야 했던 압박은 결코 가볍지 않았다. 민주산악회 회원이 전국적으로 불어나자 전두환 정권은 산행에 참여하는 사람들을 감시하고 폭행·협박·회유하는 일도 서슴지 않았다. 급기야 1982년 4월 16일 《뉴욕타임즈》의 헨리 스톡스가 보도한 기사를 문제 삼았다. 스톡스 기자는 민주산악회 회원들과 함께 하루 동안 산행을 하며 보고 들은 것들을 기사화했다. 산악회를 중심으로 민주화 세력이 기지개를 펴고 있다는 것이 요지였다. 여기에 위기감을 느낀 전두환 정권은 재차 김영삼에 대한 불법 가택 연금을 단행했다. 1차 연금이 해제된 지 불과 1년이 지난 1982년 5월 31일의 일이었다.

요즘 같았으면 통신 전파 자체를 차단하지 않는 한 정보가 새어 나가는 것을 막을 수 없었겠지만 그 시절엔 보도 지침이란 것을 통해 권력이 정보의 흐름을 막거나 조작하는 것이 가능했다. 보도 지침은 오늘날 문화체육관광부에 해당하는 문화공보부에서 작성해 매일 각 언론사에 배포된 기사 작성 가이드라인을 일컫는다. 어떤 것은 써도 되고, 어떤 것은 쓰면 안 된다는 식의 내용들이었다. 김영삼의 가택 연금이 신문에 단 한 줄도 보도되지 않았음은 물론이다.

2차 가택 연금이 시작되고 네 달쯤 지난 10월 7일은 김영삼의 장남 김은철 씨의 결혼식이었다. 결혼식 전날 김영삼을 찾아온 관할 경찰서장은 "연금을 해제할 수는 없지만 내일은 특별히 결혼식장까지 모시고 가겠다"며 선심 쓰듯 말했다. 이에 김영삼은 "내가 결혼식을 가면 국민들이 내가 가택 연금당한 것을 모르고 자유롭게 지내는 줄 알 것 아닌가"라며 단호히 거절했다. 결국 그는 장남의 결혼식에 불참했다. 언론의 입이 막힌 상황에서 연출된 비극이었다.

민주 세력은 지리멸렬했고 세상의 모든 언로는 막혔다. 김영삼은 돌파구를 찾아야만 했다. 그가 선택한 방법은 바로 단식이었다. 광주 민주화 운동 3주년에 맞춘 1983년 5월 18일, '단식에 즈음해'라는 제목의 글을 발표하며 단식에 돌입했다. 다음은 글의 일부를 발췌했다.

"나는 이번 단식투쟁에서 나의 생명을 잃을 수도 있다는 것을 잘 압니다. 나 하나의 생명을 바쳐 이 나라의 민주화에 다소라도 도움이 될 수 있다면, 이것이 국가와 국민을 위한 나의 최후의 봉사라고 생각하고 모든 것을 감수하고자 합니다.”

“나에 대한 어떠한 소식이 들리더라도 그것에 연연하거나 슬퍼하지 말고 오히려 민주화에 대한 우리 국민의 뜨거운 열정과 확고한 결의를 보여 주시기 바랍니다.”

요즘이야 개나 소나 시작하고 별 반응 없으면 어설픈 명분 만들어서 접는 게 정치인 단식의 표준형이 되었지만 이 시절의 김영삼은 실제 목숨을 걸고 민주화를 위한 단식에 돌입했다. AP·UPI·로이터 등 해외 언론은 그의 단식을 대대적으로 보도했다. 그러나 같은 날 우리나라 신문들은 반달곰의 밀렵과 관련한 기사를 대서특필했다. 야당 지도자의 연금과 단식이 한 마리 곰의 죽음보다 못했던 것이다. 며칠이 지나도 그의 단식은 단 한 줄도 보도되지 못했다. 다만 가십란에 ‘모 재야인사의 식사 문제’, ‘최근의 정세 흐름’ 등과 같은 표현으로 한두 줄 보도되는 경우는 있었다. 말장난이라고 할 수도 있지만 그래도 그 살벌한 시절에 이렇게라도 양심을 지키고자 하는 기자들이 있었기에 우리나라 민주주의는 한 걸음씩 나아갔다.

김영삼의 단식 소식에 미국에서 망명 생활을 하던 김대중이 연대 의사를 표시하는 성명서를 발표했다. 정권 입장에선 골치 아픈 일이 아닐 수 없었다. 만일 김영삼이 단식으로 목숨을 잃는다면 민주화를 요구하는 민심이 폭발할 게 뻔했다. 그들은 단식 8일 차이던 5월 25일 김영삼을 강제로 구급차에 태워 서울대학교 병원으로 이송했다. 그를 12층 VIP 병동에 입원시키면서 같은 층에 있던 모든 환자를 퇴거시켰다. 그러나 김영삼의 고집을 꺾을 수는 없었다.

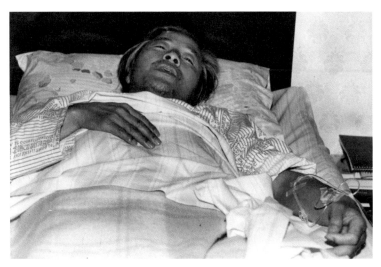

무려 23일간 지속된 김영삼의 단식은 신군부 등장 이후 꺼져가던 민주화운동의 불씨를 되살렸다.

　김영삼을 강제 입원시킨 것은 도리어 그의 결의를 홍보해 주는 꼴이 되었다. 그가 입원한 다음 날 문익환 목사가 동조 단식에 들어갔고 이어 '김영삼 총재 단식대책위원회'의 회원들도 성명을 발표하고 단식을 시작했다. 미국의 애드워드 케네디 상원의원은 성명서를 발표하며 그의 단식에 응원의 메시지를 보냈다. 일각에서는 김영삼이 몰래 '보름달' 빵을 먹다가 병문안 온 문 목사에게 걸려 개망신을 당했다는 이야기가 나오는데 그 어디에서도 이 루머에 대한 출처를 확인할 수는 없었다. 실제 사진 속에서 무척 수척해진 그의 모습을 봤을 때 아마 상대 진영에서 그를 비방하기 위한 목적에서 퍼뜨린 것으로 판단된다.

　다급해진 정권은 김영삼의 단식을 멈추기 위해 온갖 수단을 동원했다. 병실 앞에서 고기를 굽는가 하면 김홍조 옹에게 아들을 설득해 달라고 읍소하기도 했다. 여당인 민정당의 권익현 사무총장은 몇 번이고 김영삼을 찾아와 "단식을 마치면 일본이나 유럽, 미국 등 해외에 가도록 자리를 마련해 주겠다"며 주택과 생활비를 지급할 것을 약속했다. 그러나 씨알도 먹히지 않자 '가택 연금 해제' 카드까지 내밀었다. 이에 김영삼은 "나를 해외로 보낼 방법이 전혀 없는 것은 아니다"라며 권익현 총장에게 솔깃한 제안을 했다. 권 총장은 "그게 무엇이냐"며 반색하고 되물었다. 그러자 김영삼은 "나를 시체로 만들어 해외로 부치면 된다"고 응답했다. 그 이후 권익현은 다시는 그를 찾지 않았다. 단식 12일 차의 일이었다.

단식 소식이 구전되는 속도는 폭발적이었다. 함석헌·문익환·예춘호 등 재야 지도자들이 그의 단식에 발맞춰 동조 단식에 들어갔고, 전·현직 국회의원 33명을 포함한 58명의 인사는 김영삼의 민주화 투쟁을 전폭 지지하는 시국선언을 발표했다. 학생들은 전국 곳곳에서 동조 시위를 벌였다. 6월 4일, 워싱턴에서는 김대중을 비롯한 70여 명의 인사가 백악관과 한국대사관 앞에서 김영삼의 단식을 지원하는 집회를 가졌다. 비슷한 집회가 도쿄 주일 한국대사관 앞에서도 열렸다. 전 세계에 이 소식이 재차 전달되었음은 물론이다. 김영삼의 단식에서 시작된 불길은 이미 걷잡을 수 없이 커진 상태였다.

그는 단식을 시작한 지 23번째 날이던 6월 9일에서야 단식 중단을 선언했다. 재야인사들이 매일같이 찾아와 "같이 살아서 투쟁하자"고 설득한 결과였다. 그는 "부끄럽게 살기 위해 단식을 중단하는 것이 아니라 서서 싸우다 죽기를 위해 단식을 중단하는 것"이라며 성명문을 발표했다. 이것은 엄살이 아니라 현실적인 판단이었다. 민주화 세력의 또 다른 축인 김대중이 망명으로 미국에 있는 상황에서 김영삼마저 세상을 떠난다면 민주주의는 더욱 요원해질 것이 뻔했다.

김영삼의 단식은 숨죽이고 있던 민주 진영에 경종을 울렸다. 민주화의 열망과 의지가 꿈틀대기 시작했다. 무엇보다 신군부의 등장 이후 각개격파를 당했던 김영삼의 상도동계 인사들과 김대중의 동교동계 인사들이 규합하는 계기가 되었다. 민주화를 이끌어 나갈 구심점이 필요하다고 느낀 이들은 1984년 5월 18일 「민주화 투쟁 선언」이라는 성명을 발표하고 민주화 운동추진협의회(민추협)를 발족했다. 김영삼과 김대중이 공동대표를 맡고, 위원 구성 역시 상도동계와 동교동계가 반반씩 나눠 갖는 구조였다. 야당 정치인과 재야인사들을 옥죄던 '정치풍토 쇄신을 위한 특별조치법'은 사실상 무용지물이 되었다.

민추협은 파죽지세로 몸집을 키워 나갔다. 이들은 1985년 2월, 제12대 국회의원 선거를 불과 25일 앞두고 신한민주당(신민당)을 창당해 29.3%를 득표, 67석을 차지하는 기염을 토했다. 이후 민한당 당선자 29명이 민한당을 탈당하고 신민당에 합류했다. 그렇게 1987년에 다가갈수록 민주화라는 거인은 오랜 겨울잠에서 깨어날 준비를 하고 있었다.

"'탁' 하고 치니 '억' 하고 쓰러졌다"

강민창 당시 치안본부장의 입에서 나온 말이 기자회견장을 발칵 뒤집어 놓았다. 이틀 전인 1월 14일, 서울대학교 언어학과 학생 박종철이 치안본부 남영동 대공분실에서 돌연 사망한 경위를 밝히는 자리였다. 지금도 정치인들이나 정부 관료들이 어떤 논란에 대해 해명하는 수준을 보면 도무지 이해가 가지 않을 때가 있다. 대개 국민들이 진짜로 그 말을 믿을 것이라고 판단했거나 본인들 스스로가 상식적인 판단조차 불가능할 정도로 궁지에 몰리고 당황했을 때 그런 말들이 나온다. 강민창이 어떤 생각으로 저런 해명을 내놓았는지는 모른다. 하지만 그의 말이 기폭제가 된 것만은 확실하다. 오늘날 경찰총장에 해당하는 치안본부장의 입에서 한심한 수준의 변명이나 나오니 사람들은 '뭔가 있구나'라고 의심할 수밖에 없었다.

역시나 화근은 고문이었다. 박종철의 부검을 담당한 국립과학수사연구소 황적준 박사는 그의 몸에서 물고문과 전기 고문의 흔적이 발견되었다고 발표했다. 그로부터 몇 달 뒤에는 천주교정의구현사제단이 "박종철 고문치사 사건이 축소·은폐되었다"고 폭로했다. 이는 6월 항쟁의 결정적 도화선이 되었다. 이미 전두환 대통령이 발표한 '4·13 호헌조치'에 많은 국민이 반감을 갖고 있던 터였다. 간선제인 현행 헌법을 바꿀 의향이 없다는 내용이었다. 여기에 동의하는 사람은 거의 없었다.

김영삼과 김대중 등 야당 정치인은 물론 재야인사, 언론인과 종교인들이 주축이 되어 '민주헌법쟁취 국민운동본부(국본)'를 탄생시킨 것도 이 즈음이다. 학생들만 움직였던 1980년 '서울역 회군' 때와는 달리 이때는 전국적으로, 전 계층에 걸쳐서 민주화를 요구하는 목소리를 드높였다. 그 물결은 거스를 수 없는 큰 파도가 되어 전두환 정권을 압박했다.

국민들은 국본을 중심으로 모였다. '6·26 평화대행진'에 전국 적으로 약 180만 명이 참가했다. 국민들은 "호헌 철폐", "독재 타도"를 외치며 민주화를 요구했다. 1987년 6월을 뜨겁게 달궜던 이들 앞에서 전두환은 결국 항복했다. 6월 29일, 노태우 민정당 대표가 직선제 개헌, 김대중의 사면 복권, 언론 자유 보장 등 시국 수습 8개 항이 담긴 '6·29 선언'을 발표하게 되었다. 도시를 가득 채우던 최루탄 가스도 하루아침에 사라졌다. 국회는 9월 18일, 대통령직선제와 임기 5년 단임제를 골자로 하는 헌법개정안을 발의했다. 개정안은 10월 12일에 국회 의결을 거쳐 27일, 국민투표에 붙여졌다. 그리고 93.1%라는 압도적 찬성으로 통과되었다. 오늘날까지 우리 정치를 규정짓고 있는 '87년 체제'가 마련된 것이다. 이승만 정부 이래로 수십 년간 계속된 민주화 투쟁이 결실을 맺는 순간이었다.

물론 6월 항쟁의 목표가 온전히 달성된 것은 아니다. 모두가 알 듯 연말에 있던 대통령 선거에서 김영삼과 김대중, 양 김이 분열하는 바람에 4자 구도[14]가 형성되었고, 결국 경북에서 몰표를 받은 노태우 후보가 제13대 대통령으로 당선되었다. 양 김은 민주화를 염원하던 많은 사람으로부터 엄청난 원망을 받았다. 그도 그럴 것이 이들의 득표 총합이 노태우 당선자보다 416만 표나 많았다.

하지만 나는 어느 정도 그들의 입장이 이해가 간다. 서로 평생을 민주화에 이바지했다고 자부하는데, 민주화를 이룩하고 대통령을 눈앞에 둔 상황에서 그 기회를 라이벌에게 양보한다는 것은 인간적으로 결코 쉽지 않았을 것이다. 정치에 다음은 없다. 그들은 아마 단일화가 아니더라도 자신이 이길 것이라고 확신했던 모양이다. 하지만 패착이었다. 이때의 일을 두고 훗날 김영삼은 "천추의 한"이라고, 김대중은 "나라도 양보했어야 했다"[15]고 후회했지만 이미 역사는 흘러간 뒤였다.

이때 고배를 마신 김영삼은 2년여 뒤인 1990년 1월, "호랑이 잡으러 호랑이 굴에 들어가겠다"며 통일민주당 총재 자격으로 노태우의 민주정의당, 김종필의 신민주공화당과 합당을 선언했다. 그에게는 '구국의 결단'이었지만 민주 진영 인사들은 '3당 야합'이라고 비난했다. 대통령 자리에 오르고 싶은 욕심과 정치군인들로부터 정권을 빼앗아 오지 않으면 민주주의가 거꾸로 갈 것이라는 책임감이 공존했을 것이다. 결국 민주자유당 내에서 민정당계의 견제와 반대를 물리친 끝에 1992년, 대한민국 제14대 대통령에 당선되었다.

문민의 시대를 열다

김영삼 대통령은 취임하자마자 개혁에 엄청난 드라이브를 걸었다. 취임 이틀 만인 1993년 2월 27일, 첫 번째 국무회의 자리에서 자신과 가족의 재산이 17억 7,822만 원이라고 공개하며 공직자 재산 공개 제도의 서막을 열었다. 대통령이 먼저 재산을 공개하고 나서니 정부와 정치권의 인사들도 탐탁지 않았지만 따르는 수밖에 없었다. 그 과정에서 박양실 보건사회부 장관, 허재영 건설부 장관 등이 부정 축재 시비에 휘말려 옷을 벗었고 김상철 서울시장도 이때 문제가 되어 임기 시작 7일 만에 물러나야 했다. 정부는 이후에 1급 이상 공무원과 국영기업 상근임원 등도 포함시켰다. 무려 1,167명에 이르렀다. 공직자 재산 공개로 물의를 빚어 쫓겨나게 된 사람들은 대통령을 향해 '토사구팽'이라고 불만을 토로했다. 하지만 부정축재를 저지른 사람들에게 자비는 없었다.

3월 8일에는 권영해 국방부 장관과 단둘이 아침을 먹는 자리에서 대뜸 김진영 육군참모총장과 서완수 기무사령관을 해임하겠다고 밝혔다. 두 자리는 군의 가장 핵심적인 요직이다. 권 장관은 두어 시간 인사 기록을 검토한 뒤 김 대통령에게 육군참모총장으로 김동진 당시 연합사부사령관을, 기무사령관으로 김도윤 당시 기무사참모장을 추천했다. 대통령은 이들을 즉시 청와대로 불러 간단한 임명 절차를 밟은 뒤 "빨리 부대로 돌아가 취임식을 가지라"고 명했다. 만일의 사태에 대비한 것이었다. 아침 식사 자리에서 말을 꺼내고 인사가 단행되기까지 불과 4시간 5분이 걸렸을 뿐이다. 하나회 척결의 서막이었다.

군 내 사조직이었던 하나회는 앞서 말했던 것처럼 제5공화국 시절 엄청난 위세를 떨쳤다. 전두환과 노태우 등 육군사관학교 11기생들을 주축으로 결성된 이들은 군대뿐 아니라 정부의 요직도 나눠 먹으며 한국 사회를 쥐락펴락했다. 김영삼이 대통령에 당선될 때 외신들이 "당분간 군대와 동거할 수밖에 없을 것"이라고 내다볼 정도였다. 실제로 그가 취임하기 전 하나회 소속 국방부 장관이 "군 인사는 이렇게 해야 한다"며 사실상 가이드라인을 내놓은 적도 있었다. 그런 꼴을 보고서도 가만있을 김영삼이 아니었다. 하나회가 상대를 잘못 고른 셈이다.

육군참모총장과 기무사령관의 목을 날린 지 24일 뒤에는 수방

사령관과 특전사령관도 전격 교체했다. 용산의 한 군인아파트에서 하나회 회원 명단이 적힌 찌라시가 살포되면서 국민적인 관심이 높아진 게 계기가 되었다. 5일 뒤에는 2군 사령관, 3군 사령관, 합참 1차장을 해임했고, 일주일 뒤에는 중장(3스타)급들도 예외 없이 물갈이했다. 하나회 출신 장성들의 불만이 하늘을 찔렀으나 김영삼은 "개가 짖어도 기차는 달릴 수밖에 없다"며 끝끝내 하나회 척결을 마무리 지었다. 불과 두 달이 채 안 되어 40개가 넘는 별이 날아갔다. 가히 쾌도난마라고 해도 과언이 아니었다.

동시에 단군 이래 최대 사업이라던 율곡 사업에 대한 감사원 감사도 실시했다. 율곡 사업은 무기 및 장비를 현대화하고 방위 사업을 육성하기 위해 박정희 정부 때부터 시작한 사업이었다. 막강한 군의 위세에 안보 논리가 더해져 감사기관들이 손을 못 대고 있던 일이었다. 20년 만에 수면 위로 끄집어 올린 만큼 파장도 컸다. 전직 국방부 장관 2명과 전 참모총장 3명, 전 청와대 외교안보수석 등이 뇌물수수 혐의로 구속되었다.

"친애하는 국민 여러분! 드디어 우리는 금융실명제를 실시합니다. 이 시간 이후 모든 금융거래는 실명으로만 이뤄집니다."

1993년 8월 12일 오후 7시 45분, 김영삼 대통령은 '금융실명제 및 비밀 보장에 관한 긴급재정경제명령권'도 발동했다. 금융실명제 역시 하나회 척결처럼 예고 없이 갑작스럽게 단행되었다. 지금이야 실명으로 거래하는 것이 당연하게 여겨지지만 그 시절만 해도 가명으로 금융거래를 하는 것이 가능했다. 가명·차명 거래가 뇌물 수수와 부동산 투기, 탈세 등의 부작용을 낳는다는 비판은 계속

1993년 8월 12일 김영삼 대통령은 전격적인 금융실명제를 단행했다.

있어 왔다. 하지만 '경제에 큰 충격이 있을 것'이라는 재계의 반대
에 막혀 지지부진하던 상황이었다.

　김 대통령은 정상적인 입법 과정을 밟는다면 기득권층의 반발
에 막혀 금융실명제를 할 수 없을 것이라고 내다봤다. 이경식 부총
리와 방법을 논의한 끝에 헌법 제76조에 명시된 '대통령의 긴급명
령권'으로 금융실명제를 실시해야 한다는 결론을 내렸다. 긴급명령
은 법률과 똑같은 효력을 가졌다. 그들은 국책경제연구원인 한국개

발연구원(KDI)의 양수길 박사를 포함해 20명이 안 되는 멤버를 꾸려 과천의 한 아파트에서 합숙하면서 대책을 마련했다. 각 기관에는 이들이 "일본 출장을 가야 한다"고 속인 뒤, 실제로 일본까지 갔다가 돌아오면서까지 보안에 만전을 기했다. 금융실명제 발표 이후 이 사실을 까맣게 몰랐던 황인성 국무총리와 박관용 비서실장 등이 대통령에게 서운함을 토로했을 정도다.

깜짝 쇼처럼 진행된 금융실명제는 발표 초기 주가가 급락하는 등의 부침이 있었으나 이내 회복되어 안정적으로 안착했다. 국민들은 은행에 가서 일일이 실명 확인을 해야 하는 불편을 감수하면서도 90%에 육박하는 지지로 그의 정책에 화답했다. 그리고 정부는 그 열화와 같은 지지를 동력으로 다시 개혁 정책들을 몰아붙였다. 2년 뒤에는 부동산실명제까지 관철시켰다.

1995년 광복절에는 역사 바로 세우기 운동의 일환으로 당시 국립중앙박물관으로 쓰이던 조선총독부 건물을 해체했다. 이후 일본의 에도 다카미(江藤隆美) 총무장관이 "한일 합방으로 일본이 좋은 일도 했다"며 역사 바로 세우기 운동을 두고 반발하자 "일본의 버르장머리를 고쳐 놓겠다"고 맞대응한 유명한 일화가 있다.[16]

5·18 민주화 운동에 대한 재조명도 이 시기에 이뤄졌다. "호랑이를 잡으러 호랑이굴에 들어가겠다"던 김영삼은 「5·18 민주화 운동 등에 관한 특별법」, 「헌정질서 파괴범죄의 공소시효 등에 관한 특례법」을 제정해 전두환·노태우 두 전직 대통령을 내란 혐의로 구속했다. 그 이전까지는 '성공한 쿠데타는 처벌할 수 없다'며 그들에 대한 처벌을 미루고 있었다.

열거하기에도 숨찰 만큼 이렇게 강한 개혁 드라이브를 걸었던 덕택에 김영삼 대통령의 인기는 여느 연예인 부럽지 않게 치솟았다. 특히 하나회 척결과 금융실명제 실시를 전격 단행한 1993년에는 국정 수행 지지도가 무려 90%를 넘었다. 일례로 MBC가 청소년들을 대상으로 '한국의 100대 스타'를 뽑았는데 당대 최고 인기 스타였던 탤런트 최진실과 농구선수 허재를 제치고 김영삼 대통령이 1위를 차지할 정도였다.[17] 요즘으로 치면 방탄소년단과 손흥민을 제치고 1위를 차지하는 것과 비슷한 격이다.

하지만 일장춘몽이었다. 섣부른 금융시장 개방과 압축 성장에서 파생된 정경 유착으로 너덜너덜해진 한국 경제가 이내 IMF 외환위기를 맞게 되기 때문이다. 각종 재난 사고에 '소통령'으로 불리던 차남의 국정 개입 논란까지 겹쳐져 걸핏하면 대국민 사과를 해야 했다. 그렇게 그는 평생의 라이벌 김대중에게 정권을 넘겨줬다.

정치인의 조건

나는 다음 날 아침 일찍 대계마을로 가는 버스에 올라탔다. 대계마을 근처에는 마땅한 숙소가 없어 버스로 30분 정도 떨어진 장승포에서 잠을 잘 수밖에 없었다. 먹구름 가득했던 전날과 달리 화창한 하늘을 보니 기분이 상쾌했다. 그리고 설렜다. 다만 바람이 센 탓인지 더럽게 추웠다. 8℃라고 말해 주는 일기예보가 얄미울 정도로. 문득 3년 전 김 전 대통령의 영결식 때에도 유난히 추웠던 기억이 떠올랐다.

오전 10시에 시작될 추모식을 앞두고 김영삼 대통령 기록전시관 앞에 마련된 200여 석의 자리가 꽉 들어찼다. 내 또래의 사람도 간간이 눈에 들어왔다. 거제시청의 직원인 것 같았다. 무엇보다 이 추운 날에도 지팡이를 짚고 발걸음을 한 동네 어르신들이 눈에 많이 띄었다. 집 앞에서 매년 벌어질 일이거늘, 그분들은 추모식이 끝날 때까지 꼼짝 않고 자리를 지켰다. 아마 그들이 추억하는 김영삼 전 대통령에 대한 무게는 나와 비교할 수 없을 만큼 무거울 것이다.

김영삼은 분명 많은 이에게 경외감을 불러일으키는 정치인이다. 그는 누구도 부정할 수 없는 민주주의의 거인이다. 모든 삶을 바쳐 독재와 싸우고 대한민국의 민주화를 이룩해 냈다. 한 인간으로서 평생 자신이 추구하는 바를 이루기 위해 헌신한다는 것은 결코 쉬운 일이 아니다. 인생은 유한하고 또 짧기 때문이다.

나는 김영삼 전 대통령을 이 점에서 높게 평가한다. 그는 계절을 바꾸는 사람이었다. 평생을 민주주의를 위해 싸웠다. 그가 보여준 민주주의에 대한 열망과 독재에 항거하는 정신은 국민들의 마음을 움직였다. 그리고 마침내 세상을 바꿔 문민의 시대를 열었다. 모름지기 정치란 이래야 한다. 하다못해 계절을 바꾸지는 못하더라도 "내가 무엇을 위해 정치를 하겠다"라는 메시지는 있어야 한다. "지역주의와 권위주의를 타파하겠다"든지 "진영을 넘어 합의의 정치를 하겠다"든지, 국민들이 선택할 만한 가치와 메시지, 캐릭터가 있어야 한다.

하지만 요즘은 그런 정치인이 보이지 않는다. 계절을 바꾸기보다는 바뀐 계절에 따라 그에 어울리는 꽃을 심는 사람들이 정치를 하고 있다. 내가 대학에 다니던 시절 정치인들은 "누가 진짜 대통령

(위, 아래) 2018년 11월 22일 김영삼대통령 기록전시관 앞에서 열린 3주기 추모식.

과 가까운가"를 두고 서로 논쟁을 벌였다. 감별사를 자처하는 사람이 나타나 진짜와 가짜를 구분하겠다고 으름장을 놓기도 했다. 그 시절 국민들의 삶을 어떻게 바꾸겠다든지, 어떤 뜻을 이루기 위해 정치를 하겠다는 정치인은 좀처럼 볼 수 없었다.

정권이 바뀌었지만 정치인들의 수준은 변하지 않았다. 2018년에 있었던 지방선거는 그 현실을 여실히 보여 줬다. 많은 후보자들이 앞다투어 대통령과 찍은 사진을 현수막으로 걸기에 여념이 없었다. 선거 공보물은 지역 현안이나 비전보다는 대통령 사진으로 도배되었다. 심지어 대표급 정치인들조차 전·현직 대통령 누구와 어떤 연관이 있다고 스스로를 어필하는 지경이었다. 정치에서 본류는 사라졌고 아류만 남았다. 나는 우리나라 정치가 희망과 감동을 주기보다는 점점 웃음거리가 되어 가는 이유가 여기에 있다고 생각한다.

"날 감금할 수는 있어, 힘으로. 이런 식으로 힘으로 막을 수는 있어. 그러나 내가 가려고 하는 민주주의의 길은 말이야, 내 양심을, 마음을 전두환이가 빼앗지는 못해!"

김영삼의 이 용기와 결의에 찬 분노는 얼어붙은 국민들의 마음을 녹였다. 민주주의나 인권과 같은 가치들이 꿈속의 나비를 쫓는 것처럼 허황되게 그려지던 군사독재 시절, 그는 그게 꿈이 아니라 곧 다가올 미래라는 희망을 준 정치인이었다. 나는 역사가 특정한 개인에 의해서 좌우된다고 믿지 않는 편이다. 하지만 김영삼이라는 정치인이 없었다면 한국의 민주주의는 훨씬 더 나중에야 이뤄졌을 것이라는 건 확신한다. 수십 년 독재와 싸우고 하나회를 척결하면서 그는 우리나라 민주주의를 되돌릴 수 없는, 불가역적인 위치까지 끌어올렸다.

김영삼은 다소 무모하지만 인간적이고 따뜻한 사람이었다. 그래서 기댈 수 있었다. YH무역 여공들이 그에게 선뜻 달려갔던 것도 그러한 믿음이 있었기 때문일 것이다. 그가 만일 영악한 사람이었다면 초산 테러를 당하면서까지 정권에 맞서지 못했을 것이고, 23일이나 되는 긴 시간 동안 목숨 걸고 단식투쟁에 나서지도 않았을 것이다. 공직자 재산 공개, 하나회 척결, 금융실명제 등 한국 사회의 물줄기를 바꿔 놓은 개혁 정책들 역시 첫 삽도 뜨지 못했을 공산이 크다. 비록 IMF 외환위기를 막지 못해 국민들의 삶을 고통에 빠트린 과는 있지만, 그가 이룩한 업적들은 충분히 높이 평가받아 마땅하다고 생각한다.

그 엄혹한 시절, 우리에게 "닭의 모가지를 비틀어도 새벽은 온다"며 용기와 희망을 불어넣어 준 정치인이 있었다는 건 한국 현대사의 행운이었다. 세대와 시대를 뛰어넘어, 군사독재를 직접 경험하지 못한 내게도 깊은 울림을 줄 만큼 그의 가치와 메시지 그리고 정치는 빛나는 것이었다. 그의 삶에 무한한 경의를 표한다.

5부 베트남

당신이 나를
몽상가라 할지라도

호치민의 홍금보

맨 처음 호치민에 발을 디뎠던 2018년 가을, 나는 이곳에서 형용하기엔 어려운 낭만을 느꼈다. 낡고 오래되고 때로는 더러운 길거리였지만 이국적이면서도 붐비는 그 느낌이 좋았다. 그래서 승차 공유 서비스인 그랩(Grab) 어플리케이션을 이용해 오토바이 택시를 부른 뒤 지도 아무 데나 찍어서 가 보곤 했다. 목이 마르면 이따금 창문도 제대로 없는, 목욕탕 플라스틱 의자만 몇 개 놓여 있는 카페에 들어가 베트남 아이스커피인 '카페 덴 다'를 주문해 마셨다. 꼭 특별한 무엇인가가 있어야 여행이 되는 건 아니다. 그저 나와 다르게 살아온 사람들을 관찰하는 것만으로도 큰 의미가 있는 여정이었다.

하루는 카메라만 메고 호치민 시내 최대 번화가인 레탄톤 일대를 걷고 있는데 누군가 "곤니치와, 곤니치와" 하며 나를 붙잡았다. 아마 일본인 관광객으로 착각한 모양이다. 관심 없다는 듯 고개를 한 번 꾸벅이고 지나가는데 그가 나를 끈질기게 따라왔다. 나는 "일본인이 아니라 한국인이고, 오토바이는 관심 없습니다" 하고 답했다. 오토바이 호객 행위에 넘어가면 터무니없는 가격으로 바가지를 쓰기 때문에 꼭 그랩 어플을 이용해야 한다고 현지 선배들로부터 익히 들은 바 있었다. 그런데 일본어로 답한 게 실수였다. 그가 작정하고 내 앞에서 영업을 시작하는 것이다. 자기는 일본어 가이드이고 정해진 가격만 받기 때문에 안심해도 된다는 둥 뭐 그런 내용이었다. 홍금보를 닮은 그는 자기 이름이 람퐁푸이고 일본어 통역 일과 가이드 일을 겸하고 있다고도 했다. 나는 그와 5분간 이야기를 나눴지만 당장 가이드를 요청할 일은 없기에 미안하다고 말했다. 그리고 예의상 명함을 요청해서 받았다. 지갑 속에 넣어 둔 채 잊고 있었던 그 명함이 8개월 뒤에 요긴하게 쓰일 줄은 상상도 하지 못했다. 이 책을 쓰기 전 마지막 답사를 위해 베트남을 찾은 2019년 6월, 나는 그에게 전화를 걸었다. "구찌터널까지 오토바이로 다녀오고 싶다"고.

그는 내 인상착의며 처음 만난 장소까지 정확하게 기억하고 있었다. 아마 본인이 만난 사람 중 한국인은 드물기 때문이리라. 교통비를 겸한 가이드 비용은 시간당 21만 동, 우리 돈으로 만 원 꼴이었다. 다른 가이드도 있긴 하겠지만 새로 알아보는 것도 귀찮은 일이고, 있어도 대부분 영어 가이드일 게 뻔하기 때문에 딱히 망설일 필요가 없었다. 가뜩이나 힘든 여정일 텐데 머릿속에서 영어 문장 짜맞춰 가면서 일정을 소화하고 싶지는 않았다. 약간의 일본어 실력이 남은 것은 동방신기를 좋아한 덕분인데, 그들에게 정말 감사할 일이라는 생각이 문득 들었다. "월요일 아침 10시에 보자"고 약

호치민시 중심부의 인민위원회 청사. 프랑스 식민지를 100년 가까이 겪었던 탓에 호치민에서는 프랑스 양식의 건물들을 자주 접할 수 있다. 호치민은 현재도 베트남의 경제 중심지이다.

속한 뒤 전화를 끊었다.

구찌터널로 가기로 한 날, 날씨가 매우 궂었다. 자칫하면 비가 쏟아질 것만 같은 먹구름이 하늘을 뒤덮고 있었다. 그래도 햇볕이 내리쬐는 것보단 낫다고 위안을 삼으며 마트에서 내 것과 가이드 람퐁푸의 것까지 우비 두 개를 사 뒀다. 그는 약속한 시간에 맞춰 내가 있는 사이공 펄로 와 줬다. 홍금보 같은 얼굴로 한하게 웃는 그를 보니 나도 피식 웃음이 나왔다. 나는 한 40대 중반은 되는 줄 알았는데 나보다 겨우 다섯 살밖에 많지 않다고 해서 한 번 더 피식 웃음이 나왔다.

그는 도로를 역주행해 가며 레탄톤 거리로 진입했다. 처음 베트남에서 오토바이 택시를 탔을 땐 무서워서 어찌할 줄 모르고 그저 운전하는 사람 점퍼만 꽉 잡고 있었는데, 이제는 양손 놓고 스마트폰을 할 정도로 제법 여유가 생겼다. 역주행도 하도 흔한 일이라 별로 걱정되지 않았다. 그런데 문제는 그게 아니었다. 그가 대뜸 오토바이를 웬 아주머니 앞으로 가져가는 것이었다. 그러고는 나보고 그 아주머니의 오토바이로 갈아타란다. 속으로 '난 당신한테 일본어 가이드를 요청한 건데?'라고 생각하며 벙 찐 표정을 지니 이내 내 마음을 읽었는지 자기 "시스터"라며 영어도 일본어도 잘하니까 걱정 말라고 했다. 뭔가 당한 느낌이었다. 더욱이 '시스터'라기엔 나이 차이가 너무 많이 나지 않는가! 하지만 구찌터널에 다녀오기만 하면 되었고, 이미 내용에 대해서는 어느 정도 조사를 하고 왔기 때문에 크게 개의치 않고 그녀의 오토바이에 올랐다.

호치민은 베트남에서 가장 큰 도시임에도 신호등이 별로 없다. 왕복 4차선 이상은 되어야 겨우 손바닥만 한 신호등이 하나 우측에 세워진다. 신호등은 특이하게도 빨간불일 때에도 남은 시간이 표시되는데, 길을 가득 채운 오토바이들이 한데 뒤섞여 파란불을 기다리고 있는 모습을 볼 때면 마치 마라톤 대회에서 출발 신호를 기다리는 선수들을 보는 것만 같다. 나를 안내해 주는 여사님은 그 선수들 중에서 단연 이봉주 같은 존재였다. 신호가 바뀌면 누구보다 빠르게 치고 나갔고, 고속도로에서도 차 사이를 비집고 들어가는 데에도 망설임이 없었다. 성격이 급한 내게 적합한 가이드였다.

하지만 2시간 가까이 오토바이를 타는 건 너무 힘든 일이었다.

구찌터널의 입구. 밀림 속 게릴라전에 익숙하지 않은 서양 군인들에게 시도 때도 없이 땅속에서 올라오는 게릴라들은 공포의 대상이었다.

무엇보다 수많은 오토바이가 내뿜는 매연, 차들이 지나갈 때마다 얼굴을 때리는 흙먼지들은 참기 힘든 고역이었다. 매연이야 서울에서 워낙 많이 맡아서 그러려니 하고 생각할 줄 알았는데, 한 시간을 넘게 직접 들이마시다 보니 속이 울렁거리기 시작했다. 나는 눈감고 숨을 줄여 가며 잠자코 앉아 있었다. 베테랑인 그녀는 내 상태를 눈치챘는지 가게에 잠시 들러 쉬고 가자고 제안했다. 회색빛 콘크리트 안에 간이의자 몇 개를 늘어놓은 도로변 카페에 들어가 '카페 덴 다'를 주문했다. 커피는 내가 화장실에 잠시 다녀온 사이에 이미 나와 있었다. 사약같이 썼지만 그에 따른 매력이 있었다. 여사님은 내게 가족사진을 보여 주며 흐뭇한 미소를 지었다. 그녀의 이름은 람띠홍옌, 18세에 결혼해서 벌써 아들딸이 20세를 넘었다고 했다. 몇 살이냐고 물었더니 1979년생이라고 했다. 세상에⋯ 자신은 다섯 남매 중 셋째이며, 람퐁푸는 막내 동생이라는 것도 이야기해 줬다. 조카 사진이라며 람퐁푸의 여섯 살 난 아들 사진까지 연신 보여 주는데 조카 사랑에는 국경이 없다는 걸 새삼 느꼈다. 그렇게 30분이 훌쩍 지나갔다. 눈앞에는 왕복 2차선 도로를 달리는 트럭과 그 뒤로 펼쳐진 드넓은 농경지뿐이었다.

2시간이 조금 넘어서 구찌터널에 도착했다. 람 여사와는 주차장에서 잠시 헤어지고 구찌터널에 입장한 뒤 안내를 기다렸다. 관계자는 반드시 터널 가이드를 대동해야 하니 잠시 기다리라고 했다. 곳곳에 미국인, 프랑스들이 눈에 띄었지만 여느 관광지와 달리 한국인 관광객들은 거의 없는 것 같았다. 그렇게 서양인들 무리에 뒤섞여 베트남전쟁 관련 비디오를 시청하면서 가이드를 기다렸다.

"얼론? 코리안?"

혼자냐? 한국인이냐? 이보다 더 간결할 수 없는 문장으로 내 신상을 파악한 뒤, 가이드는 나를 안내했다. 그를 따라 숲길로 들어갔다. 관광객 한 팀당 한 명의 가이드가 따라붙는 덕에 나 외에는 아무도 없었다.

그는 길을 걷는 와중에 곳곳을 손가락으로 가리키며 한국어로 "공기 구멍"이라고 말했다. 그가 가리켰던 쌓아 올린 흙더미들은 얼핏 보기엔 나지막한 높이의 흰개미집 같아서 터널로 연결되는 환기 시설이라고는 상상조차 할 수 없었다. 내 팔뚝보다 굵은 대나무의 속을 파내고 숲을 조성해 환기 시설을 마련한 곳도 있었다. 인지하

가이드는 길을 걷는 와중에 흰개미집 같은 이곳을 가리키며 한국어로 '공기구멍'이라고 했다. 터널 내 환기를 위해 흙더미나 대나무를 활용했다.

고 살펴봐도 알아보기 힘들었다. 느긋한 마음으로 관광을 온 나도 이 정도인데, 베트남 게릴라들과 전투를 벌여야 했던 프랑스군이나 미군들이 이런 시설들을 찾기는 더욱 어려웠을 것이다.

무엇보다 이역만리에서 온 군인들을 괴롭혔던 것은 바로 온갖 종류의 함정과 지뢰들이었다. 부비트랩들은 동시에 많은 적군을 살상할 수는 없었지만, 상대방이 느끼는 공포를 극대화시키는 효과가 있었다. 때문에 게릴라들을 상대하는 군인들은 밀림 속에서 한 발 한 발 내딛는 데도 온 신경을 곤두세워야 했다. 나는 전시된 부비트랩을 보는데도 섬뜩하지 않을 수 없었다. 가이드가 긴 나무막대기로 땅바닥을 툭 하고 쳐내자, 설치된 나무판자가 내려가면서 2미터는 족히 되어 보이는 구덩이 바닥에 꽂혀진 대나무 창살들이 드러났다. 고등학교 시절 영화 〈알 포인트〉에서 봤던 장면이 떠올랐다. 발 한 번 잘못 디디면 목숨을 잃게 되는 전장, 평시와 전시의 구분이 없는 전쟁, 이는 제2차 세계대전이나 한국전쟁과 대비되는 베트남전쟁의 특징이었다.

매표소 외에 콘크리트 건물이라곤 찾아볼 수 없는 이 구찌터널은 베트남전쟁의 양상을 전적으로 보여 주는 장소다. 베트남전쟁에서는 노르망디상륙작전이나 인천상륙작전과 같은 대규모 전면전이 없었다. 대신 농촌과 땅굴로 숨어든 게릴라들에 의해 시도 때도 없이 산발적인 전투가 일어났다. 그들은 낮에는 이 터널에 숨어들었다가 밤에 지상으로 올라와서 기습공격을 감행하는 식으로 전투를 벌였다. 제1차 인도차이나전쟁 당시 프랑스군에 맞서기 위해 만들어지기 시작한 구찌터널은 미국과의 전쟁을 수행하면서 무려 250km까지 확장되었다. 터널은 캄보디아 접경지역까지 뻗어 나갔다. 베트남 정부는 총 7개의 터널 중 2개[1]를 관광객들에게 공개하고 있는데, 내가 갔던 벤딘(Bén Dinh) 터널도 그중 하나였다.

이 지역의 토양은 평소 부드러운 진흙이지만 공기와 접촉하면 시멘트처럼 딱딱하게 굳는 성질을 가지고 있다. 그래서 게릴라들은 중장비 없이도 이 터널을 만들 수 있었다. 미군의 폭격이 본격화되면서부터는 지하 3층까지 파고 내려갔다. 터널 안에서 15m 깊이의 우물을 파 식수로 충당하기도 했다. 지상의 물은 폭격으로 오염된 경우가 많았기 때문이다.

가이드가 A4 용지만 한 나무판자를 들어 올리자 좁은 입구가 드러났다. 그는 내게 기념사진을 찍어 줄 테니 들어가 보라고 제안

남베트남 전역은 미군의 폭격에서 자유로울 수 없었다. 더욱이 토양과 하천이 화약이나 고엽제 등으로 오염된 탓에 남베트남민족해방전선은 터널을 파고 그 안에서 거주해야 했다.

했다. 터널은 몸집이 마른 편인 나도 양손을 들어야만 겨우 들어갈 수 있을 만큼 비좁았다. 내친김에 나는 그에게 같이 터널 안을 돌아다녀도 되냐고 물어봤다. 그는 흔쾌히 좋다고 하며, 내 앞길에 손전등을 비춰 줬다. 허리를 잔뜩 구부린 채 오리걸음을 하며 터널 안을 걸어 다녔다. 맨몸이었는데도 땀이 비 오듯 쏟아졌다. 여기에서 총과 온갖 무기를 소지하고 다닐 엄두조차 나지 않았다. 우리가 흔히 베트콩이라고 부르는 남베트남 민족해방전선은 이렇게 열악한 상황 속에서 수십 년간 전쟁을 이어 나갔다.

터널 안에는 숙소뿐 아니라 의료실, 회의실, 무기 공장 등 전쟁에 필요한 모든 시설이 존재했다. 농촌 지역 주민들도 미군이 쳐들어오면 이 땅굴로 몸을 숨겼다. 그러나 미국은 전쟁이 끝나는 순간까지도 이 구찌터널의 위치나 규모를 전혀 파악하지 못했다. 숲이 무성한 밀림 속에 있었던 데다가 몸집이 큰 서양인들은 애당초 들어올 수조차 없었기 때문이다. 미군 부대 아래로 남베트남 민족해방전선의 터널이 지나간다는 말도 나돌았다. 도시와 지역을 점령하고, 땅따먹기 하듯 전선을 확장해 나가는 것에 익숙했던 프랑스군과 미군으로서는 이와 같은 게릴라전에 속수무책으로 당할 수밖에 없었다. 미국의 대통령들에 앞서서 베트남의 쓴맛을 본 프랑스의 샤를 드 골(Charles De Gaulle) 대통령은 파병을 요청하는 존 케네디(John F. Kennedy) 미 대통령에게 "이 지역에 한 번 발을 들여놓으면 아무리 많은 돈과 인원을 인도차이나에 쏟아부어도, 그럴수록 밑이 없는 군사적·정치적 늪 속으로 한 발 한 발 빠져 들어갈 것"이라고

구찌터널 투어를 마무리하기 전 가이드가 기념사진을 찍어주겠다며 나를 터널 입구로 안내했다. 기념사진을 찍고 있자니 내가 참 좋은 시절에 태어났다는 생각이 문득 들었다.

경고하기도 했다. 그는 자신의 조국 프랑스가 엄청난 상처를 입은 후에야 깨달았다. "아시아의 민족을 위해서" 자신들이 해야 할 일은 그들의 살림살이를 자신들이 떠맡는 것이 아니라 "전횡적이고 억압적인 정권을 낳게 하는 원인인 인간적 고통과 욕된 상태에서 그들이 빠져나올 수 있게끔 도와주는 일"[2]이라는 것을.

베트남과 '위대한 프랑스'

드 골의 교훈은 얼핏 들으면 낭만적이지만 역사는 정반대다. 프랑스는 결코 민주적이지도, 정의롭지도 않은 국가다. 적어도 인도차이나반도에서는 그랬다. 특히 19세기 중엽 나폴레옹 3세 치하의 프랑스는 그 어느 나라보다 식민지 개척에 적극적이었다. 그들은 1858년 9월, 베트남에서 일어난 프랑스인 선교사 살해를 구실로 필리핀에 주둔 중이던 스페인군과 함께 베트남을 공격해 중부 항구 도시 다낭을 점령했다. 이때부터 베트남과 프랑스의 질긴 악연은 시작되었다.

차츰 식민지를 확대해 나갔던 프랑스는 베트남을 세 개의 나라로 나눠 관리했다. 남부를 코친차이나, 중부를 안남, 북부를 통킹으로 불렀는데 이는 전적으로 베트남 국민들의 단결을 와해하려는 목적이었다. 1887년에는 코친차이나, 안남, 통킹과 캄보디아, 라오스를 합친 프랑스령 인도차이나가 설립되며 프랑스 제국주의가 전성기를 구가했다. 프랑스의 영향력은 제2차 세계대전이 발발할 때까지 지속되었다. 독일군에 맞서기 위해 아등바등하는 사이, 일본군이 쳐들어오면서 프랑스는 그 물러나게 되었지만 인도차이나 사람들의 입장에서는 점령군의 깃발만 바뀌었을 뿐이다.

제2차 세계대전은 우리나라에도 그랬듯 인도차이나반도에도 터닝 포인트가 되었다. 1943년 9월, 추축국의 일원이었던 이탈리아가 항복을 선언하고 독일의 동부전선이 무너지기 시작하면서 전세는 사실상 연합군으로 기울었다. 남은 것은 일본이었다. 연합군의 리더 격이던 미국의 루즈벨트(Franklin Delano Roosevelt) 대통령, 영국의 처칠(Winston Leonard Spencer Churchill) 수상, 중화민국의 장제스(蔣介石) 총통은 11월 이집트의 카이로에서 모여 일본을 어떻게 손봐 줄지를 두고 논의했다. 이 자리가 바로 카이로회담이다. 한국의 독립 문제가 처음 언급되기도 했던 이때의 회담에서 루즈벨트는 베트남을 '일정 기간 신탁통치를 거친 뒤 프랑스 식민지에서 완전 독립시키는' 노선을 강력히 주장했다. 그는 프랑스의 혹독한 제국주의 정책에 강한 반감을 가지고 있었다. 급기야 처칠의 반대를 무릅쓰고 장제스와 스탈린의 동의를 얻어 신탁통치안에서 프랑스를 제외한 루즈벨트는 장제스에게 "인도차이나반도 전부를 중국에 증여하겠다"고 제안했다. 그런데 정작 장제스가 이를 거절했다. "인도차이나는 결코 중국에 동화되지 않을 것"이라는 이유였다.

비슷한 시기, 정확히는 1941년 5월, 응우옌 아이 꾸옥(Nguyễn Ái Quốc·阮愛國)이 결성한 베트남독립동맹(약칭 Viet Minh·越盟)은 민족주의 운동의 핵심 세력으로 성장하고 있었다. 조국에 대한 사랑과 열정으로 가득해 이름마저 신 꿍(Sinh Cung·生恭)에서 애국이란 의미의 '아이 꾸옥'으로 개명한 이 사내는 젊은 시절 프랑스 여객선의 주방 보조로, 때로는 미국 뉴욕과 영국 런던에서 하인·견습공을 전전하며 세상을 바라보는 눈을 키웠다. 제1차 세계대전이 끝나고 미국의 윌슨(Thomas Woodrow Wilson) 대통령이 주창한 민족자결주의[3]에 크게 고무된 그는 전당포에서 빌린 검은색 양복과 페도라로 빼입고[4] '베트남 민족의 대표'를 자처하며 베르사유궁전의 이곳저곳을 돌아다녔다. 때는 파리강화회의가 열리던 시기였다.[5] 하지만 29세 청년이 맞닥뜨린 것은 민족의 대표가 아닌 식민지 지식인으로서의 현실이었다. 미국의 윌슨은 물론 프랑스의 클레망소(Georges Clemenceau)도, 영국의 로이드 조지(David Lloyd George)도 그를 만나 주려고 하지 않았다. 민족자결주의가 약소국 민족에게는 해당되지 않는다는 것을 깨달은 그는 모스크바로 시선을 돌렸다.

1924년 공산당 국제조직인 코민테른(Communist International)의 제5차 대회에 참석하며 주요 인물로 성장한 아이 꾸옥은 공산주의 혁명 사상을 계속 공부하는 한편, 1930년 2월에는 코민테른으로부터 권한을 부여받아 베트남공산당을 설립하기에 이르렀다. 그런데 같은 해, 코민테른이 당명을 베트남공산당에서 인도차이나공산당으로 개칭하면서 아이 꾸옥은 주도권을 상실하게 되었다. 민족주의에 기반을 둔 그의 성향은 민족주의를 배격하고 계급투쟁에 전념할 것을 강조하는 코민테른과 잘 어울릴 수가 없었다. 이후 그는 홍콩에서 영국 경찰에게 체포되고 사망한 것으로 세간에 알려졌다. 정치 일선에서 완전히 자취를 감췄으니 사람들의 의심이 티무니없는 것만은 아니었다.

하지만 죽은 줄로만 알았던 그 정치인은 결국 돌아왔다. 베트남 국민들은 사심 없이 조국의 독립을 위해 헌신하는 그에게 열광했다. 그는 자신이 결성한 베트남독립동맹(베트민)과 함께 무섭도록 빠르게 세력 확장하고 신망을 쌓아 나갔다. 바로 베트남의 국부로 추앙받고 있는 호치민(HòChíMinh)이다.

호치민은 때로는 중국과, 때로는 미국과 손잡으며 항일 투쟁을 전개했다. 일본이 패망하는 1945년경에는 북부의 상당 지역을 지배하기에 이르렀다. 베트남 국민들은 태평양전쟁이 끝나고 일본이 물러난 자리를 당연히 베트민이 채울 줄 알았다. 하지만 국제사회는 정의와 당위보다는 힘의 논리가 지배하는 공간이었다. 무엇보다 프랑스가 결코 베트남을 포기할 생각이 없었다. 이들은 국제질서를 "전쟁 전 상태"로 돌려놓아야 한다고 주장했다. 일본이 떠났으니 다시 자기들이 먹겠다는 것이다. 만약 태평양전쟁 이후 일본이 한반도의 재지배를 위해 다시 들어오고, 이를 전승국이라는 명분으로 국제사회가 밀어줬다면 우리 국민들의 반응이 어땠을까? 베트남에서 벌어진 상황은 그런 것이었다. 더욱이 베트민은 자력으로 영토의 상당 부분을 회복한 상태였다. 그들의 입장에선 피가 거꾸로 솟지 않을 수 없는 상황이었다.

1945년 7월, 미국·영국·중국의 정상들은 전후 '교통정리'를 위해 독일 포츠담에 모였다. 이들은 베트남을 우리나라처럼 반으로 가르고 "일본군의 무장해제와 행정의 편의를 위해" 신탁통치를 실시할 것을 결의했다. 이에 따라 북위 16도선을 기준으로 위에는 중국군이, 아래는 영국군이 각각 주둔하게 되었다. 하지만 이때까지만 해도 사람들은 베트남이 머지않아 온전한 하나의 국가로 되돌아갈 것임을 믿어 의심치 않았다.

9월 2일, 그러니까 일본이 항복문서에 조인하고 태평양전쟁이 막을 내렸던 그날, 호치민은 하노이 바딘 광장에서 독립을 선언했다. 베트남민주공화국이 탄생하는 순간이었다. 호치민은 연설에서 미국 독립선언의 한 구절[6]을 차용하기도 하며 새로운 국가에서 사람들이 누리게 될 천부인권을 강조했다. 한편 그는 백악관에 정부 승인을 지속적으로 요청했다. 하지만 응답은 없었다. 미국은 베트민을 공산주의 세력으로 보고 있었다.

워싱턴의 승인 여부를 떠나 정부가 수립되고 체제가 정비되자 16도선 이북에 진주하던 중국군은 철수했다. 그러자 호시탐탐 기회만 엿보던 프랑스는 영국의 지원을 받고 군대를 앞세워 북부 지역으로 진입했다. 호치민 대통령은 프랑스군의 진주를 반대하지 않는 대신 베트남민주공화국을 프랑스연방의 일원으로서 행정·국방·외교 등 모든 분야에서 독립국으로 인정하고, 안남(중부)과 코친차이나(남부)를 단일국가로 통합할 것인지를 국민투표로 결정하며, 장차 5년간 프랑스군은 베트남군으로 교체할 것을 조건으로 달았다. 프랑스로서는 크게 아쉬울 것 없는 거래였다.[7]

1946년 3월 6일 맺어진 이 협정은 서류의 잉크가 마르기도 전에 프랑스가 '통수'를 침으로써 깨졌다. 이들은 20일이 지난 3월 26일, 남부 지역에 코친차이나 임시정부를 수립했다고 발표했다. 북부에서는 분노한 베트남 민족주의 세력과 프랑스군 사이에서 산발적인 전투가 다시 일어났다.

프랑스는 장제스 정부에도 떡밥을 던졌다. 중국 내 프랑스의 치외법권을 포기하고, 베트남 하이퐁에서 중국 쿤밍까지 프랑스가 건설한 철도의 중국 권리를 인정하며, 하이퐁항(港) 일대에 중국이 자유로이 출입하도록 하는 조건으로 베트남 재지배에 동의해 달라고 요청한 것이다. 우리나라의 분단이 그랬던 것처럼 이 당시 베트남도 베트남 정부와 국민의 의사보다는 강대국의 이해관계가 앞섰다.

제2차 세계대전 당시 독일한테 두드려 맞고 엄청난 피해를 입은 프랑스는 '위대한 프랑스'의 영광을 되찾기 위해 식민지가 필요했다. 베트남을 온전히 식민지로 차지할 수 없다면 코친차이나 지역이라도 건지고자 한 것이다. 결국 이들은 호치민과 베트남 북부 지역에 대한 휴전을 합의하는 한편, 남부에는 공식적으로 코친차이나공화국 수립을 선포했다.

그런데 프랑스는 여기서 또 뒤통수를 쳤다. 유럽이 안정되고 군사력에 여유가 생기면서 베트남민주공화국에 자발적 무장해제를 요구하는 최후통첩을 들이댄 것이다. 베트남 정부가 거부하자 이를 명분으로 하노이와 하이퐁에 대한 대대적인 폭격을 감행했다. 하노이에서는 단 두 시간 만에 6,000명이 넘는 사람이 희생되었다. 제1차 인도차이나전쟁은 이렇게 시작되었다.

베트남을 재식민지화하는 것은 사실 프랑스에게도 부담이었다. 제2차 세계대전이 끝나고 세계 각지의 식민지들이 하나둘 독립하고 있는 상황에서 또다시 제국주의의 망령을 깨워 낸다는 것은 용납할 수 없는 일이었기 때문이다. 그들로서는 독립국처럼 보이되 독립국이 아닌 나라, 꼭두각시 정부가 필요했다. 프랑스는 바오 다이(Bảo Đại) 황제를 그 정부의 바지사장으로 낙점했다.

응우옌 왕조의 마지막 황제였던 바오 다이는 일본군이 강점하던 시절에도 베트남 북부와 중부를 합친 지역에서 통일·독립 국가를 선언했다. 물론 이 독립국가의 실소유주는 일본이었다. 프랑스의 식민지가 일본의 괴뢰정부로 바뀐 것에 불과했다. 불과 몇 년이 지나 프랑스는 이런 그를 다시 불러들인 것이다. 프랑스연방 내의 베트남 왕국 원수로 추대된 바오 다이는 독립의 대가로 국방과 외교권을 프랑스에 넘겼다. 프랑스 군대는 베트남에 영원히 기지를 보유하는 한편, 베트남은 재정 및 기타 행정 부문에서 프랑스의 지도와 자문을 받아야 했다. 바오 다이와 뱅상 오리올(Vincent Jules Auriol) 프랑스 대통령 사이에서 맺어진 이 거래를 엘리제 협정이라고 한다.[8] 이것이 훗날 미국의 지원에 힘입어 남베트남 민족해방전선과 치열한 전쟁을 벌인 남베트남 정부의 근본이었다.

앞으로는 바지사장을 세운 프랑스는 뒤로는 미국의 막대한 화력지원을 받았다. 앞서 언급한 마셜플랜, 즉 소련을 봉쇄하기 위해 서독의 경제를 부흥시키고 재무장하는 계획을 프랑스가 극구 반대하고 있었기 때문이다. 미국은 프랑스를 달래기 위해서라도 제1차 인도차이나전쟁을 지원할 수밖에 없었다. 그 결과 1950년부터 1954년까지 4년간 약 36억 달러에 달하는 금액이 프랑스의 전쟁자금으로 흘러갔다.[9]

베트민이라고 남의 도움을 받지 않은 것은 아니다. 그들의 뒤에는 공산주의혁명을 성공시킨 중국이 있었다. 더욱이 1953년 한국전쟁이 끝나고 군사력에 여유가 생긴 중국이 베트민을 지원하기 시작하면서 프랑스는 더욱 수세에 몰렸다. 베트남이 디엔비엔푸에서 프랑스와 최후의 결전을 벌일 수 있었던 것도 중국의 역할이 지대했다.

하노이에서 서쪽으로 160km가량 떨어진 디엔비엔푸는 교통의 요충지이다. 중국과도 멀지 않고 라오스와도 불과 30km 정도밖에 떨어져 있지 않아 인근 지역들을 관리하기 위한 거점으로 용이했다. 더욱이 산과 계곡으로 빙 둘러싸인 지형은 적의 접근을 사실상 불가능하게 만들었다. 프랑스의 오만은 여기에서 시작되었다.

1953년 가을, 프랑스는 디엔비엔푸에 대규모의 낙하산 공수부대를 투입했다. 이들은 방어진지를 구축하고 미군수송기를 통해 지속적으로 물자와 장비를 들여왔다. 연말에는 부대원의 수가 무려 1만 1,000여 명에 달했다. 사방이 산인 데다가 화력 면에서도 절대우위였기 때문에 이들은 패배를 전혀 예측하지 못했다. 정상적인 전투라면 사실 그렇게 생각하는 것도 무리는 아니었다. 탱크와 대포를 들여올 수 없는 지형이었고, 베트민이 할 수 있는 전술이라고는 기껏해야 총으로 쏘고 빠지는 게릴라밖에 없었기 때문이다.

하지만 보응우옌잡(Võ Nguyên Giáp) 장군을 중심으로 한 베트민 부대는 상상을 초월하는 방식으로 전투를 전개했다. 이들은 중국으로부터 지원받은 중화기들을 일일이 분해한 뒤 이를 짊어지고 산에 올랐다. 여기에는 남녀노소가 없었다. 양식은 자전거에 여러 개의 막대기를 꽂아 만든 짐차에 실어 운반했다. 적군의 눈을 피하기 위해 주로 밤에 이동을 했는데 길을 밝히는 빛이라고는 등불이 전부였다. 이 모든 일이 밀림 속에서 진행되었기 때문에 프랑스군은 쉽사리 눈치챌 수 없었다.

1954년 3월 13일을 기점으로 5만 명에 이르는 베트민 부대는 프랑스군 주둔지를 향해 공격을 퍼부었다. 그동안 옮겨 온 200문의 곡사포는 활주로를 비롯한 적의 주요 시설들을 타격했다. 프랑스는 밀려드는 적을 감당할 여력이 없었다. 무엇보다 후방으로부터 병력 증원을 할 수 없었고 탄약·식량·의약품도 고갈되었다. 이때까지 수송기를 통해 보급품을 떨어뜨리며 충당했는데 이마저도 베트민 진영에 떨어지는 경우가 많았다. 심지어는 디엔비엔푸 주둔군의 사기 진작을 위해 사령관을 승진시키고, 그의 유니폼에 달라고 준 계급장과 샴페인마저 베트민 수중에 들어갈 정도였다.[10]

5월이 되자 프랑스군은 더 이상 버텨 낼 재간이 없었다. 이들은 1만 4,000여 명의 부대원 중 2,000명가량이 전사하고 5,000여 명이 부상당하는 피해를 입자 항복을 선언했다. 나머지는 모두 포로가 되어 800km 정도 떨어진 포로수용소로 걸어가야 했다. 그 과정에서 절반이 목숨을 잃었다.

물론 베트민의 인명 피해도 적지 않았다. 아니, 더욱 컸다. 5만 명 중 20% 정도가 전사했다. 비슷한 수의 군인이 부상을 당했다. 하지만 디엔비엔푸 전투를 끝으로 8년에 걸친 제1차 인도차이나전쟁의 총성이 멈췄다. 이들은 100년에 이르는 식민지 역사를 스스로의 힘으로 청산할 수 있었다. 무엇보다 초강대국 미국의 지원을 받은 프랑스를 무찔렀다는 사실이 베트남 국민들에게 자신감과 자부심을 심어 줬다.

이 더운 밀림 속에서, 그것도 총을 든 채 분해한 무기를 짊어지고 산을 오르거나 터널을 기어 다니면서 전투를 수행할 수 있었던 원동력은 무엇이었을까? 두말 할 필요 없이 언젠가 독립과 통일을 꼭 이루고 말겠다는 의지와 신념이었을 것이다. 거기에서 파생된 강한 정신력이 없었다면 처음부터 구찌터널은 만들어지지 않았을 것이고 100년에 걸친 식민사도 청산하지 못했을 것이다. 나는 구찌터널을 돌아다닌 지 불과 한 시간 만에 흠뻑 젖은 티셔츠를 보면서 그들이 얼마나 고된 환경 속에서 전투를 벌였는지 느낄 수 있었다. 내가 그 당시 베트남 국민으로 이 땅에 놓였다면 이처럼 치열하게 싸울 수 있었을까? 쉽게 예측하기 어려웠다. 가이드를 따라다니는 것도 숨이 벅차 헉헉댄 마당에.

나는 투어가 끝나고 나 하나만을 위해 이곳저곳을 설명해 준 가이드에게 감사의 의미로 20만 동을 팁으로 건넸다. "감사합니다"라는 그에게 베트남어로 "씬 깜 언(대단히 감사합니다)"이라고 대답했다. 여행을 가서 간단하게나마 그 나라 말을 사용하는 것이 최소한의 예의라고 생각한다. 출구 옆에 세워진 호치민의 흉상을 보며 "호치민은 정말 멋있는 사람 같다"고 했더니 그가 환하게 웃으며 자기뿐만 아니라 베트남 국민 모두가 존경하는 인물이라고 했다. 베트남의 모든 지폐에 호치민 얼굴이 들어간 것을 두고 '아무리 공산국가여도 너무한 것 아닌가'라고 생각한 적이 있는데, 호치민에 대한 베트남 사람들의 존경심을 보면 무리한 것만은 또 아닌 것 같다.

람 여사는 한 시간 동안 밖에서 나를 기다리고 있었다. "다음엔 어디로 갈 것이냐"는 그녀에게 "전쟁박물관으로 가고 싶다"고 했다. 앞으로 한 시간을 가야 하는데 비가 내렸던 오전과 달리 햇볕이 쨍하게 내리쬐었다. 온몸에 진이 다 빠졌지만 다음 날 다낭으로 가

전쟁박물관 앞에서 람 여사와 헤어지며 한 컷. 그녀는 좋은 가이드이자 친구였다. 한국에 돌아온 이후로도 종종 안부를 묻곤 한다.

야 했기 때문에 이때가 아니면 시간이 없었다. 가는 길에 노점에서 마스크와 팔 토시, 장갑을 사서 온몸을 가렸다. 베트남 사람들이 이 더운 날에 점퍼와 긴바지를 입는 것은 다 이유가 있었다는 것을 뒤늦게 깨달았다.

모든 여정이 그렇지만 돌아가는 길은 처음에 왔던 길보다 더 짧게 느껴졌다. 농촌 길을 지나 고속도로를 탔고, 이내 호치민 시내에 진입했다. 람 여사와 함께 쌀국수를 먹고 전쟁박물관 앞에서 헤어졌다. 여기서부터는 굳이 가이드를 대동하지 않아도 되는 코스였다. 누군가를 밖에서 기다리게 하고 전시를 관람한다는 게 불편했다. 기념사진을 찍고 서로 페이스북 친추를 한 뒤 작별 인사를 나눴다.

호치민 시내 중심부에 위치한 전쟁박물관은 미국과의 전쟁 당시 각종 사진과 자료들을 모아 놓은 곳이다. 베트남전쟁 당시의 참상과 고엽제 피해, 이후의 반전운동 등을 다루고 있다. 전시의 구성을 보면서 '대놓고 미국 조지고 있네'라는 생각에 헛웃음이 나왔다. 베트남 사람들 입장에서는 먼 '100년 식민지'보다 가까운 '20년 전쟁'이 더 크게 느껴질 테니 이해 못할 것은 아니었다. 이 박물관은 1975년 세워질 당시 '미국과 괴뢰정부의 범죄 전시관'으로 이름 지어질 정도였다.[11] 그러다 1990년에 '침략 전쟁 범죄전시관'으로 바뀌었다가 1995년에 이르러 지금의 전쟁박물관으로 개명되었다.

변변한 유리창 하나 없이 회색 콘크리트 건물에 사진과 무기들을 전시해 놓은 정도지만, 전쟁박물관은 그 어떤 박물관보다 생생하고 강렬했다. 박물관에 전시된 자료들은 베트남전쟁의 현실을 적나라하게 고발하고 있었다. 아마 TV에 방영된다면 대부분 모자이크 처리되어 나갔을 것이다. 나는 사지가 찢겨진 '베트콩'의 시신을 들고 있는 미군의 사진을 보면서 깨달았다. 사실을 있는 그대로 보여 주는 것만으로도 후대에 엄청난 메시지를 남겨 줄 수 있다는 것을. 그리고 미래 세대에게 역사적 판단을 맡기더라도 진실이 왜곡되지는 않는다는 것을.

태평양의 안위를 위한 전쟁

박물관을 둘러보며 나는 군 생활이 떠올랐다. 군대에서 나의 보직은 정훈공보병이었다. 정신교육과 공보를 담당하는 자리로 입대 전 언론사에서 두 차례 인턴을 경험한 덕택에 높은 경쟁률을 뚫고 정훈공보실로 배치받을 수 있었다. 나는 대체로 장병들을 교육하기

호치민의 전쟁박물관은 인쇄된 사진과 녹슨 무기들을 전시해놓은 것이 고작이지만 그 어떤 박물관보다 전쟁의 참상을 강렬하게 전달하고 있다.

위한 자료를 만들거나 부대 내 방송을 했다. 교육 자료 중 상당수는 사령부에서 내려왔는데 천안함·연평도와 함께 빠지지 않는 것이 베트남전쟁이었다.

사령부에서 보내오는 베트남전쟁 관련 메시지의 핵심은 "북베트남의 '사상 공세'에 안이하게 대처한 남베트남이 결국 북베트남에 흡수 통일되었다"는 것이었다. 학창 시절 교과서에서 접한 베트남전쟁이라고는 경제 효과에 대한 것밖에 없었기 때문에, 나는 으레 베트남전쟁이 한국전쟁과 비슷하려니 생각하고 넘어갔다. 하지만 이 책을 쓰기 위해 공부하면서 알게 된 베트남전쟁은 결코 남북전쟁도, 사상 전쟁도 아니었다. 이것은 남베트남 땅에서, 남베트남 정규군과 민족해방전선 게릴라 사이에 벌어진 내전이다. 거기에 미국과 한국 등이 참전하며 국제전으로 비화했다. 사태가 이 지경에 이르게 된 데에는 프랑스의 책임이 컸다.

디엔비엔푸 전투가 끝나고 얼마 지나지 않은 1954년 7월 21일, 제네바협정이 조인되었다. 여기에서 프랑스는 2년 후 베트남의 통일과 독립을 위한 총선거를 실시해 줄 것을 약속했다. 그러나 그때까지 베트남은 북위 17도선을 기준으로 분단되어야 했다. 남쪽은 바오 다이 정부에, 북쪽은 베트남민주공화국에게 넘어갔다. 세계열강은 북베트남을 비합법 정부로 격하했다. 이미 베트남 영토의 80%를 장악한 베트민으로서는 대단히 불공평한 협정이었다.

그나마 예정되었던 선거는 프랑스가 또다시 '통수'를 치며 무산되었다. 1956년 7월로 예정된 선거를 3개월 앞둔 4월 15일, 프랑스가 돌연 주재군 총사령부를 해체·철수해 버린 것이다. 이들이 선거를 행정적으로 준비하고 실시해야 할 의무를 저버린 채 본국으로 달아남으로써 베트남 정세는 혼돈에 빠져들었다. 나는 이런 나라가 근대 민주주의의 상징이나 인권 선진국으로 평가받는 현실을 보면 씁쓸한 기분이 든다. 아마 이토록 침략과 배신을 거듭 반복한 나라도 많지 않을 것이다.

프랑스가 베트남에서 슬슬 손을 떼던 시점부터 미국이 서서히 개입하기 시작했다. 제1차 인도차이나전쟁이 끝나고 베트남이 남북으로 분단되면서 미국은 프랑스의 강한 반대에도 불구하고 남베트남에 공화국을 수립했다. 바오 다이 황제가 물러난 자리에는 응오딘지엠(Ngô Đình Diệm) 대통령이 들어앉았다. 미국은 북쪽에서 호치민이 국민의 지지를 지속적으로 쌓아 나가는 사이 남쪽에서 호랑이 사냥이나 하고 있는 바오 다이를 더 이상 두고 볼 수 없었다. 그들에게는 유능하면서도 베트남의 공산화를 막아 줄 반공주의자가 필요했다.

베트남공화국의 대통령이 된 응오딘지엠은 '베트남의 이승만'으로 평가받던 인물이다. 미국은 그가 정치·경제를 비롯한 사회 곳곳의 부패를 도려내고 온 국민의 신망을 얻을 것으로 믿어 의심치 않았다. 무엇보다 강력한 반공주의자라는 점이 크게 작용했다. 아이젠하워부터 케네디까지, 미국 정부는 응오딘지엠을 거의 무조건적으로 지원했다.

하지만 애석하게도 미국의 판단은 빗나갔다. 시간이 흐를수록 지엠 정부는 국민의 신망을 잃었다. 관료들은 날로 부패했다. 대통령은 강제집단수용소를 설치하고 반대파에 대해 무제한적으로 권력을 휘둘렀다. 천주교 신자가 많았던 기득권 세력은 대다수가 불교도였던 국민들과 조화를 이루지 못했다. 갈등은 1960년대에 들어서 더욱 심해졌다. 73세 노승 틱꽝득은 종교 탄압에 항의해 아스팔트 위에서 몸에 휘발유를 붓고 분신했다.[12] 베트남사에 중요한 순간이었던 그날 이후 일주일 만에 아홉 명의 불교인이 틱꽝득 스님을 따라서 스스로 삶을 마감했다.

20세기 중반 우리나라도 마찬가지였지만 베트남처럼 국민의 대다수가 농민인 국가에서 토지개혁은 가장 핵심적인 문제였다. 이를 비교적 잘 수행했던 이승만 정부와 달리 '베트남의 이승만'은 그러지 못했다. 지엠 정부는 전체 농토 중 45만 7,000헥타르를 몰수했고 프랑스정부로부터 식민지 시절 개인 소유지 24만 6,000헥타르도 반환받았다. 그런데 이 중 토지개혁으로 농민에게 재분배된 땅은 1/3가량인 24만 8,000헥타르뿐이었다.[13] 정부는 나머지 땅을 최고 가격으로 입찰한 사람에게 넘겼다. 부패한 관리들은 이를 제 호주머니에 챙겼다.

한 지역을 베트민이 점령하면 농민에게 토지가 분배되었고, 이를 다시 남베트남 정부가 재점령하면 몰수해 갔다. 토지개혁과 낡은 소작제도로의 회귀 중 농민들이 무엇에 반감을 가질지는 대답할 가치도 없는 일이다. 정부는 공산주의를 막기 위해, 농민들의 반란을 막기 위해 단속과 억압, 공포정치를 강화했다. 하지만 정작 가장 중요한 원인을 놓치고 있었다. 국민 대다수를 차지하는 농민들로 하여금 그 나라를 지켜야 할 나라로 인식하게 하는 일이었다. 하지만 베트남 사람들에게 남베트남은 '지키고 싶은 내 나라'가 아니었다.

민심 이반은 곧 저항 세력의 성장으로 나타났다. 주로 농촌에서 반정부 투쟁이 일어났다. 그들은 관리, 밀정, 악질 지주들에게 테러를 가하는 방식으로 투쟁을 전개했다. 정부는 대대적으로 이를 탄압했다. 그에 대한 반작용으로 반정부 투쟁은 점점 조직화되고 커져 나갔다. 1960년이 되자 급기야 각계각층을 망라한 인사들이 남베트남 민족해방전선을 결성하기에 이르렀다. 우리가 흔히 베트콩으로 알고 있는 바로 그 세력이다.[14] 이로써 남베트남 안에서의 내란은 본격화되었다.

미국은 더 이상 손 놓고 있을 수 없었다. 까딱 잘못하다간 베트남은 물론 인도차이나반도 일대를 호치민에게 넘겨줄 상황에 놓였기 때문이다. 미국 정부는 응오딘지엠을 비롯한 남베트남 지도층에게 대대적인 사회적 개혁을 요구했다. 그러나 등 따시고 배부른 사회 지도층은 이를 일언지하에 거절했다. 그들은 자신들이 미국의 비호 덕에 그 자리에 있을 수 있었음을 망각했다. 제 분수도 모르는, 무능하고 부패한 지도층 덕분에 남베트남 민족해방전선은 서서히 영역을 넓혀 나갔다. 이들은 1963년경에 이르러서는 남베트남 내 38개 성 중 3개를 제외한 나머지 성에서 주민들로부터 조세를 걷게 되었다. 남베트남 곳곳이 그들의 영역에 들어갔다. 동시에 정부에 반대하며 납세를 기피하는 사람들도 폭발적으로 늘어났다.

애국심의 근원은 삶이다. 내 삶이 행복하고 지키고 싶은 일상이 될 때 내 나라도 지켜야 할 대상이 된다. 나라를 지키지 못하면 가족과 이웃도 지킬 수 없기 때문이다. 따라서 국가가 국민을 애국자로 만들고 싶다면 그들의 삶을 보호하고 존중해야 한다. 그렇다면 누가 시키지 않아도 국민들은 자발적으로 제 나라를 지키려 할 것이다.

하지만 동서고금을 막론하고 무능하고 부패한 권력자들은 정권 유지의 수단으로 애국을 강요했다. 언론을 통제하고 역사 교과서를 제 입맛에 맞게 편집해 국민들에게 '국뽕'을 주입시키려 했다. 때로는 다른 나라를 적으로 설정하고 철 지난 민족주의를 강조하기도 했다. 애국이나 민족이 강요될 때마다 그것과 반비례해 평범한 사람들의 일상은 외면받았다. 국민들은 '내 나라'에서 멀어졌다. 당시 남베트남의 위정자들은 그 누구도 이런 문제의식을 갖지 못했다.

응오딘지엠과 그를 둘러싼 세력의 수준에 절망한 미국은 결국 스스로 손을 쓰기로 결심했다. 작전은 마치 전쟁 영화의 한 장면처럼 드라마틱하게 전개되었다. 바로 북베트남 통킹만에서.

"1964년 8월 2일 통킹만 공해상을 순찰 중이던 미국 구축함 매덕스호가 적 어뢰정 3척의 공격을 받았다. 우리는 곧 전투기의 지원을 받아 반격을 가했으며 적어도 두 대의 적군 함정이 가라앉은 것으로 판단된다. (중략) 우리는 제한된 상황에서 적절한 보복 공격을 가했으며 확전을 바라지 않는다."[15]

8월 4일 밤 이와 같은 린든 존슨(Lyndon Baines Johnson) 대통령의 담화문 발표가 있고 나서 바로 두 시간 뒤, 맥나마라(Robert McNamara) 국방부 장관은 기자회견을 통해 베트남 인근으로 병력을 배치할 것을 밝혔다. 이에 따라 공격용 항공모함이 서태평양으로 이동했고 전투기와 폭격기들은 미국 본토를 떠나 태평양 전진기지에 배치되었으며 육군과 해병대는 전투태세를 갖췄다. 일부는 이미 북베트남 연안의 해군기지와 원유저장소를 폭격했다.[16]

통킹만 사건은 훗날 미국이 북베트남을 공격할 명분을 얻기 위해 사전에 치밀하게 계획한 것으로 밝혀졌지만 그 당시에는 진위 여부를 가리고 자시고 할 게 없었다. 국방부 장관의 기자회견 이틀 뒤인 8월 7일, 미국 하원은 416대 0, 상원은 88대 2라는 압도적인 지지로 '통킹만 결의안'을 채택했다. 존슨 대통령은 이로써 의회의 방해를 받지 않고 전쟁을 수행할 수 있는 자격을 얻었다. 이때부터 베트남 사태는 국제전으로 확대되었다. 제2차 인도차이나전쟁, 즉 베트남전쟁의 막이 오른 것이다.

미국은 왜 지구 반대편 가난한 나라의 내전에 개입했을까? 베트남전쟁은 사실 베트남 사람들의 삶을 보호하기 위한 전쟁이 아니었다. 이것은 태평양의 안위를 지키기 위한 전쟁이었다. 미국이 태평양의 패권을 유지하기 위해서는 아시아에서 방파제 역할을 해 주는 일본이 필요했고, 그 일본이 굳건하려면 아시아에서 여러 자유 진영 국가들이 필요했다. 아시아 국가들이 하나둘 공산화되면 일본도, 더 나아가 태평양의 안위도 보장할 수 없었다. 미국 정부 핵심 인사들은 이를 '도미노이론'이라고 표현했다. 그들은 이미 중국과 북한, 북베트남이 공산화된 상황에서 남베트남마저 공산주의 진영에 넘어간다면 인접 국가들 역시 영향을 받게 될 것이라고 봤다. 체제 경쟁에서 남베트남은 더 이상 물러설 수 없는 마지노선이었던 셈이다.

시장으로서의 동남아도 물러설 수 없는 요인이었다. '아시아의 거점 국가' 일본은 이미 중국이라는 큰 시장을 공산주의 진영에 빼앗긴 상황이었다. 이로써 일본의 경제성장을 통해 아시아를 관리하려고 했던 미국의 큰 그림에 차질이 생겼다. 그들은 한국과 대만, 태국과 필리핀 이외의 시장으로 인도차이나반도 국가들이 필요했다. 동남아시아 시장을 수호하기 위해서라도 베트남은 빼앗길 수 없는 나라였다.

린든 존슨 미 대통령은 자국민들에게 왜 베트남에서 싸워야 하는지를 설명하며 적극적인 베트남전 개입을 주장했다.[17] 북베트남이 자유 진영의 남베트남을 공격했고, 그 전쟁이 평범한 사람들을 납치·살인하는 등 매우 잔인하게 진행되고 있으며, 공산주의 중국의 검은 그림자가 동남아시아를 뒤덮고 있다는 것이 그 내용이었다. 미국이 손을 놓는다면 다른 자유 진영 국가들이 갖고 있는 믿음을 훼손할 것이라고도 덧붙였다. 미국은 1965년 3월 8일, 다낭에 해병대 2개 대대가 상륙한 것을 시작으로 대대적인 전투부대 파병을 단행했다.[18] 3,500명으로 시작한 전투부대 파병은 그해 12월, 20만 명을 넘어섰다.

미국 국민들은 자유세계를 지키기 위한 전쟁에 열광했다. 하지만 국제 여론은 싸늘했다. 존슨은 전투부대를 파병하기 전부터 "더 많은 깃발(more flag) 아래 자유 우방들이 뭉쳐야 한다"며 25개국에 도움을 요청했지만 반응은 뜨뜻미지근했다. 미국의 오랜 친구인 영국과 프랑스마저도 "명분이 없다"며 파병 요청을 거절할 정도였다. 이때 존슨에게 구세주 같은 사람이 등장했다. 바로 박정희 대통령이었다.

"우리가 가지 않으면 미국이 간다"

"우리 한국군이 파견되지 않았다면 당시의 내 추측으로는 주한 미군 2개 사단이 월남으로 갔을 것이다. (중략) 우리나라의 국방을 위해서도 한국군이 월남에 가지 않을 도리가 없지 않나?"[19]

1967년 1월 17일, 박정희 대통령은 제6대 대통령 선거를 앞두고 대전에서 유세를 펼치며 베트남전쟁 파병의 당위성을 역설했다. 그는 안 그래도 미국이 재정 부담을 줄이기 위해 주한 미군 철수와 한국군 감축을 추진하는 상황에서 베트남 파병만이 이 모든 것을 막을 수 있는 유일한 카드라고 생각했다. 한국전쟁 당시 우리를 구해 준 미국의 요청을 거절하기 어려운 측면도 있었다. 흔히 "돈 때문에 베트남에 파병했다"고 하지만 처음부터 경제적 이익이 메인이었던 것은 아니었다.

"우리가 가지 않으면 주한 미군이 갈 것"이라는 박정희의 주장이 기우는 아니었다. 찰스 젠킨스, 래리 앱쉬어, 조 드레스낙, 제리 패리쉬 등 주한 미군 소속 병사 네 명이 베트남 전장에 배치될까 두려워 비무장지대를 정찰하던 중 월북하는 일도 발생했으니 말이다.[20] 그들은 맥주 10명을 마시고 홧김에 넘어간 북한에서 삶을 마감하거나 40년을 억류되어야 했다.

제 앞가림도 제대로 못해서 미군의 도움을 받고 있는데 남의 나라 전쟁 도우러 가겠다고 하는 현실이 웃프긴 하지만, 그 시절 주한 미군과 한국군 중 어느 쪽이 더 대북 억제력이 있는지는 잴 필요도 없는 일이었다. 그만큼 주한 미군의 이동은 반드시 막아야 하는 과제였다. 박 대통령의 파병 결정 이유가 여기에 있다면 이해하지 못할 것은 아니다.

국내 정치권의 '베트남 파병론'은 1950년대부터 있었다. 하지만 미국이 본격적으로 그린라이트를 쏘기 시작한 시점은 케네디 암살 이후 존슨이 대통령 자리에 앉으면서부터다. 존슨이 '더 많은 깃발' 아래 모이자며 자유 우방들에 구애를 시작하고 얼마 지나지 않아 응우옌 칸(Nguyễn Khánh) 남베트남 수상이 정식으로 한국에 파병을 요청했다. 그는 1963년 11월 군사 쿠데타로 응오딘지엠 정권을 타도한 뒤 남베트남의 실권을 쥐고 있는 인물이었다.

미국과 남베트남의 요청에 우리나라는 기다렸다는 듯 신속하게 화답했다. 국회는 파병 요청을 받은 지 보름 만에 제1차 파병동의안을 가결시켰다. 이에 따라 1964년 9월 22일 제1이동외과병원과 태권도 교관단이 사이공에 도착했다. 물론 이해까지만 해도 전투부대의 파병은 없었다.

그러나 이듬해 우리나라는 본격적으로 베트남에 전투부대를 보냈다. 국회는 8월 13일, 전투부대 파병동의안을 가결시켰고 두 달 뒤 제2해병여단(청룡부대)이 중남부 해안도시 깜라인에 상륙했다. 10월 20일에는 사이공에 주베트남 한국군 사령부가 문을 열었다. 11월 2일에는 수도사단(맹호부대)이 중부도시 꾸이년(Quy Nhơn)에 상륙했다. 베트남에 들어온 전투 병력은 불과 두 달 만에 2만 명을 넘어섰다. 그리고 이듬해부터는 그 수가 두 배로 늘었다.[21] 수천 명 단위로 파병한 다른 우방들과는 비교가 안 되는 규모였다.

당시 미국은 선뜻 파병에 응해 준 한국이 눈물 나게 고마웠을 것이다. 가뜩이나 외교적으로 고립된 상황에서 그것도 수만 명이나 병력을 보내 줬으니 말이다. 한국군은 미국에게 있어서 분명 중요한 존재였다. 우선 베트남과 같은 아시아인이었기 때문에 '백인들이 아시아 민족을 침략한다'는 느낌을 주지 않을 수 있었다. 한국전쟁을 경험했던 장교들이 있어 전투력도 뛰어났다. 무엇보다 유지비가 미군에 비해 적게 들었다. 주베트남 미군의 경우 1인당 연간 1만 3000달러의 비용이 들어갔지만 한국군은 5000달러에 불과했다. 이는 태국이나 필리핀보다 낮은 수준이었다. 미국 정부 입장에서는 미군을 한국군으로 대체하는 규모가 커질수록 더 많은 전쟁 비용을 절약할 수 있었다.[22] 이런 한국에게 존슨 대통령은 화끈하게 보답했다. 1965년에 접어들어 한국이 2차 파병까지 완료하자 그는 5

·16군사정변 4주년을 명분으로 박정희 대통령을 미국으로 초대했다. 그것도 대통령 전용기인 에어포스원을 한국으로 직접 보내 박대통령이 타고 올 수 있도록 챙겼다. 워싱턴에 간 박정희는 시내에서 자신을 위한 카퍼레이드가 열리는 환대를 받았다. 나중에 밝혀진 일이지만 존슨은 그를 위해 '빈틈없이', '거창하게' 환영 행사를 준비하라고 정부 기관에 지시했다고 한다.[23] 1인당 국민소득 108달러[24]의 약소국 대통령에게 흔치 않은 일인 것만은 분명했다. 박정희는 이때를 놓치지 않고 며칠 뒤 열린 한미정상회담에서 존슨에게 "공업기술연구소 설립을 도와 달라"는 부탁을 꺼냈다. 이에 존슨은 1000만 달러를 흔쾌히 지원했다. 그 결과물이 바로 한국과학기술연구원(KIST)이다.[25]

한국에 돌아온 박정희는 싱글벙글할 수밖에 없었다. 미국을 떠나며 "여기에 오기 전 나는 자립경제 달성을 위한 한국 노력에, 또 공산 침략에 대항해 자유를 지키기 위한 한국의 투쟁에 미국이 얼마나 관심과 이해를 가졌는지를 의심했지만, 이제는 나의 의구심이 해소되었다"고 말할 정도였다.[26] 그가 한국에 오자 전투부대 파병 작업은 더욱 가속화되었고, 같은 해에 제2해병여단(청룡부대)과 수도사단(맹호부대)이, 다음 해에 제9사단(백마부대)이 각각 베트남에 파병되었다.

베트남 전투부대 파병을 전후해서 한미 동맹은 굳건해졌다. 그리고 미국에 대한 한국의 위상은 그 어느 때보다 높아졌다. 어느덧 한국군은 외국 군대 중 미군 다음으로 많은 비중을 차지하게 되었다. 남베트남 정규군과 미군, 한국군이 전부라고 해도 과언이 아니었다. 미국은 가난하지만 의리 있는 친구에게 온갖 호의를 베풀었다. 전투수당 등 파병 비용을 대 줬고 한국군 장비 현대화 같은 군사원조도 약속했다. 베트남에서 실시되는 제반 사업에 한국 기업이 참여하도록 배려도 해 줬다. 1966년 봄에는 주한 미국대사 브라운 (Winthrop G. Brown)이 파병의 대가로 군사·경제적 측면에서 각종 보상을 약속하는 각서(브라운 각서)를 정부에 전달했다. 사실 베트남 전쟁의 지분만 놓고 본다면 한국이 이만한 요구를 하는 것도 무리는 아니었다.

베트남전쟁에서 한국군의 중요도는 1968년 1월 30일 '뗏(Tết) 공세'[27]를 거치며 더욱 커졌다. 북베트남군과 남베트남 민족해방전선(베트콩)은 음력 1월 1일을 기해 남베트남 전역에서 대대적인 공세를 펼쳤다. 무려 100여 개의 지역에서 동시다발적인 기습이 이뤄졌다. 공세 첫날, 여기에 동원된 북베트남과 민족해방전선의 병력만 해도 8만 명이 넘었다. 이들이 사흘 전인 1월 27일 새벽, 베트남 최대 명절인 뗏(구정)을 기념하기 위해 7일간 휴전할 것을 통보했던 터라 통수 맞은 '자유 우방'들은 초반에 고전을 면치 못했다.

남베트남 수도 사이공도 예외는 아니었다. 심지어 31일 새벽에는 사이공 주재 미국대사관이 한때 '베트콩 특공대'에게 점거되기도 했다. 이들은 8층짜리 미 대사관 건물에 진입, 아래쪽 5개 층을 여섯 시간 동안 점거했다. 미군은 헬리콥터로 옥상에 공수부대를 투입해 이를 방어했다. 이 과정에서 미국인 8명과 미군 19명이 희생되었다. 베트콩 특공대원도 19명이 목숨을 잃었다.[28]

결과부터 이야기하자면 뗏 공세는 북베트남군과 민족해방전선 측의 대패였다. 한 달 정도 벌어진 1차 뗏 공세로 남베트남군과 미군은 각각 2,000명에 가까운 전사자를 낳았다. 민간인 사망자는 만 명이 넘었다. 그러나 북베트남군·민족해방전선의 사상자는 남베트남군·미군의 10배에 달했다.[29] 이들은 기습으로 초기에 주도권을 잡는 듯했으나 이내 미군의 압도적인 화력을 감당할 수 없었다. 밀림 속 게릴라 전투와 도심 속 대규모 전면전은 분명 달랐다. 공세는 9월 23일까지 3차에 걸쳐서 진행되었다. 북베트남 인민군의 보고서는 이 과정에서 4만 5,267명이 숨지고 6만 1,267명이 부상을 당했다고 밝히고 있다.[30] 북베트남 정규군은 심각한 피해를 입었고, 민족해방전선 측은 거의 쑥대밭이 되었다.

그러나 그들은 심리전에서 승리했다. 뗏 공세는 전 세계 사람들에게 엄청난 충격과 공포를 심어 줬다. 남베트남 사람들은 더 이상 사이공 같은 대도시도 안전하지 않다는 걸 자각하게 되었다. 남베트남 정부에 대한 불신과 불안이 걷잡을 수 없이 커져 나갔다. 미국인들은 베트남전쟁이 잘 수행되고 있고 승전으로 가고 있다는 환상에서 깨어났다. 미국에서는 정부의 발표와 현실 사이에 너무 큰 차이가 있다는 '신뢰 격차'라는 단어가 유행했다.[31] 미국을 비롯한 선진국들에서 반전 여론이 확산되기 시작했다. TV와 신문을 통해 사이공 시내에서 벌어진 대공세의 현장을 목격한 사람들은 더 이상 전쟁을 수행해서는 안 된다는 결론을 내렸다. 특히 남베트남 경찰국장 응우옌 응옥 로안(阮玉鸞·Nguyễn Ngọc Loan)이 베트콩 대위 응우옌 반 럼(阮文歛·Nguyễn Văn Lém)을 권총으로 즉결 처형하는 사진은 이 전쟁의 비인간성을 만천하에 폭로하는 결정타가 되었다.[32] 존슨 정부는 궁지에 몰렸다.

비슷한 시기, 위기는 한반도에서도 벌어졌다. 뗏 공세가 있기 9일 전인 1968년 1월 21일, 김신조를 비롯한 무장 공비 31명이 청와대 뒷산까지 침투하는 일이 벌어졌다. 영화 〈실미도〉의 도입부에서도 나왔던 바로 그 사건이다. 군·경은 김신조를 생포하고 도주한 2명을 제외한 나머지 28명을 사살했으나 한반도의 위기감은 더욱 고조되었다. 가뜩이나 1967년부터 북한의 대남 도발이 증가하던 추세였다. 1965년에는 29건, 1966년에는 30건이던 남북 간의 교전이 1967년 218건, 1968년(1~8월) 356회로 급증했다.[33] 1·21사태 이틀 뒤에는 북한 원산항 앞 공해상에서 미군의 정보수집함 푸에블로호가 통째로 미국에 납치되는 사건이 발생했다. 83명의 미군이 북한에 억류되었다. 이 일로 미국은 멘붕에 빠졌다. 베트남에 올인하고 있던 차에 한반도에서 허를 찔린 것이다.

일련의 사건들은 베트남전쟁과 연관이 없지 않았다. 남한이 베트남에 군대를 보내자 북한의 김일성 역시 호치민에게 파병을 제안했는데, 호치민은 베트남 민족의 힘으로 승리하겠다며 이를 거절했다. 대신 김일성은 북한을 돕기 위해 한반도에서 어그로를 끌었다. 〈스타크래프트〉로 치면 지속적인 견제로 상대방의 유닛을 본진에 묶어 두는 전략과 비슷한 셈이다.

북한의 도발에 박정희는 노발대발했다. 사실 "목 따러 왔다"는데 열 받지 않을 정치인이 어디 있겠나. 그러나 무엇보다 박정희가 분노한 것은 미국의 미온적인 태도였다. 자신에 대한 암살 시도에 '즉각적인 보복'을 요구했지만 미국은 그를 극구 말렸다. 미국 정부로서는 청와대 습격 미수 사건보다 나포된 자국 선박 선원들의 안전이 더 중요했다. 아마 1·21사태는 안중에 없었는지도 모른다. 한미 관계에 근본적인 회의를 느낀 박정희는 베트남 파병 철수와 단독 북진 카드를 꺼내 들었다.[34] 이것은 미국으로서도 매우 골치 아픈 일이었다. 우선 베트남전쟁에서 한국군이 없으면 안 되었고, 베트남에 집중하기 위해 한반도가 더 이상 시끄러워져서도 안 되었기 때문이다. 린든 존슨은 급기야 맥나마라 밑에서 국방부 부장관을 지냈던 사이러스 밴스(Cyrus Roberts Vance)를 부랴부랴 특사로 보내 박정희를 설득했다. 미국이 한국을 돕는 것은 한국이 피해자일 때만 가능한 일이라며, 1억 달러의 추가 군사원조 카드를 꺼내 들며.

뗏 공세 이후 반전 여론이 거세지자 존슨은 차기 대통령 불출마를 선언하는 한편 북폭 중지를 조건으로 평화 협상을 제안했다. 영국과 소련에도 협상 성사를 위한 협조를 구했다. 하노이 정부는 "미국의 제안을 수락한다"고 발표했다. 정치권에서 베트남전쟁 출구 전략이 본격적으로 논의되기 시작했다. 그러나 전장에서의 긴장은 여전했다. 아니, 오히려 뗏 공세를 계기로 불안은 더욱 가중되었다. 밀라이 학살같이 훗날 문제가 된 양민 학살도 주로 뗏 공세 이후 벌어진 것이 많다. 우리나라 군대에 의해 벌어진 민간인 학살두 마찬가지였다.

100명의 베트콩을 놓치는 한이 있어도

호치민 시에서 일정을 마친 나는 다낭으로 향했다. 꽝남(Quảng Nam)성 일대, 한국군에 의해 학살이 일어났던 지역을 직접 가 보고 싶었다. 호치민에서는 그런 흔적을 찾기가 어려웠다. 한국군 사령부가 호치민에 자리 잡기는 했지만, 대부분의 전투부대는 깜라인부터 나짱, 꾸이년, 호이안, 다낭을 따라 이어지는 해안도시에 주둔하고 그곳에서 작전을 폈다. 그래서 중부와 중남부 지역에서 한국군에 의해 벌어진 민간인 학살이 자주 거론되곤 한다. '한국군 증오비'나 위령비가 그 일대에 유독 많은 것도 그 때문이다. 호치민에 살고 있는 베트남인 친구들도 비슷한 이야기를 해 줬다. 자기들은 베트남전쟁이 오래전 역사라고 생각해서 개의치 않는다, 하지만 다낭에서는 한국을 안 좋아하는 사람도 많을 것이다, 와 같은.

그런 걱정이 기우였다는 건 이미 첫 번째 답사 때 그것도 다낭국제공항에 내리자마자 깨달을 수 있었다. 죄다 한국인이었다. 여기가 제주도인지 다낭인지…. 다낭 사람들에게 외국인이란 한국인이 기본 값인 것 같았다. 어딜 가든 한국에서 왔냐고 물었고, 박항서와 손흥민을 좋아한다고 말했다. '핑크 성당'으로 유명한 대성당도, 대리석 산인 오행산도 온통 한국 사람으로 가득했다. 다낭시 전체를 한국인 관광객이 먹여 살리고 있다고 해도 과언이 아니었다. 때론 지나치게 한국 사람들 벗겨먹으려고 하는 것 같아 얄미울 때도 있었지만, 그래도 가는 곳마다 한국인에 대한 우호적인 분위기를 체감할 수 있었다.

호텔에 짐을 풀고 강변에 산책을 나갔다. 답사를 잘 마칠 수 있을까 하는 생각에 마음이 편하지 않았다. 목적지는 꽝남성 디엔반(Điện Bàn)현에 위치한 하미 마을과 퐁니·퐁넛마을. 모두 한국군에 의해 민간인 학살이 벌어지고 위령비가 세워진 지역이다. 지난해 1차 답사를 왔을 때 마땅히 갈 수 있는 방법이 없어 도로 한국으로 돌아갔던 기억이 떠올랐다. 그곳으로 가는 대중교통은 당연히 없었고, 개인 가이드나 택시·오토바이를 이용해야 했다. 하지만 평범한 시골 마을이라서 위치와 내용을 설명하는 것부터 문제였다. "퐁니 마을로 가 달라"고 해도 베트남어가 6성조였기 때문에 제대로 의미 전달이 되지 않았고, 전달된다 한들 알 리가 없었다. 더욱이 누군가를 대동한다면 내 페이스에 맞춰 일정을 소화할 수 없었다.

나는 혼자 가야겠다고 결심했다. 그것도 오토바이로. 타 본 적은 없지만 뭐 자전거랑 비슷하겠지 생각했다. 하미마을과 퐁니·퐁넛마을에 대한 대략의 위치를 인터넷으로 파악하고 출국 전 국제면허증을 발급받았다. 호텔에 "근처에서 오토바이를 빌릴 수 있는 곳이 있냐?"고 문의했더니 자기네들이 빌려준다고 했다. 비용도 하루에 15만 동(7500원)에 불과했다. 가슴이 설렜다.

출발 날 아침, 호텔 직원은 내게 오토바이 키만 던져 주고 떠났다. 조작법을 알려 주기는커녕 면허증도 확인하지 않았다. 어떻게 시동을 거냐, 깜빡이는 어떻게 켜야 하냐 질문이 목구멍까지 올라왔지만 꾹 참았다. 물어보면 처음 타는 티가 날 것 같아 안 빌려줄 수도 있겠다는 생각이 들었다. 오락실에서 오토바이 게임하던 감대로 오토바이를 몰았다. 혹시 모를 불상사를 위해 인스타그램에 인증샷을 남겼다. '얘들아, 내가 만일 연락이 안 되면….'

오토바이 타는 건 생각보다 훨씬 쉬웠다. 느린 속도에서 방향을 바꿀 때 예상보다 차체가 무거웠던 것 빼고는 오락실에서 게임하는 것과 크게 다르지 않았다. 무엇보다 오토바이가 워낙 많은 지역이기 때문에 다들 속도를 내지 않았다. 한두 시간 만에 추월하는 재미도 느끼기 시작했다. 이러다 골로 가겠지 하는 우려를 하면서도.

하미마을이나 퐁니·퐁넛마을 모두 다낭과 호이안 사이, 두 도시의 중간쯤 되는 지점에 위치하고 있다. 다낭에서 호이안까지가 한 시간 정도 걸리니, 30분쯤 달린 뒤 찾으면 되겠다고 어림짐작했다. 골목은 구글 지도를 확인해 가며 돌아다녔다. 베트남 같은 저개발 국가의 시골 골목까지 나오는 지경이라니, 새삼 구글이 대단하면서도 무서운 기업이라는 생각이 들었다. 그렇게 아스팔트도 제대로 깔려 있지 않은 길을 몇 번이고 헤매며 하미마을로 향했다.

해변에서도 그리 멀지 않은 하미마을은 수백 명이 거주하는 작은 마을이다. 우리나라 청룡부대가 꽝남성 일대에서 주로 작전을 폈던 탓에, 하미마을 주민들 역시 청룡부대원들과 친분을 쌓았다. 한국군은 주둔 지역에 학교·병원을 세워 주거나 보급품을 나눠 줌으로써 지역 주민들로부터 호감을 샀다. 초창기에는 "한국군은 인심이 좋다"는 말이 남베트남 사람들 사이에서 돌 정도였다. 원조를 하더라도 트럭에 쌀 포대를 싣고 와 베트남 사람들 앞에 내던지고 가는 경우가 많았던 미군과 달리, 우리 한국군은 어려운 집을 돌아다니며 일일이 인사하고 나눠 줬다. 노인들을 만나면 군모를 벗고 인사하며 예를 갖췄다.[35] 하미마을도 1968년 2월 25일까지는 그랬다.

2월 25일 아침 7시경, 청룡부대 2개 중대가 마을 주민들을 네 지점에 집결시켰다. 험악한 분위기에 불안감이 엄습했지만 주민들은 저항하지 않고 순순히 따랐다. 이미 며칠 전에도 한국군이 먹을 것을 나눠 준 적이 있기 때문이다. 이날도 빵이나 과자를 나눠 주는 줄 알고 순순히 따라온 사람이 많았다. 하지만 그날 하미마을 사람들에게 쏟아진 것은 식량이나 과자가 아닌 총알과 수류탄이었다. 청룡부대원들은 집결한 주민들에게 다연발총을 쏘고 수류탄을 퍼부었다. 2시간 만에 136명이 학살당했다.[36] 살아남은 사람은 스무 명 남짓에 불과했다.

더 큰 문제는 그 뒤에 벌어졌다. 일부 생존자들이 시신들을 수습하려 했지만 한국군이 불도저를 끌고 들어와 현장에 널려 있는 시신들을 깔아뭉갠 것이다. 어느 국가든 그렇지 않겠느냐만 국민 대다수가 불교도인 베트남은 시신에 예를 갖추는 것을 매우 중요시한다. 그들의 입장에서 한국은 용서할 수 없는 나라가 되었다.

내가 하미마을로 가면서 무엇보다 우려했던 점도 이 부분이다. 한국인에 대한 원망이 여전할 것만 같았다. 더욱이 인터넷에서 "한국인 출입 금지 지역이다"는 둥의 글들을 봐서 더욱 걱정되었다. 물론 쫓겨나는 한이 있어도 용서를 구해야겠지만.

드넓게 펼쳐진 논 사이를 달리다 보니 몇 가구 없는 작은 마을이 나타났다. 구글 지도는 하미마을 위에 빨간 점으로 내 위치를 나타내고 있었다. 가슴이 두근거렸다. 삼고초려까지는 하지 않았구나. 그런데 위령비가 보이지 않았다. 나는 오토바이를 잠시 세워 두고 동네를 돌아다녔다. 그리고 어떤 아주머니와 마주쳤다. 수상한 사람이 기웃거리니 그녀는 의아하다는 듯 나를 바라봤다. 나는 다가가 스마트폰을 켜고 번역기에다가 "한국인이다, 지난 역사를 사죄하고 싶다, 위령비를 찾고 있다"는 내용의 글을 짧게 적었다. 베트남어는 검색량이 많지 않을 것이기 때문에 길게 적으면 분명 이상하게 번역할 것 같았다. 다행히 의미가 잘 전달된 모양이다. 아주머니는 환하게 웃더니 내게 한쪽 방향을 가리켰다. 베트남어로 한국 어쩌고 했는데, 표정이나 분위기가 부정적인 뉘앙스는 아니었던 것 같다. 감사 인사를 전하고 알려 준 길을 따라갔다. 커다란 사원 같은 구조물과 마주했다. 위령비였다.

굳게 닫힌 파란 철문을 옆으로 밀었다. 위령비는 사막의 오아시스처럼 뙤약볕 한가운데 불쑥 서 있었다. 근처에 건물이라곤 하나도 안 보였다. 위령비 앞에는 얼마 전에도 사람들이 다녀갔는지 조화가 놓여 있었다. 1880년, 1890년, 1895년… 1968년. 희생자들의 이름과 출생연도가 적힌 비문이 눈에 들어왔다. 사건이 1968년 2월 말에 벌어졌으니 태어난 지 채 100일이 안 된 아이도 있었던 것이다. 나는 준비해 간 국화꽃을 제단에 올려놓고 이들을 추모했다.

위령비 뒤편은 연꽃 그림이 화려하게 그려진 대리석으로 덮여 있었다. 원래 대리석 너머에는 학살의 경과를 새긴 비문이 적혀 있으나 지금은 볼 수 없다. 여기에는 사연이 있다. 2000년, 우리나라의 월남참전전우복지회는 위령비 건립을 위해 2만 5,000달러를 기탁하면서 "학살 경과를 적은 부분은 삭제해 달라"고 요청했다. 마을 주민들은 "있었던 사실을 지울 수는 없다"고 강하게 반발했다. 양측은 심한 갈등을 빚다가 결국 절충안으로 대리석을 덧씌워 지금의

동네 주민의 도움을 받아 하미마을 위령비에 도착할 수 있었다. 위령비는 2000년 우리나라의 월남참전전우복지회가 3천 만원가량의 기금을 기탁하여 세워졌다.

모습에 이르렀다. 하미마을의 위령비는 베트남전쟁과 관련한 사과와 화해가 아직 끝난 게 아님을 상징적으로 보여 주고 있는 셈이다.

한국군은 왜 이토록 잔인한 민간인 학살을 저질렀을까? 난 베트남전쟁의 특성에 그 원인이 있다고 본다. 베트남전쟁은 대규모 전면전보다는 소규모 게릴라에 의해 산발적인 전투가 이뤄진 전쟁이었다. 전장과 주둔지의 구분이 모호했고 전투와 휴식의 구분 또한 명확하지 않았다. 병사들은 매순간 신경을 곤두세워야 했다. 그들이 느꼈을 죽음에 대한 공포와 스트레스는 상상을 초월하는 것이었다. 영화 〈플래툰〉은 적의 매복·기습·저격·부비트랩 등으로 한순간도 방심할 수 없던 병사들이 결국 전장에서 정신을 놓고 마는 현실을 잘 묘사했다.

하미마을 위령비 앞면. 희생자들의 이름과 나이가 기재되어 있다. 한두 살짜리 어린 아이들의 이름도 보여 마음이 아팠다.

연꽃문양 대리석으로 덮인 하미마을 위령비 뒷면. 학살 경과 기재를 두고 갈등이 있었고 결국 이렇게 뒷면을 덮었다. 베트남전쟁이 끝나지 않은 역사임을 상징적으로 드러낸다.

주베트남 한국군 사령관이었던 채명신 장군은 이와 같은 베트남전쟁의 특성을 잘 간파했다. 그 자신 또한 6·25전쟁 당시 장병들을 이끌고 인민군복으로 위장한 뒤 북한 지역에 침투, 게릴라전을 수행한 바 있었다. 그는 마오쩌둥이 말한 것처럼 "인민은 물, 유격대는 고기"라는 전제하에 평정 작전을 전개했다. 평정 작전은 게릴라들을 상대할 때 사용하는 전략으로 제주 4·3사건 당시 군·경이 진행했던 소개령과 비슷하다. 민간인과 게릴라를 분리하는 것이 핵심이다. 이를 위해 전략촌을 만들고 주민들을 강제 이주시키기도 했다. 실제로 남베트남 민족해방전선은 주민들로부터 물자를 보충하고 은신처를 제공받았다. 주민들의 지원이 없다면 게릴라들은 그 세력을 유지할 수 없었다.

비극은 여기에서 시작되었다. 주민들과 남베트남 민족해방전선은 제아무리 철저히 분리한다 한들 나뉠 수 없는 집단이었다. 남베트남 정부가 국민들의 신망을 잃은 상황에서는 더더욱 그랬다. 주민이 베트콩이 되고, 베트콩이 주민이 되는 상황이었다. 과일 등을 파는 행상이 갑자기 수류탄을 던지는가 하면, 구호품을 받으러 오는 아이들이 폭탄을 터뜨려 희생자가 발생하기도 했다.[37] 평정 작전 자체가 대민 업무의 비중이 높다 보니, 자연스레 한국군이 베트남 현지인들과 접촉하는 횟수가 많을 수밖에 없었다. 그렇다고 남베트남 정규군을 믿고 맡길 수 있었던 것도 아니었다. 물자를 빼돌리는 일이 허다했고 대량 살상 무기인 크레모어를 몰래 한국군 방향으로 돌려놓기도 했다. 장병들은 극도의 스트레스에 시달렸다.

그럼에도 채명신 장군은 인명 피해를 최소화하기 위해 최선을 다했다. 그는 파병 장병들에게 "100명의 베트콩을 놓치는 한이 있어도 1명의 양민을 보호하라"고 거듭 강조했다. 이는 한국군의 피해를 최소화하기 위한 방편이기도 했다. 채 장군은 베트남 파병을 성공적으로 마치고 귀국했으나 유신헌법에 반대하다가 1972년 중장으로 강제 예편되었다. 그는 숨을 거둘 때에도 "장군 묘역에 묻지 말고 전우들인 사병들과 함께 묻어 달라"는 유언을 남긴 참군인이었다. 그런 그가 "100명의 베트콩을 놓치는 한이 있어도 1명의 양민을 보호하라"는 구호를 단순히 선전용 메시지로 내걸지만은 않았다고 생각한다.

하지만 아무리 주의한다 한들 전쟁터에서 벌어지는 일들을 막을 수는 없다. 현장에서 우발적으로 발생하는 민간인 학살 문제는 채명신 사령관으로서도 꽤나 골칫거리였을 것이다. 심지어는 윌리엄 웨스트모어랜드(William Childs Westmoreland) 주베트남 미군사령관이 한국군에 의한 민간인 학살에 대해 사실 여부를 묻는 서신을 보내기도 했다. 퐁니·퐁넛마을에서 벌어진 일 때문이다.

사건은 1968년 2월 12일 오전, 예고도 없이 발생했다. 1번 국도 바로 옆 작은 마을에서 총성이 울렸다. 청룡부대 제1대대 제1중대 제1소대 병사 한 명이 쓰러졌다. 저격이었다. 소련제 AK47 총소리였던 것으로 보아 북베트남 정규군이나 남베트남 민족해방전선의 소행이 분명했다. 뗏 공세가 시작된 지 얼마 지나지 않아 다낭과 꽝남성의 긴장은 극도로 고조된 상황이었다. 청룡부대 역시 뗏 공세 반격 작전인 '괴룡 1호 작전'을 수행하고 있었다. 이 일대는 무엇보다 북위 17도선에 인접한 지역이었기 때문에 남베트남 내 어느 지역보다 위험했다. 후에는 한 달여 동안 북베트남군에 의해 점령되었고, 짧게나마 다낭도 빼앗겼다.

제1소대장 최영언 중위는 부상병을 호송하고 인근에 있던 퐁니·퐁넛마을로 진입했다. 저격범을 색출하기 위해서다. 민가를 샅샅이 뒤졌으나 저격범은 당연히 나오지 않았다. 그는 마을에 남아 있던 노인과 부녀자, 아이들을 2·3소대가 있는 뒤로 보냈다. 잠시 뒤 소총 연사 소리가 하늘을 뒤덮었다. 74명의 주민이 그렇게 영문도 모른 채 집단 학살당했다.

나는 1번 국도로 진입하기 위해 오토바이를 몰았다. 퐁니·퐁넛마을이 "1번 국도 바로 옆에 있다"고 해서다. 퐁니·퐁넛으로 가려면 우선 1번 국도를 타야 했다. 하노이부터 호치민을 쭉 잇는 1번 국도는 우리나라로 치면 경부고속도로처럼 베트남의 동맥 역할을 한다. 베트남 사람들은 '살면서 꼭 해야 할 몇 가지' 중 하나로 하노이부터 호치민까지 1번 국도를 따라서 가는 오토바이 일주를 꼽는데, 보통 일주일 정도 소요된다고 한다.

고르지 못한 길 상태나 길가에서 불쑥 불쑥 튀어나오는 동물들 때문에 가끔 놀라긴 했지만 1번 국도를 달리는 일은 그간의 스트레스가 싹 풀릴 정도로 재미있었다. 100km로 달리면서 온몸으로 맞는 바람도 상쾌했다. 오토바이를 단 지 두어 시간 만에 이렇게 달리고 있는 내가 대견했다. 퐁니·퐁넛마을까지 그렇게 채 30분이 걸리지 않았다.

흙먼지를 날리며 1m 남짓한 좁은 길 위를 달렸다. 드넓게 펼쳐진 논 한가운데 '숲의 섬'이 있었는데, 난 그곳이 위령비가 있는 곳이라고 확신했다. 거기 말고는 다른 장소가 없었기 때문이다. 오토바이로는 더 이상 도저히 갈 수 없었기에 논두렁에 잠시 오토바이를 세워 두고 '숲의 섬'으로 걸어갔다. 나오면서 알게 된 사실이지만 바로 반대편에 번듯한 길이 나 있었다.

수백 년은 되는 듯 거대한 야유나무 옆으로 노란 페인트가 벗겨진 위령비가 세워져 있었다. 위령비에 각인된 희생자 수는 총 74명. 희생자 중 35명은 13살 이하였다. 나는 하미마을에서와 마찬가지로 준비해 간 하얀 국화를 제단에 올려놓고 잠시 묵념했다. '명복을 빕니다.' 머릿속으로 아무런 생각이 나지 않았다. 관용적 표현이 아니라 정말 그 어떤 생각도 떠오르지 않았다. 피해자들에게는 한국인으로서 미안했지만 그렇다고 누구인지 모를 가해자들이 마냥 원망스러운 것도 아니었다. 오히려 연민이 느껴졌다. 왜 항상 전쟁을 결정하는 건 나이 든 정치인들인데 사지로 내몰리는 건 힘없는 청년들일까? 이런 결정 권한과 책임의 분리가 전쟁을 더욱 비인간적으로 만드는지도 모른다.

전쟁 중의 민간인 학살도 마찬가지다. 보통 사건이 대두되면 장병들에게 비난의 화살이 쏟아진다. 정부는 그들을 총알받이로 삼음으로서 대중의 분노를 조기에 차단한다. 방아쇠를 당긴 당사자는 학살자라는 오명과 트라우마에 시달리며 남은 생을 고통스럽게 보내지만 정작 그들을 전장에 보낸 정치인은 영웅이 된다. 잘못된다고 해도 기껏해야 옷을 벗는 정도다. 죽은 사람도 죽인 사람도 결국은 국가권력의 그릇된 판단에 희생된 피해자들인 셈이다. 그래서

풍니풍넛마을 위령비. 학살로 희생된 74명의 이름이 각인되어 있다. 이 중 35명은 13살 이하 어린이들이었다.

나는 파월 참전 용사들을 비난할 수 없었다.

당신이 나를 몽상가라 할지라도

두 곳에서 추모를 마친 나는 다시 다낭으로 오토바이를 몰았다. 긴팔 셔츠에 긴 바지, 마스크와 선글라스, 스카프까지 온몸을 태양으로부터 방어했다. 호치민에서 반바지 입고 구찌터널까지 다녀오는 바람에 반바지 라인을 따라서 다리가 새카맣게 타 버리고 얻은 교훈이었다. 그런데 예상치 못한 부분을 놓쳐 버렸다. 귀. 귀도 그을린다는 걸 이번에 처음으로 알게 되었다. 이론적으로는 당연한 이야기이지만 경험적으로 당연하지 않아서 충격적이었다. 호텔에 도착하자마자 준비해 간 알로에 팩을 귀에다가 발랐다. 옷은 이미 땀에 절어 있었다. '그래도 이제 답사는 끝이구나.' 중요한 퀘스트를 깬 느낌이었다.

낮에 한숨 자고 마트로 가기 위해 숙소를 나왔다. 강 건너에 바로 대형 마트가 하나 있었다. 그랩으로 오토바이 택시를 불렀다. 기사가 건네준 헬멧 끈이 짧아 길게 조정했다. 지금까지 수십 번을 타면서 헬멧 끈 길이가 한 번에 맞았던 적이 없다. 베트남 사람들은 평균적으로 머리가 작은 모양이다. 아니면 내가 타기 직전에 탄 사람들이 유독 머리가 작았거나.

베트남 사람들은 정말 열심히 산다. 새벽 5시 반만 되어도 길거리에서 오토바이 경적 소리가 꽤나 울리기 시작한다. 땡볕 아래서 하루 종일 오토바이를 모는 일이 쉽지 않을 텐데 언제나 밝은 표정으로 나를 맞아 주는 그랩 오토바이 기사들을 보면 나도 모르게 미안한 생각이 든다. 베트남에 오기 전까지만 해도 '동남아시아는 날씨가 더워서 사람들이 게으를 수밖에 없다'는 편견을 갖고 있었다. 나도 개털인데 누구를 주나 하는 생각이 들기도 했지만, 이들의 삶을 응원하는 의미에서 항상 내릴 때마다 팁을 얹어서 지불했다. 잘사는 나라에서 태어나서 이들보다 많은 기회를 얻고, 같은 일을 해도 더 많은 대가를 받고 있다는 사실이 감사하면서도 미안했다.

뒷자리에 앉아 다낭의 상징인 '용 다리'를 건너면서 문득 오토바이를 모는 이 20대 청년과 내가 50년 전에 이곳에서 만났더라면 어떤 상황이었을까 하고 상상해 봤다. 그는 분명 남베트남 민족해방전선의 일원으로 나와 총부리를 겨누고 있었을 것이다. 적대적인 것과 우호적인 것 사이는 정말 종잇장처럼 얇다. 시대는 같은 청년들을 베트콩과 한국군으로 구분하기도 하고, 오토바이 기사와 승객으로 분류하기도 한다. 거기에 개인적인 원한이나 감정은 조금도 개입되지 않는다. 이름도 얼굴도 모르는 이들을 죽이게 하는 건 결국 정치가 정해 놓은 명분이나 탐욕 따위일 뿐이다. 전쟁을 소수의 정치인들이 결정하는 데서 비극은 시작되었는지도 모른다.

소수 정치인들의 잘못된 판단을 다수 시민들의 목소리가 바꿀 수 있다. 베트남전쟁이 그랬다. 뗏 공세 이후 전 세계에 들불처럼 번진 반전 여론은 린든 존슨의 재선 불출마를 이끌어 냈다. 1950년대부터 미국을 휩쓴 매카시즘, 그러니까 공산주의에 대한 막연한 적대감은 더 이상 선진국 시민들에게 먹혀들지 않았다. 그들은 오히려 이성과 욕망을 억압하는 이념 전쟁에 염증을 느끼기 시작했다. 내 가족이, 친구가 죽어 나가고 나라의 재정은 거덜 나고 있는데 "공산주의의 확산을 막아야 한다"는 명분이 무슨 소용이 있겠나. 1969년 10월 15일에는 무려 200만 명이 넘는 시민들이 워싱턴 DC를 비롯한 전국 각지에 모여 전쟁에 반대하는 시위를 가졌다. 그때까지 미국 역사를 통틀어 가장 큰 규모의 집회였다.[38] 미국 정치인들은 '어떻게 명예롭게 베트남에서 철수할 것이냐'를 고민하기 시작했다. 존슨 이후 미 대권은 베트남전쟁을 끝내고 철군하겠다는 공약을 내건 공화당의 리처드 닉슨(Richard Milhous Nixon)이 거머쥔 상태였다. 강력한 반공주의자였던 그는 평소의 소신과 달리 적의 심장부였던 중국을 방문했다. 중국의 협조 없이는 베트남전쟁을 무사히 마칠 수 없었기 때문이다.

지난했던 베트남전쟁은 1975년 4월 30일, 북베트남군 탱크가 사이공 시내 대통령궁 철문을 깨고 진입하면서 막을 내렸다. 미군에 이어 한국군 또한 1973년 3월 23일 철수를 마무리한 상태였다. 100만 명이 넘는 병력과 최신식 무기로 무장해 아시아에서 중국 다음으로 강한 군대를 보유했던 남베트남군이었지만, 그들은 미군과 한국군이 철수한 이후 전투에서 제대로 승리한 적이 없었다. 사이공이 함락되는 순간에도 남베트남 정규군은 달아나기 바빴다. 남베트남은 그들에게도 지킬 가치가 없는 나라였다.

짧게 보면 통킹만 사건부터 11년, 길게 보면 제2차 세계대전 이후 30여 년간 지속된 베트남전쟁은 그렇게 막을 내렸다. 프랑스와 미국을 차례로 꺾은 베트남은 온 국토와 대다수 국민이 만신창이가 되었지만 오랜 기간 염원한 독립을 이뤄 냈다. 베트남 사람들의 가슴속엔 자부심이 가득 찼다. 자력으로 미국을 꺾은 나라는 앞으로도 나오지 않을 것이다.

세계사는 베트남전쟁으로 많은 변화를 겪었다. 과다한 군비 지출로 나라의 재정이 텅텅 비어 버린 미국은 1971년 8월 15일 달러의 금 태환 정지를 선언했다.[39] 그때까지는 1944년에 체결된 브레턴우즈협정에 따라 35달러당 1온즈에 해당하는 금을 보유하고, 바꿔 줄 수 있어야 했다. 미국은 스스로 달러의 기축통화 지위를 포기할 수밖에 없었다. 향후 90일 동안 물가를 동결시키는 한편 모든 수입품에 10%의 수입부가세를 부과토록 했다. 그렇게 신봉하던 자유무역 원칙을 어길 만큼 경제 여건이 안 좋았다. 그래도 한국전쟁 때에는 전쟁 특수를 자국 기업들이 누려 큰 문제가 없었지만 베트남전쟁에서는 미국 정부가 쓰는 돈이 일본과 한국, 대만, 태국, 필리핀으로 흘러 들어갔다.[40] 베트남전쟁을 계기로 미국 주도의 국제질서가 무너지기 시작했다.

닉슨 독트린에 따라 미국의 대아시아 정책에도 많은 변화가 생겼다. 요지는 '아시아의 일은 아시아 너희가 알아서 하라'는 것이었다. 독자 생존의 길을 모색하던 아시아 국가들은 독재의 길로 접어들었다. 1971년 11월 태국에서는 수상 타놈 키티카촌이 헌법을 무력화하며 친위 쿠데타를 일으켰고 1972년 9월 필리핀에서도 대통령 페르디난드 마르코스가 계엄령을 선포한 뒤 역시 헌법을 무력화했다. 한 달 뒤 우리나라에서도 유신헌법이 선포되었다. 유신헌법의 내용에 따라 대통령 선거 직선제가 폐지되고 통일주체국민회의라는 대의기구를 통한 간접선출 방식이 채택되었다. 우리 국민들은 이후 한동안 대한민국 최고 권력자를 제 손으로 선출할 수 없었다.[41]

한때 누구보다 가까운 우방이었던 한국과 미국의 관계도 틀어지기 시작했다. 김신조 일당의 청와대 습격에는 미온적이던 미국이 푸에블로호 납치를 계기로 자기를 건너뛴 채 북한과 직접 대화하는 모습을 본 박정희 대통령은 한미 관계에 대해 회의를 느끼며 자주국방에 박차를 가했다. 베트남에 한국군이 가 있으면 주한 미군 철수는 없을 것이라는 박 대통령의 믿음은 닉슨 행정부 이후 무너졌다. 재정 악화로 제 코가 석자이던 미국은 1971년 주한 미군 1개 사단을 철수시켰다.[42]

박정희 정권을 견고히 유지하게 했던 전쟁 특수도 더 이상 기대할 수 없게 되었다. 이미 미국 의회는 1970년 사이밍턴 위원회를 구성하고 베트남전쟁에 쓰인 돈이 적절했는지 따지기 시작했다.[43] 미국은 더 이상 한국을 지원할 의사도 명분도 없었다.

물론 그렇다고 해서 한국이 베트남전쟁에 따른 특수를 제대로 누리지 못한 것은 아니다. 처음부터 돈을 보고 간 전쟁은 아니었지만, 결과적으로 베트남전쟁이 한국 경제에 미친 영향은 지대했다. 정부는 매년 5만 명의 장병이 미군 당국으로부터 받는 전투수당 중 80%를 국내로 강제 송금하도록 했다. 여기에서 발생하는 송금 수수료와 환전 수수료만 해도 엄청났다. 1965년부터 1973년까지 9년 동안 국내로 송금된 전투수당이 총 1억 9511만 달러에 달했으니 말이다.[44]

베트남 현지로 파견된 기술자들이 벌어들이는 외화도 어마어마했다. 미국이 브라운 각서에 따라 한국 기업의 베트남 현지 진출을 지원하면서 1966년부터 현대건설, 대림건설, 삼환기업 등 국내 기업들의 베트남 진출이 잇따랐다. 이들이 1966년 한 해 동안 따낸 공사 금액만 480만 달러에 달했는데 그게 이듬해에는 1560만 달러로 폭증했고 그다음해인 1968년에는 2570만 6,000달러나 되었다.[45] 이들이 여기에서 쌓은 경험은 훗날 중동 건설 진출의 발판이 되었다.

한편 미국이 베트남전쟁을 계기로 M16 소총을 생산할 수 있는 권한을 줌으로써 우리나라는 군수산업의 기틀을 마련했다. 이미 한국과학기술연구원과 국방과학연구소도 마련되어 있었다. 군수산업은 중화학공업의 밑거름이다. 우리가 차도 잘 만들고 배도 잘 만들 수 있는 나라가 된 것은 이때 경공업에서 중화학공업으로의 전환점을 마련한 덕분이다.

외화벌이에 신이 난 정부는 1969년 "싸우면서 건설하자"는 구호 아래 온 국민을 단결시켰다. 1971년까지 진행된 '제2차 경제개발 5개년 계획' 기간 동안 우리나라는 중간에 경제 위기가 한 번 있었음에도 연평균 11.4%에 달하는 경제성장률을 보여 줬다. 베트남전쟁을 거치며 한국 경제가 고도성장하게 된 것은 부인할 수 없는 사실이다.

재벌 기업들은 베트남전쟁이 없었다면 이만큼 성장할 수 없었다. 상당수의 기업이 그랬다. 베트남전쟁을 거치며 국내 10대 재벌 순위가 뒤바뀌었다. '먹는 거', '입는 거' 중심이던 재벌 순위는 건설과 무역 중심으로 재편되었다. 물론 재벌들이 자신들의 성장을 가능케 한 참전 용사와 파월 기술자들에게 노력에 걸맞은 보상을 지급했는지는 의문이다. 대한항공의 모기업인 한진은 기술자들에게 임금도 제대로 지급하지 않아 물의를 빚었다. 1인당 375만 원씩, 총 149억 원에 이르는 임금을 지급받지 못한 노동자들은 '한진파월 기술자 미지불임금 청산 투쟁위원회'를 구성, 서울에 있는 칼빌딩으로 몰려가 농성·방화를 일으켰다. 농성자 중 13명에게 징역형이 선고되었지만 한진 측이 이 일로 어떠한 처벌을 받았다는 기록은 없다.

참전 용사들에 대한 처우도 마찬가지다. 전장에서 죽을 고비를 넘기고 돌아온 그들에게는 고엽제 후유증이 남았다. 식물을 말려 죽이는 데 쓰이는 고엽제는 다이옥신을 함유한 독성 물질이다. 미군은 게릴라들의 활동 근거지인 정글에서 시야를 확보하기 위해 1961년부터 10년 동안 4400만 리터의 고엽제를 살포했다. 사전에 고엽제의 위험성을 안내받지 못한 우리나라 군인들은 비행기가 고엽제를 뿌릴 때 모기약인 줄 알고 온몸에 맞거나 거머리 방지를 위해 군화 속에 적시기도 했다. 그들은 비행기가 지나가고 한 시간이 채 되지 않아 시야를 트여 주는 이 약품을 고마운 존재로 여겼다.

고엽제 중에서도 미국 농업회사인 몬산토가 제조한 에이전트 오렌지는 베트남 숲과 농지 등 310만 헥타르를 황폐화시켰다. 베트남에서 최소 400만 명이 여기에 노출되었고 그중 100만 명이 암과 신경계 장애, 기형아 출산 등으로 고통받았다.[46] 한국군 역시 참전 군인의 1/3 정도인 12만 5,000여 명이 고엽제 피해자로 추산된다.[47] 그러나 제대로 된 보상을 받은 것은 아니다. 오히려 1991년에서야 호주에 거주하는 한국 교민이 내한해 고엽제로 원인 모를 병에 걸려 죽어 가고 있다고 호소하면서 그 문제가 대두되기 시작했다. 그때까지 참전 용사들은 자신들이 시름시름 앓고 죽어 가는 원인이 고엽제에 있다고는 상상도 하지 못했다.

미국 정부와 고엽제 업체들은 고엽제 배상에 소극적이었다. 한두 명 배상해 주기 시작하면 미국과 호주는 물론 한국·베트남·캄보디아·태국 등 전 세계 고엽제 피해자들이 배상하라고 촉구할 것이 불 보듯 뻔했기 때문이다. 미국과 호주, 뉴질랜드의 참전 군인 24만 명이 같은 소송을 냈을 때에도 1억 8000만 달러에 합의를 보고 마무리 지었다.

우리나라의 경우 2013년, 대법원이 참전 군인 1만 6,579명이 미국 고엽제 제조사 다우케미컬컴퍼니와 몬산토컴퍼니를 상대로 제기한 손해배상 청구소송에서 "염소성 여드름 질병 피해자 중 소멸시효가 지나지 않은 39명에 대해서만 제조사의 배상 책임을 인정한다"고 판결했다.[48] 법원이 특정 질병과 고엽제의 인과관계를 판결한 것이 세계 최초라고는 하지만 너무 늦었고 너무 적은 배상 금액이다. 그나마도 제조사 측은 "책임이 없다"며 모르쇠로 일관했다. 내가 사회에 눈을 뜬 게 중학교 시절이고 거의 20년 가까운 시간이 지났지만 참전 군인들의 고엽제 문제에 사회가 제대로 된 관심을 기울였던 적은 없었던 것 같다. 그들도 결국은 전쟁 특수라는 신화에 가려 외면 받은 피해자들인 셈이다.

그렇다면 베트남전쟁의 최대 수혜자는 누구일까? 베트남은 오랜 식민지와 분단을 종식하고 통일을 이룩했지만 200만 명에 이르는 사람이 희생되었고 국토의 15%가 고엽제로 오염되었다. "공산주의의 확산을 막기 위해" 기꺼이 베트남에 발을 디딘 미국은 6만 명에 가까운 젊은이가 전사했다. 더욱이 막대한 군비를 쏟아부은 탓에 재정 위기에 직면했고 그동안 누려 오던 '지구대장'으로서의 지위를 상실했다. 우리나라는 베트남전쟁 특수로 눈부신 경제성장을 이룩하기는 했지만 그 과정에서 5,099명의 청년이 생전 가 본적 없는 밀림 속에서 목숨을 잃었다. 1만 962명은 부상을 입고 귀국 후 힘든 삶을 이어 나가야 했다. 이기고 지킨 쪽도, 지고 철수한 쪽도 막대한 피해와 상처가 남았다.

베트남전쟁은 결코 영광스러운 전쟁이 아니었다. 영화 〈포레스트 검프〉에 묘사된 것처럼 살아 돌아온 미군 장병들이 마주해야 했던 것은 영광이나 위로가 아닌 거대한 반전 여론의 물결이었다. 국가의 부름에 성실히 응답한 이들에게 침략자라는 오명만이 남았다.

경제성장에 박차를 가하고 있던 우리나라에서는 그 인식이 조금 달랐지만, 한국군 또한 시대의 희생자였다는 점은 같다. 그들이 전쟁터에서 얻은 트라우마와 고엽제 피해에 우리는 그동안 너무 무심했다. 그들의 청춘을 밀림에 처박은 대가로 우리가 이만한 나라에 살고 있음에도 말이다.

그 시절 베트남전쟁에 뛰어든 사람은 모두 피해자다. 꼭 베트남전쟁만이 아니라 모든 전쟁이 그렇다. 전쟁을 일으킨 소수의 정치인과 거기에서 돈을 번 기업인들만이 혜택을 누릴 뿐, 대다수 평범한 사람들에게는 저마다의 상처와 고통을 남긴다. 절대다수가 피해자라면 전쟁을 해야 할 이유가 없다. 하지만 인간은 망각의 동물이고 같은 실수를 반복한다. 그래서 우리는 언제나 경각심을 갖고 이 세계를 바라봐야 한다.

어쩌면 베트남전쟁의 가장 큰 수혜자는 바로 우리일지도 모른다. 전쟁 특수로 한국 경제는 성장했고, 그 과실을 누린 것은 전후 세대들이기 때문이다. 그렇기에 우리에게는 한국군에 의해 저질러진 민간인 학살을 대신 반성하고 사과해야 할 의무가 있다. 동시에 전쟁 트라우마나 고엽제로 지금까지도 고통받고 있는 참전 용사들의 명예를 지키고 상처를 치유해야 할 의무도 있다. 그렇다. 우리에게는 누군가가 "나를 몽상가라고 할지라도" 온 세상이 인류애로 충만하고 모든 사람이 평화 속에서 살아갈 수 있도록 노력해야 할 의무가 있다.

주석_

□ 1부. 사북

1) 기차로 철암역을 가는 방법은 크게 두 가지, 서울역에서 중부내륙순환열차 (O-train)를 타고 철암역으로 한 번에 가거나, 청량리역에서 KTX를 타고 강릉으로 간 뒤 무궁화호로 갈아타는 길이 있다. 다만 서울역~철암역 구간 중부내륙순환열차는 하루에 한 번밖에 운행하지 않고 경기도와 충청북도, 경상북도를 모두 지나는 바람에 6시간 이상 소요되는 단점이 있다. 청량리역에서 태백역까지 무궁화호로 간 뒤 버스나 택시를 이용하는 방법도 있다.
2) 한국일보, 2018년 12월 18일, "지그재그 폐로 따라 과거로 가는 기차 타볼까"
3) 과천시 통계자료센터, 「2018년 12월말 주민등록 인구현황」
4) 국립중앙도서관 디지털컬렉션, 「1950년대 에너지정책」
5) 국립중앙도서관 디지털컬렉션, 「1950년대 에너지정책」
6) 경향신문, 2014년 1월 17일, "[1970 박정희부터 선데이서울까지] (23) 연탄 파동과 에너지 정책"
7) 김세건, 『"찌들은 몸" : 사북 지역의 탄광개발과 환경문제』, 서울대학교 비교문화연구소
8) 월간조선, 2018년 11월호, "[중동평화협정의 어제와 오늘] 미국 대통령의 지원과 압박, 외교적 상상력이 성공한 협상의 원동력"
9) 한국경제신문, 2014년 5월 16일, "[세계경제사] 1973년 1차 오일쇼크, 석유를 무기화한 OPEC… 세계경제 침체··물가 상승 촉발"
10) 경향신문, 2014년 1월 17일, "[1970 박정희부터 선데이서울까지] (23) 연탄 파동과 에너지 정책"
11) 남춘호, 『1960~70년대 태백지역 탄광산업의 이중구조와 노동자 상태』, 한국지역사회학회
12) 강원도민일보, 2011년 7월 23일, "[태백선, 산업선에서 관광선으로] 1. 태백선의 유래"
13) 김세건, 『"찌들은 몸" : 사북 지역의 탄광개발과 환경문제』, 서울대학교 비교문

화연구소

14) 정선군, 「정선군 통계연보」 제 1회(1961) ~ 제 12회(1972)

15) 정선군, 「정선군 통계연보」 제 13회(1973), 제 24회(1985)

16) 남춘호, 『1960~70년대 태백지역 탄광산업의 이중구조와 노동자 상태』, 한국지역사회학회

17) 태백지역 인권선교위원회·한국교회사회선교협의회 등, 『광산 민중현실』, 태백지역 인권선교위원회

18) 김세건, 『"찌들은 몸" : 사북 지역의 탄광개발과 환경문제』, 서울대학교 비교문화연구소

19) 동아일보, 2009년 6월 16일, "[자원전쟁 2라운드] 〈2〉유연탄 확보 전쟁 벌어지는 호주"

20) 한국민족문화대백과, 「덕대제」

21) 산업통상자원부, 「연도별 광산재해 현황」

22) 남춘호, 『1960~70년대 태백지역 탄광산업의 이중구조와 노동자 상태』, 한국지역사회학회

23) 중앙일보, 1980년 4월 24일, "['검은 마을' 탄광촌, 무엇이 문제인가] 사북 동원탄좌 사건을 계기로 본 그 보상"

24) 사북 사건은 그동안 보는 시각에 따라 상이한 평가가 내려졌다. 탄광 노동자들이 열악한 처우 개선과 어용노조 교체를 요구하며 계엄령 하에서 노동쟁의를 벌인 것에 주목하는 측에서는 이를 '사북 항쟁'으로 표현했다. 반면 이들의 투쟁 기간 동안 발생했던 폭력 및 재물파손 행위, 노노갈등 등에 주목하는 측에서는 '사북 사태'라며 비판했다. 그러나 양측의 주장이 서로 틀린 것만은 아니고, 무엇보다 2008년 진실·화해를위한과거사정리위원회가 '사북 사건'으로 명칭을 결정한 만큼 '사북 사건'이 가장 가치중립적인 표현이라고 생각해 이 책에서도 '사북 사건'으로 명명했다.

25) 연합뉴스, 2016년 7월 29일, "강원 정선 사북읍 역사는 곧 '석탄과 동원탄좌'"

26) 중앙일보, 1980년 4월 24일, "['검은 마을' 탄광촌, 무엇이 문제인가] 사북 동원탄좌 사건을 계기로 본 그 보상"

27) 탁경명, 『80년 사월의 사북』, 강원일보사

28) KBS1 라디오 〈박인규의 집중인터뷰〉 이원갑 편, 2005년 8월 18일 ; 탁경명,

『80년 사월의 사북』에서 재인용

29) 탁경명, 『80년 사월의 사북』, 강원일보사

30) 중앙일보, 2009년 6월 20일, "29년 세월에도 다 아물지 않은 '사북의 상처'"

31) 조갑제, "사북 사태 3년뒤의 동원탄좌 르포". 이 글은 원래 1983년 조갑제 기자가 『월간 마당』 편집장 시절 작성한 기사다. 하지만 원문을 찾을 수 없어 그가 조갑제닷컴에 올린 것을 재인용했다. 극우 진영의 대표적 논객이라는 차가운 이미지와 다르게, 그가 쓴 동원탄좌 르포에서는 광부들에 대한 애정 어린 시선과 따뜻한 마음이 묻어난다.

32) 유동헌 외, 『석탄산업합리화정책 출구 전략』, 에너지경제연구원

33) 에너지경제연구원, 『에너지정책변천사』

34) 정성호, 『강원남부 탄광지역의 쇠퇴와 인구사회학적 변화』, 한국인구학회

35) 뉴시스, 2008년 7월 15일, "산업역군 진폐환자, 병원 쫓겨날 판?"

36) 유범상 외, 『진폐근로자 재활프로그램 개발: 질병의 치료와 빈곤의 해결』, 한국노동연구원

37) 시사인, 2018년 1월 10일, "[정선 르포] 탄광 없어지고 카지노 들어선 지 17년"

38) 산업통상자원부 「연도별 광산재해현황 1979~2017」 및 대한석탄협회 「1981년~2018년도별 생산량 및 용도별 소비실적」 참고

□ 2부. 부산

1) 국가태풍센터, 「순위로 보는 태풍」

2) KBS, 2018년 8월 23일, "한반도 강타한 역대 태풍"

3) 태풍의 이름은 태풍을 겪는 국가들로 구성된 태풍위원회 회원국들이 각각 10개씩 제출한 총 140개의 명칭을 순차적으로 번갈아가면서 붙인다. 140개의 이름을 모두 사용하고 나면 다시 첫 번째 이름으로 되돌아간다. 크나큰 피해를 끼친 태풍의 경우 다시는 유사한 피해를 겪지 말자는 의미에서 퇴출한다. 2002년의 루사, 2003년의 매미 등의 태풍은 우리나라에 큰 피해를 끼쳐 누리, 무지개 등의 이름으로 대체되었다. 태풍 명칭 라인업은 국가태풍센터 홈페이지에서 확인할 수 있다.

4) 박근혜 대통령 시절 남침이냐 북침이냐를 두고 역사교육 논쟁이 일었던 적이 있

다. 그 논란은 한 언론사의 설문조사에서 고등학생 응답자 중 69%가 "6·25 전쟁
은 북침"이라고 응답한 것을 두고 박 대통령이 "교육현장에서 진실을 왜곡하거나
역사를 왜곡하는 일은 있어선 안 된다"며 국정교과서 추진을 시사한 데서 촉발되
었다. 그러나 사실 이것은 역사교육이 잘못되었다기보다 청소년들이 북침을 '북한
을 침략했다'가 아니라 '북한이 침략했다'고 오해했던 데서 기인한 것이었다. 당시
정권은 자신들 입맛에 맞는 국정교과서를 추진하기 위해 이런 논리를 짜 맞추어
나갔다. 물론 그렇다고 해서 북한이 먼저 침략해 왔다는 본질은 변하지 않는다. 같
은 맥락에서 북한 눈치 보느라 남침을 남침이라 하지 못하는 것도 비판받아 마땅
하다고 생각한다.

5) 박태균,『한국전쟁』, 책과함께

6) 이 결의는 1) 북한이 주도하는 전쟁 발발이 적들에게 공산주의를 공격할 수 있는
빌미를 제공하며, 2) 선제공격이 성공하리라는 보장이 없고, 3) 남한 사람들이 북한
을 지지할 것이라는 보장이 없다는 이유로 북한의 남침을 반대하는 내용을 담았다.

7) 이코노미조선, 2018년 11월 19일, "핵폭탄 막는 핵로켓이 과했다고? 당시로선
최선"

8) 경향신문, 1950년 6월 27일, "찬! 아군 용전에 괴뢰군 전선서 패주 중"

9) 동아일보, 1950년 6월 27일, "국군 정예 북상 총반격전 전개"

10) 경향신문, 2014년 6월 26일, "[경향으로 보는 '그때'] 1950년 6월27일 이승만
'서울 사수' 방송"

11) 참고로 채병덕 참모총장은 전쟁이 발발한 당일 오후 국무회의에서 "적의 전면
공격은 아니다"라는 허위 보고를 했고, 다음 날인 26일에는 "서울 사수는 물론 평
양 점령도 가능하다"는 허언을 일삼은 사람이다.

12) 한국일보, 2016년 6월 28일, "[기억할 오늘] 한강 인도교 폭파"

13) 서중석,『서중석의 현대사 이야기 2』, 오월의봄

14) 부산광역시,『부산시 연표』

15) 국제신문, 2018년 5월 17일, "부산 서구 비석문화마을 '골목빨래방' 인기 짱"

16) 동아일보, 2017년 12월 13일, "[아하! 東亞] 〈3〉 독자들의 가슴을 뻥 뚫어준 시
사만화… 촌철살인 풍자로 일제-독재에 맞서"

17) 이승만, 1951년 8월 15일, "기념사, 제 3회 광복절을 맞이하여" ; 공보처,『대통

령이승만박사담화집』에서 재인용

18) 주인식, 『1952년 부산, 이승만의 전쟁』, 기파랑

19) 월간조선, 2019년 2월호, "장도영에게 말해 박정희를 2군 부사령관으로 가게 했다"

20) 박태균, 『한국전쟁』, 책과함께

21) 시사저널, 1560호, "[강헌의 하이브리드 음악이야기] 남북 이산가족 상봉의 기쁨과 해묵은 슬픔"

22) 동아일보, 1954년 3월 20일, "또 하나의 개헌안, 초대대통령 종신집정 등 돌연 극비리 급속 추진"

23) 서중석, 『이승만과 제1공화국』, 역사비평사

24) 그렇다고 많은 국민들이 자유당을 선택한 것은 아니었다. 전체 득표율은 무소속 의원들이 47.9%로 가장 많았고, 자유당은 36.8%, 민국당 7.9%였다. 부정선거가 본격적으로 시작되었음에도 자유당이 36.8% 득표에 그친 것은 당시 민심을 보여주는 수치라고 볼 수 있다.

□ 3부. 제주

1) 제2차 세계대전 당시 일본 해군의 주력 전투기로 카미카제 특공대에 이용되었다.

2) 연합뉴스, 2018년 11월 17일, "[쉿! 우리동네] 제주도민 조선시대 200년간 섬에 갇혀 살았다"

3) 4·3평화공원 맨 위쪽에 위치한 4·3평화기념관은 '역사를 담았다'는 것을 의미하기 위해 그릇 모양으로 지어졌다.

4) 강창일, 『뒤틀린 한국현대사와 제주4·3사건』, 효원사학회

5) 군인들의 대화는 당시 제주경찰서 차량계 소속 김병석 씨의 증언으로 세상에 드러날 수 있었다. 그는 경찰이었지만 그 날 임시로 대대장 차량을 운전하게 되었다고 한다.

6) 제주4·3아카이브 「너븐숭이4·3기념관」

7) 너븐숭이는 '넓은 돌밭'을, 옴팡밭은 '가운데가 오목하게 들어간 밭'을 뜻하는 제주도 방언이다.

8) 4·3평화기념관과 '순이삼촌 문학비' 모두 2008년에 세워졌다.

9) 이데일리, 2018년 3월 31일, "70년 침묵의 봄…제주4·3은 왜 이름이 없을까?"

10) 물론 이때 내각 구성원으로 거론된 이승만, 김구, 김규식 등은 참여를 거절했다.

11) 반면 소련은 북한지역에서 인민위원회를 합법화하고 간접 지원했다. 이는 훗날 김일성 정권 창설의 기반이 되었다.

12) 박태균, 『한국전쟁』, 책과함께

13) 동아일보, 1946년 5월 16일, "지폐위조사건 진상 전모 공보도서 정식발표"

14) 한겨레, 2019년 4월 11일, "'말모이'학자·이준 열사 아들…남북 모두 외면한 임정 인사들"

15) 박태균, 『한국전쟁』, 책과함께

16) 한국민족문화대백과 「미소공동위원회」

17) 한겨레21, 제1210호, "태극기 포위한 '신탁'깃발들"

18) 미국과 소련 양군의 철수를 주요 내용으로 하는 결의안도 채택되었다.

19) ① 무장과 고문의 즉각 폐지, ② 발포 책임자 및 발포 경관의 처벌, ③ 경찰 수뇌부의 인책 사임, ④ 희생자 유가족 및 부상자에 대한 생활 보장, ⑤ 3·1사건 관련 애국인사의 검거 중지, ⑥ 일본 경관의 유업적 계승활동 지양

20) SBS, 2018년 4월 3일, "'있지도 않은 남편 숨겼다고 매질'…제주4·3, 그날의 기억"

21) FEC, 3 April 1947, Intelligence summary No.1767 ; CIC-Korea, 16 March 1947, CIC semi Monthly report No.7 ; 허호준, 『제주4·3 전개과정에서의 5·10선거의 의미』에서 재인용

22) 제주4·3아카이브 「3·1사건과 민·관총파업」

23) 허호준, 『제주4·3 전개과정에서의 5·10선거의 의미』, 전남대학교5·18연구소

24) 케넌은 미 국무장관 조지 마셜에게 제출한 보고서에서 다음과 같이 밝혔다. "공산당은 유럽의 위기를 활용하고 있다. 미국 원조는 공산주의와 싸우는 것을 목표로 해야 할 것이 아니라, 경제적 불균형과 싸우는 것을 목표로 해야 한다. 왜냐하면 이러한 경제적 불균형으로 말미암아 유럽 사회가 전체주의적 운동에 취약해지고 있으며, 소련 공산주의가 지금 이 경제적 불균형을 활용하고 있기 때문이다"

25) 제민일보, 『4·3은 말한다』,

26) 국제신문, "[김익렬 중령의 4·3 비망록 #3] 평화적인 해결책을 이끌어 냈지만",

2019년 4월 5일 ; 김익렬 중령(중장 예편)은 4·3사건이 한창이던 1948년 8월, 국제신문(당시 산업신문)에 김달삼과의 회동 과정을 담은 글을 기고했다. 이 기고문을 통해 김익렬 중령의 당시 고민과 생각을 엿볼 수 있다.

27) 한편 미군정은 이 사건이 발생했을 당시 불타고 있는 마을을 항공 촬영한 영상을 토대로 〈제주도의 메이데이(May Day on Cheju-D)〉라는 무성영화를 만들었다. 무장대 강경 진압의 명분을 얻기 위해 만든 것으로 보이지만, 긴박한 상황이 실시간으로 촬영된 이 영상으로 인해 미군정이 사전 계획·개입한 것이라는 의혹이 제기되었다.

28) 제헌국회의원 선거(5·10선거)에 대한 통계는 선거관리위원회와 UN한국임시위원단의 통계 두 가지가 있는데, 여기에서는 미군정이 참고했을 것으로 사료되는 UN한국임시위원단의 자료를 사용했다.

29) 오늘 날의 서귀포시

30) 허호준,『제주4·3 전개과정에서의 5·10선거의 의미』, 전남대학교5·18연구소

31) 제주일보, 2018년 12월 10일, '4·3 당시 도민 학살 막아낸 문상길 중위 조명 절실"

32) 제헌헌법은 "법률이 정하는 바에 의하여 계엄을 선포한다"고 밝히고 있는데, 계엄법은 정부가 계엄령을 선포한 지 1년 뒤인 1949년 11월 24일에 제정되었다. 당시의 계엄 선포는 위헌임이 분명하지만, 헌법도 법률도 총 앞에 무력했던 시절임을 하면 씁쓸하기만 할 뿐이다.

33) 시사IN, 2014년 12월 16일, "'원조' 서북청년단이 제주에서 벌인 일"

34) 김종민,『제주4·3항쟁 – 대규모 민중학살의 진상』, 역사비평사

35) 김종민,『제주4·3항쟁 – 대규모 민중학살의 진상』, 역사비평사

36) 실제로 '초토화 작전' 기간 동안 중산간마을 가옥의 95%가 전소되었다. 3만 여 호에 이르는 규모다.

□ 4부. 거제

1) 연합뉴스, 1994년 10월 21일, "'꽝'소리와 함께 떨어진 출근길 날벼락"

2) CBS, 2016년 9월 7일, 〈오늘 하루, 장주희입니다〉

3) 한겨레, 2018년 6월 29일, "23년 전 오늘, 멀쩡한 백화점이 무너져 내렸다"

4) 이 사건과 관련해 삼풍건설그룹의 회장 이준은 사건과 관련해 경찰서에 조사를 받으러 가면서 한 기자에게 "백화점이 무너졌다는 것은 손님들에게도 피해가 가는 것이지만, 우리 회사의 재산도 망가지는 거야!"라고 말해 국민들의 원성을 샀다. 그는 업무상과실치사상죄로 고작 7년을 복역한 후 81세까지 살며 천수를 누렸다.

5) 무장간첩의 총에 모친이 사망한 사건은 자연인 김영삼에게는 큰 비극이었지만, 정치인 김영삼에게는 방패가 되기도 했다. "빨갱이 손에 모친이 죽었다"는 사실 하나만으로도 독재정권 시절 온갖 용공 음해로부터 벗어날 수 있었기 때문이다. 하나회 척결과 같은 군 개혁은 그런 정치적 바탕 위에서 가능했다.

6) 한겨레, 1995년 11월 25일, "'청강생 김영삼' 자료 돌출 서울대, 학적부 공개 해명"

7) 제7대국회 국회본회의 회의록 제70회 제9차, 1969년 6월 21일, 『국정전반에 관한 질문, 의원(김영삼) 신상발언의 건』

8) 연설문 전문은 국회 홈페이지 내 '국회회의록' 페이지에서 찾아볼 수 있다. 사실 확인을 위해 국회 홈페이지에 업로드 된 자료를 찾았으나 한자가 많아 가독성이 떨어지는 측면이 있다. 김영삼 전 대통령이 2000년 발간한 『김영삼 회고록1』에도 한글로 된 전문이 실려 있으니 찾아보고자 하시는 독자께는 그 쪽을 더 추천한다.

9) 동아일보, 2013년 8월 13일, "[허문명 기자가 쓰는 '김지하와 그의 시대'] 〈89〉백두진 파동"

10) 세계일보, 2018년 11월 25일, "40년 전 박정희·카터, 주한미군 철수 '설전'"

11) 나는 이 대목을 보며 김영삼이 인정이 많은 사람이라고 생각했다. 사실 앞서 언급한 와타나베 교감의 이야기나 '민주멸치'와 관련된 일화들을 통해서도 그의 인심을 엿볼 수 있다. 결국 정치도 사람 사는 세상 속에서 이루어지는 것인데, 요즘 우리 정치에는 사람은 없고 이념과 진영만 난무하는 것 같아 아쉬울 때가 있다.

12) 시사IN, 2015년 12월 3일, "마포경찰서 정보과장 뺨을 때린 YS"

13) 유시민, 『나의 한국현대사』, 돌베개, 236p

14) 김영삼·김대중·김종필·노태우

15) 한겨레, 2018년 6월 23일, "JP가 퇴장한 날, 1990년 '3당 합당'을 다시 생각하다"

16) 연합뉴스, 2015년 11월 22일, "'버르장머리 고쳐 놓겠다' 단호한 대일외교"

17) 쿠키뉴스, 2015년 11월 23일, "'청소년이 뽑은 스타 1위 김영삼, 2위 최진실'… 이랬던 대통령이 있었나"

□ 5부. 베트남

1) 벤딘(Bến Đình)과 벤즈억(Bến Dược) 터널
2) Charles de Gaulle, 『Mémoires d'espoir』 ; 리영희, 『전환시대의 논리』에서 재인용
3) "각 민족은 정치적 운명을 스스로 결정할 권리가 있으며, 다른 민족의 간섭을 받을 수 없다"는 주장
4) 리영희, 『전환시대의 논리』, 창비
5) 1919년 제1차 세계대전의 전후 처리를 위해 열린 회의. 전승국 27개국의 대표들이 모여 독일을 비롯한 동맹국들에 대한 보복 등을 논의하였다. 이 회의 때 국제연합(UN)의 전신이라고 할 수 있는 국제연맹이 창설되었다.
6) "모든 사람은 평등하게 태어났다. 사람들은 모두 생명, 자유, 행복을 추구할 권리를 조물주로부터 부여받았다"
7) 리영희, 『전환시대의 논리』, 창비
8) 리영희, 『전환시대의 논리』, 창비
9) 국방부 군사편찬연구소, 『물어보세요! 베트남전쟁과 한국군』
10) 미주중앙일보, 2019년 5월 31일, "프랑스 무찌른 결정적인 디엔비엔푸 전투"
11) 시사IN, 2018년 7월 17일, "베트남전쟁의 당사자는 한국이 아니라 미국"
12) 불교신문, 2018년 8월 20일, "[해외불교이야기] 〈18〉베트남 불교역사"
13) 리영희, 『전환시대의 논리』, 창비
14) 지엠 정부는 경멸과 비하의 표현으로 이들을 베트콩이라고 불렀다. 그러나 베트콩은 정식 명칭이 아니다.
15) 주독 미대사관, 〈Speeches by Lyndon B. Johnson : Gulf of Tonkin Incident〉
16) 박태균, 『베트남전쟁』, 한겨레출판
17) 박태균, 『베트남전쟁』, 한겨레출판

18) MBN, 2019년 2월 8일, "베트남전쟁 거점 다낭… 옛 미군 기지 가 보니"

19) 한겨레, 2014년 1월 10일, "[박태균의 베트남전쟁] 진짜 배후는 주한미군·한국군 동시감축 계획이었나"

20) 조선일보, 2008년 4월 4일, "사소한 실수, 40년 인생을 북에 가둬버리다"

21) 국방부 군사편찬연구소, 「연도별 참전병력 현황」. 1964년 140명(비전투부대)이었던 병력은 1965년 20,541명으로 늘어났고 1966년부터는 45,605명으로 증파되었다. 이후 5년 간 베트남에 파병된 병력은 매년 5만 명 선을 유지했다.

22) 세계일보, 2005년 8월 26일, "베트남전 5년 참전 경제적 이득 5억달러"

23) 동아일보, 2017년 10월 30일, "[백 투 더 동아/10월 31일]존슨 美 대통령 방한, 최고 예우 대접…왜?"

24) 당시 미국의 1인당 GDP는 3,827달러, 일본은 919달러였다.

25) 한국경제, 2018년 3월 23일, "[천자칼럼] 베트남판(版) KIST"

26) 동아일보, 1965년 5월 20일, "만족스러운 방문"

27) '뗏 대공세' 또는 '구정 대공세'라고도 부른다.

28) 고경태, 『1968년 2월 12일 – 베트남 퐁니·퐁넛 학살 그리고 세계』, 한겨레출판

29) 국방부 군사편찬연구소, 『물어보세요! 베트남전쟁과 한국군』

30) 중앙일보, 2019년 2월 25일, "51년 전 베트콩 '구정 대공세'…전투 졌지만 전쟁 이겼다"

31) 박태균, 『베트남전쟁』, 한겨레출판

32) 사진을 촬영한 AP통신 사진기자 에디 애덤스는 이듬해 퓰리처 상을 받았다.

33) 고경태, 『1968년 2월 12일 – 베트남 퐁니·퐁넛 학살 그리고 세계』, 한겨레출판

34) 신동아, 2010년 9월 호, "1·21 이틀 후 푸에블로호 나포, 휴전 15년 만에 전쟁 먹구름"

35) 채명신, 『베트남전쟁과 나』, 팔복원

36) 한겨레21, 제308호(2000년 5월 18일), "참전군인들, 의미 있는 첫 걸음! – 월남참전전우복지회 베트남 민간인 집단사살 현장에서 사상 첫 위령비 기공식"

37) 채명신, 『베트남전쟁과 나』, 팔복원

38) BBC, 「On This Day 1950–2005 ; 1969: Millions march in US Vietnam Moratorium」

39) 중앙일보, 1971년 8월 16일, "「달러」화 금태환을 정지"

40) 박태균, 『베트남전쟁』, 한겨레출판

41) 청년정치크루, 『청년정치』, 바른북스

42) 세계일보, 2019년 8월 2일, "'닉슨 독트린' 50주년… 안갯속 한·미 동맹의 진로는?"

43) 한겨레, 2014년 9월 4일, "[박태균의 베트남전쟁] 바보야, 경제가 거덜났어"

44) 국방부 군사편찬연구소, 「[통계편] 연도별 해외근무수당 지급총액 및 국내송금액」

45) 박태균, 『베트남전쟁』, 한겨레출판

46) 한국일보, 2017년 8월 10일, "[기억할 오늘] 에이전트 오렌지(8월 10일)"

47) 조선일보, 2011년 5월 19일, "고엽제란? '인류 역사상 최고 맹독 물질 중 하나'"

48) 경향신문, 2013년 7월 13일, "고엽제 소송 사실상 패소… 39명에만 배상 책임 인정"

참고문헌_

□ 1부. 사북

사북청년회의소, 『탄광촌의 삶과 애환』, 선인
에너지경제연구원, 『에너지정책변천사』
에너지경제연구원, 『사진으로 보는 정선군 석탄 산업 변천사』, 정선군청
탁경명, 『80년 사월의 사북』, 강원일보사

김세건, 『"찌들은 몸" : 사북 지역의 탄광 개발과 환경문제』, 서울대학교 비교문화연구소
남춘호, 『1960~70년대 태백 지역 탄광산업의 이중구조와 노동자 상태』, 한국지역사회학회
노지현, 『탄광 지역 노동자의 생애사 연구』, 비판과 대안을 위한 사회복지학회
서은주, 『노동(자)의 재현과 고통의 재소유』, 동국대학교 한국문학연구소
유동헌 외, 『석탄 산업합리화정책 출구 전략』, 에너지경제연구원
유범상 외, 『진폐근로자 재활프로그램 개발: 질병의 치료와 빈곤의 해결』, 한국노동연구원
정성호, 『강원남부 탄광 지역의 쇠퇴와 인구사회학적 변화』, 한국인구학회
태백 지역 인권선교위원회·한국교회사회선교협의회 등, 『광산 민중현실』, 태백 지역 인권선교위원회

□ 2부. 부산

박태균, 『한국전쟁』, 책과함께
브루스 커밍스, 『브루스 커밍스의 한국전쟁』, 현실문화
서중석·김덕련, 『서중석의 현대사 이야기. 2』, 오월의 봄

서중석, 『이승만과 제1공화국』, 역사비평사

주인식, 『1952 부산, 이승만의 전쟁』, 기파랑

청년정치크루, 『청년정치』, 바른북스

□ 3부. 제주

유홍준, 『나의 문화유산답사기 7 제주 편』, 창비

제주 4·3사건 진상 규명및희생자명예 회복위원회, 『화해와 상생 – 제주 4·3위원회 백서』

제주 4·3사건 진상조사보고서작성기획단, 『제주 4·3사건 진상보고서』, 제주 4·3사건 진상 규명 및 희생자명예회복위원회

허영선, 『제주 4·3』, 민주화운동기념사업회

허영선, 『제주 4·3을 묻는 너에게』, 서해문집

현기영, 『순이 삼촌』, 창비

강창일, 『뒤틀린 한국 현대사와 제주 4·3사건』, 효원사학회

김남식, 『남로당을 해부한다. 22회 : 제주 4·3폭동』, 평화문제연구소

김종민, 『제주 4·3항쟁 – 대규모 민중학살의 진상』, 역사비평사

양정심, 『미군정·이승만 정권의 제주 4·3항쟁에 대한 인식』, 한국근현대사학회

이성우, 『국가폭력에 대한 기억투쟁 – 5·18과 4·3 비교연구』, 경희대학교 인류사회재건연구원

장영민, 『미국공보원의 5·10총선거 선전에 관한 고찰』, 한국근현대사학회

한용원, 『5·10총선거를 둘러싼 좌우익간의 투쟁』, 한국사시민강좌

허상수, 『국가폭력과 제주 4·3항쟁』, 한국사회학회

허호준, 『제주 4·3 전개과성에서의 5·10 선거의 의미』, 전남대학교 5·18연구소

황수익, 『5·10총선거의 재조명』, 한국사시민강좌

□ 4부. 거제

강준만, 『한국 현대사 산책 1990년대 편. 2』, 인물과사상사
김영삼, 『김영삼 회고록 1, 2, 3』, 백산서당
김영삼, 『김영삼 대통령 회고록 상, 하』, 조선일보사
유시민, 『나의 한국 현대사』, 돌베개
이동형, 『영원한 라이벌 김대중 VS 김영삼』, 왕의서재
이규희, 『꼬마동지 대장동지』, 한가람

□ 5부. 베트남

고경태, 『1968년 2월 12일 – 베트남 퐁니·퐁넛 학살 그리고 세계』, 한겨레출판
김호기·박태균, 『논쟁으로 읽는 한국 현대사』, 메디치미디어
리영희, 『전환시대의 논리』, 창비
박태균, 『베트남전쟁 – 잊혀진 전쟁, 반쪽의 기억』, 한겨레출판
박태균, 『박태균의 이슈 한국사』, 창비
비엣 타인 응우엔, 『아무것도 사라지지 않는다』, 더봄
윤충로, 『베트남전쟁의 한국 사회사』, 푸른역사
이규봉, 『미안해요! 베트남』, 푸른역사
전진성, 『빈딘성으로 가는 길』, 책세상
청년정치크루, 『청년정치』, 바른북스
채명신, 『베트남전쟁과 나』, 팔복원